古代歷史文化研究輯刊

初 編

王 明 蓀 主編

第 20 冊

全祖望之史學

張 麗 珠 著

國家圖書館出版品預行編目資料

全祖望之史學／張麗珠 著 ─ 初版 ─ 台北縣永和市：花木蘭
文化出版社，2009〔民98〕
序 2+ 目 2+168 面；19×26 公分
（古代歷史文化研究輯刊 初編；第 20 冊）
ISBN：978-986-6449-48-2（精裝）
1.（清）全祖望　2.學術思想　3.史學
601.99　　　　　　　　　　　　　　　　　98002455

ISBN - 978-986-6449-48-2

9 789866 449482

古代歷史文化研究輯刊
初　編　第二十冊　　　　　　ISBN：978-986-6449-48-2

全祖望之史學

作　　者　張麗珠
主　　編　王明蓀
總 編 輯　杜潔祥
出　　版　花木蘭文化出版社
發 行 所　花木蘭文化出版社
發 行 人　高小娟
聯絡地址　台北縣永和市中正路五九五號七樓之三
　　　　　電話：02-2923-1455／傳真：02-2923-1452
網　　址　http://www.huamulan.tw 信箱 sut81518@ms59.hinet.net
印　　刷　普羅文化出版廣告事業
初　　版　2009 年 3 月
定　　價　初編 20 冊（精裝）新台幣 31,000 元

全祖望之史學

張麗珠　著

作者簡介

張麗珠，國立高雄師範大學文學博士，現任國立彰化師範大學國文系所教授。開設課程：中國哲學史、清代學術專題、明清思想研究、中國近代思想、詞曲選及習作、新文藝及習作等；出版專書，除《全祖望之史學》外，還有《中國哲學史三十講》、《清代義理學新貌》、《清代新義理學——傳統與現代的交會》、《清代的義理學轉型》、《袖珍詞學》、《袖珍詞選》等，以及博、碩士論文《乾嘉時期的義理學趨向研究》、《全祖望之史學研究》和單篇論文數十篇。

提　要

　　本著：《全祖望之史學》，旨在探究全祖望史學思想之所以形成及其史學特色、治史特長與價值意義。全書約十五萬字，共分五章，並附錄「紀念全祖望誕辰 300 周年」紀念會之專題演講：〈獨立於時風眾勢外的全祖望史學精神〉於書後。

　　第一章〈導論——全祖望史學形成之背景〉：其重點在於說明由宋明理學轉入清學之學術演變之迹，並擇要敘述清初之學術發展及史學興盛概況，以明夫全氏史學之時代背景。

　　第二章〈全祖望之生平與學術〉：全氏以用世之才而隱約草廬，蓋由於澹泊寡營、氣節嚴峻故也，因此終生勤學著述，並由此開展出輝煌燦爛之史學成就。故本章敘述其生平與學術，先俯瞰其學術全貌，然後再聚焦於其史學成就上。

　　第三章〈全祖望史學思想之淵源〉：全氏世德夙有清譽，謝山秉此寒素家風，弗敢墮其門風；重以諸多前賢之精神揚厲、理學思想之涵養濡染，使其亟欲發揚鄉先賢之節烈精神，故終其生致力於摭拾南明遺史，以表彰浙東地區之忠孝節義。

　　第四章〈全祖望之史學及其影響〉：全氏為浙東史學名家，本章梳理其史學特色、治史特長及史學價值，以明其史學思想及影響。

　　第五章〈結論〉：總述全祖望之史學，以見其不僅以史學名家，更在於為後世樹立史家典範，功在儒林。

目

次

序　言

　　本著係經過修訂之原撰作於 1988 年碩士論文。

　　明末清初乃中國學術之丕變時期。儒學之「外王」傳統，在宋明理學長時期突出「內聖」修身之心性強調下，素不爲儒者所重；及明亡於異族，儒者痛定思痛後，深感學風空疏，不能於亂世中發揮激濁揚清之用，於是學術之經世思想復興，「通經致用」成爲主導清初學術走向之思想意識，流衍所至，強調鑑戒作用之史學亦一時興盛。

　　通經致用，自是寓經世理想於經學中，但學者因考證繁瑣而皓首窮經，又逐漸遠離經世目的，步入經史考證之途，此清代學術之大勢也。然在此時風眾勢中，卻有浙東史學一脈能夠卓然自立，有部分浙東學者秉史學經世之志，務力於表章氣節、發明幽隱，頗殊異於當時考據學風；浙東諸史家中，全祖望又尤能表現此一精神價值，其一生孜孜矻矻、殷勤於殘明文獻，以表彰南明忠烈爲其職志。本論文撰作之初，即感於全祖望磅礡之史家正義，思欲發揚之；繼則緣自義理學興趣，既欲藉全祖望之史學，進窺由宋明理學轉入清學之思想演變之迹，又因全祖望對於理學深有造詣、理學亦交錯影響及其史學觀點，故同時欲自全祖望之史學思想進窺其義理堂奧。唯才學疏陋，未能盡發其蘊，敢謂揄揚萬一？其亦期在黽勉求進，日有新功，以求不負於先德也。

　　本論文旨在探討全祖望之史學思想及其精神價值，故全文之脈絡開展，係以全祖望之史學爲經，其他所旁及如清學演變之勢以及浙東史學派之理論、成就、發展等爲緯。至於全祖望之史學，又分就其與理學之關係——譬如其所續纂《宋元學案》之道德觀點對其史學意識之形成影響；其史學特色、

特長與意義;《鮚埼亭集》所保存南明文獻史料之特有價值等,進行析論,並輔以俯瞰全祖望之學術全貌及其生平、家世、交遊,以期對其史學思想能有更深入之認識。他如《鮚埼亭集》之版本、編纂經過,以及有關全祖望之學術爭論,如全氏校《水經注》,其結果與趙一清、戴震所校者互有雷同,致引出一段此因彼襲之學術公案;又如全氏嘗批評邵念魯,致引起後儒之扞衛等,因皆與本論文發展並無直接脈絡關係,故均在割愛之列,容日後再另撰他文討論。

至於本論文所涵蓋之時代範圍,起自晚明理學末流暨明代宗社覆亡,以迄稍後於全祖望之浙東史家章學誠止。研究之所依據,則以全祖望一生詩文所萃之《鮚埼亭集》為主,其所續纂《宋元學案》為輔;唯二書皆包羅甚廣,本論文所取材僅限於與其史學思想相關者,遺珠之憾亦容他日再行攻討。

本論文撰寫之初,嘗網羅學界有關全祖望之研究成果,然相關研究、或以全氏做為研究對象者,並不多見;僅有之少數篇章又多單篇短文、或以之做為系列研究之一家,鮮少有對全氏作系統性研究者。是以本論文有關全氏之思想及其史學析論,皆自《鮚埼亭集》與《宋元學案》之序錄中,先薈萃所有相關於全氏史學思想、或足以表現其史學識見者,逐條抄錄,再排比歸納,然後得其綱要;即其生平事蹟與師友交遊等,亦皆自集中鈎稽得之,無假手他人研究者。至於識量未周、行文未達之處,則俟諸大雅君子之不吝賜正;而本論文撰寫期間頻煩周師虎林撥冗指正,亦謹此誌謝!

第一章　導論──全祖望史學形成之背景

　　明末清初爲我國學術之轉變期，理學由主流蛻變爲伏流，經史考證學取而代替其主導地位。然另有浙東史學一派，秉承理學家之精神，致力於以史學經世之理想，在清初學界獨樹一幟。而本論文之研究對象──全祖望，即爲浙東史學重要名家，因此本章章旨在探究清初之學術概況，以期明夫全祖望史學形成之背景。其重點在於討論清初史學所以興盛之原因，以及對清初兩大史學流別加以概述及比較。而浙東經世史學異於浙西考據史學之特色，即全祖望史學之基礎，是以經由本章之探討，期能對全氏史學之基本精神及其史學形成之原因，有更深入之了解，進而認識其史學價值。

第一節　清初經世思想之發展與史學之興盛

　　我國各代皆有其學術風尚。風尚之所趨，或受時代、政治因素之影響，以致當時之社會風氣與人心之好惡皆隨時推移。要之，學術不失爲一時代之縮影，舉凡政治、社會、經濟、文化，均可反映於學術中。明亡於異族，正值典範變革之時代，領導宋、明兩朝達數百年之久而討論心性之理學，逐漸爲講求經世致用、講求考證之所謂「清學」取而代之。關於此一轉變之原因，歷來眾說紛紜，如梁啓超認爲清初學風之轉變，是清儒目睹理學之空談禍國，因對理學之反動，故轉變爲無論內容或研究方法，均與其不同之經世之學；余英時則認爲是宋、明儒學中程朱、陸王之爭論，最後落實於經典之考證，亦即以義理之是非取證於經典，所以導至儒家智識主義興起，而造成清初學風之轉變；另外如大陸學者則慣於以社會經濟、唯物辯證爲其政權提供歷史

根據。本節僅論前述兩種說法，至於大陸學者之說，則聊備一說，不在本文
討論之列。

一、理學不變時期及其檢討

明亡於異族之手，值此巨變，有識儒者莫不痛心疾首，對此覆亡，頻加
檢討，而此時又值學風之不變，往昔理學家著重儒學內聖精神之發揚，清初
學者則務力於經世思想之推闡。明末大儒亦紛紛對理學表示不滿之情緒，如
習齋謂宋元儒者習於「無事袖手談心性，臨危一死報君王。」不能救民水火，
豈有益於世用？〔註1〕亭林亦曰「劉石亂華，本於清談之流禍，人人知之；孰
知今日之清談，有甚於前代者。昔之清談談老莊，今之清談談孔孟，未得其
精已遺其粗。」（《日知錄·夫子之言性與天道》）蓋時值王學末流，〔註2〕不
尊孔子，不假文字；講求本體，忽視工夫；重在自得，教人不學，故多流於
禪障。而束書不觀、游談無根，又無擔當天下之力、栖皇爲世之心，故亭林
批判道「不習六藝之文，不考百王之典，不綜當代之務……以明心見性之空
言，代修己治人之實學。股肱惰而萬事荒，爪牙亡而四國亂，神州蕩覆，宗
社丘墟。」（同上）是其於理學之末流大加撻伐，直以亡國之禍咎之。

尤有甚者，一般士子視理學爲終南捷徑，但問科甲，唯期利達，竟日沈
迷故紙堆中，摭拾章句，只務紙墨講誦，章句集註、性理大全等朝廷之所頒
訂。故理學末流講學之弊，已未能積極有益於世；彼又棄理學躬行實踐之旨，
不以之進德修身，希聖希賢，徒務於功名利祿，則其一旦應舉中科，貪贓枉
法，唯利是圖，置國家利益於不顧、生民苦難於無視，自不待言。更何怪乎
國亡之日，棄甲曳兵而逃，坐視河山拱手讓人？甚至簞食壺漿，迎賊於道。
故習齋之詆理學，實由目擊當代八股應舉之害而起，謂其「當日一出，徒以
口舌致黨禍；流而後世，全以章句誤乾坤。」（《存學篇·由道》）以故窮畢生
之力提倡實學。

因此明清大儒均反對空泛推測人性，而由本體強調轉移到現實人生上，
由形上學落實爲日常人生動態之實踐過程。顧炎武首先提出「經學即理學」，
〔註3〕教學者擺脫宋明儒羈勒，直接反求於古經。黃宗羲亦謂學必原本於經

〔註1〕詳顏元：《四存編·存學編》，卷一，〈學辨一〉。
〔註2〕明末清初學者所稱王學末流，主要指泰州、龍溪以下，如李贄、周汝登、陶
　　　氏兄弟、石梁弟子……等，其學說流行亦近百年，至清初，始趨式微。
〔註3〕「經學即理學」非顧氏之語，乃是全祖望在《鮚埼亭集·亭林先生神道碑》

術，而後不爲蹈虛，必證明於史籍，而後足以應物。其以經術爲所以經世，故以《六經》爲學術之根底，〔註4〕謂「讀書不多，無以證斯理之變化。多而不求於心，則爲俗學。」而爲免迂儒，「必兼令讀史。」（《鮚埼亭集・梨洲先生神道碑文》。以下凡引自《鮚埼亭集》者，但稱篇名。）是以提倡史學。如彼等所著之《日知錄》、《明夷待訪錄》，皆成於亡國之際，旨在反省批判傳統之政治制度。

　　至於王夫之更是視陸王之學爲禪學，以爲其明心見性、直指人心，是頓教，而非令物皆善之漸教。故如陽明之謂「無善無惡心之體」（《傳習錄・下》），認爲易流於「善惡泯」、「頹然放之」，〔註5〕以至淪爲晚明狂禪一派之蕩佚禮法，蔑視倫常，而潰爛不可收拾，甚至有言「酒色財氣不礙菩提路」者，道德墮落且極矣。〔註6〕

　　凡此皆是對於理學末流之求現成、空談浮泛，深致不滿之意。故清初之思潮，崇尚實學、反對玄虛，以客觀領域之知識活動代替內省之形上思辨。透過不斷之歷史、文化、社會等創造把握心體，反對以內向自省追求隔離之心體。此一由外而內、由身及心之「束身以歛心」修養論，迥異於理學家「養心以範身」之工夫進路，故梁啓超在《清代學術概論》中將此一時期之思潮，歸根於對宋明理學之一大反動。如顏元、李塨之在日常行事中求學問；黃宗羲、萬斯同之以史學爲據，推於當世之務；王錫闡、梅文鼎之專治天算，開自然科學端緒等皆是。又以此時之學術風氣爲「實事求是，無徵不信」，厭倦主觀之冥想，傾向客觀之考察，注重證據之搜羅。總之，其謂「清學之出發點，在對於宋明理學之一大反動。」是梁氏以理學之反動，爲解釋清初思潮興起之原因。

　　但是傳統儒者在爲歷史之興亡盛衰尋求解釋時，往往過度強調思想或道

───────────────

　　　　歸納之語，頗能道出其精神，後世亦遂沿用。
〔註4〕詳《清史・黃宗羲傳》、《鮚埼亭集・梨洲先生神道碑文》。
〔註5〕其實陽明此言，梨洲謂「其所謂無善無惡者，無善念惡念耳，非謂性無善無惡也。」蓋陽明每言「至善是心之本體」也。至於此言之壞人心，梨洲以爲起於龍谿之言「心無善而無惡，意無善而無惡，知無善而無惡，物無善而無惡。」故曰「天泉證道，龍谿之累陽明多矣。」詳〈東林學案〉及〈江右王門學案〉。
〔註6〕其實陽明之言「君子之所謂灑落者，非曠蕩放逸、縱情肆意之謂也。乃其心體不累於欲，『無入而不自得』之謂耳。」（《語錄・答周道通》）奈何末流不振，流於情肆而蕩，扭曲原意。

德所扮演之角色，慣於將複雜之政治、經濟、社會等諸多問題，化約爲道德問題或思想問題。因此如亭林、梨洲、船山等大儒，既認爲心性問題關聯著國運盛衰，在巨變之餘，將亡國禍根歸咎於讀書人之袖手談心性，不務實務，自然要對王學末流大加撻伐。而梁啓超亦遂以此而謂清學係理學之反動。此說除余英時以儒學內部爭論下之自然歸趨，謂清學與理學間有其密切關係（將於下節論及），予以反駁外；實則明之亡國，王學末流不振，儒者未能發揮道德維繫人心之力量，致社會風氣敗壞、人心低落、天下紊亂，不可收拾，固亦難辭其咎外，其他政治、經濟等因素，應更遠甚於學術之因素。

人心風俗不能獨立存在，其乃反映社會變遷之冰山一角。故以人心風俗擔當治亂之關鍵，恐係倒果爲因。亦即明亡，不能單純歸咎於讀書人。且即如最致批評之王學，一方面固言「默坐澄心」，另方面亦極言「事上磨鍊」，重視事功之發用。故末流雖不振，亦不能以此抹殺理學價值，以末流之弊而罪其本原，則新學風之興起，應非單純緣於對理學之反動。

蓋明自神宗怠政以來，政治幾陷停頓，官場貪污，遠臣爲近臣府庫，遠近之臣又皆爲內閣府庫，層層賄賂誅求；繼以閹黨專政，權奸誤國，變亂四起，皇室又奢靡無度，入不敷出，歷朝積蓄爲之一空。

再者，邊軍軍費之支出；寧夏、朝鮮、播州三大役之用銀；後金之戰費；神宗之大婚；皇女之降生；潞王之建藩；皇子之冊立；三殿之營造……處處皆揮霍無度，以致國庫空虛，只有搜括一途。於是自萬曆中，紛遣礦監稅吏赴各地探礦徵稅；又普加全國田賦；增加關稅、鹽稅等，稅賦繁重，民力不給，逋負日增。縉紳豪右復拖欠稅賦、侵佔屯田。農民豐收之年，僅堪自給；一遇荒災，便不免凍餒。又種種加派、優免、包攬、詭寄、分灑等弊政，〔註7〕造成稅賦繁重不均，「富者耕種，貧者輸輓。」農民負擔過重，經濟破產。

重以萬曆、天啓、崇禎間災荒頻繁，農村井灶俱空。尤有甚者，僵屍滿溝，生者割取相食。經濟全面崩潰，而朝廷爲增加收入，猶一味加派。農民逃亡相繼，有司希賞避罰，復嚴催科之令。皮骨已盡，救死不贍，飢寒交迫下又難逃催逼，只好挺而走險，壯者逼爲盜寇，老幼成爲餓莩。遂至全國流

〔註7〕「加派」指軍費浩繁，便普加天下田賦，是正賦之外每年向民眾額外勒索之款項；「優免」指特權階級，絕無差徭之負擔；「包攬」是把三族和門生故舊之田產寫於自己名下，藉機優免或倚勢拖欠公賦；「詭寄」即平民投依於縉紳之門，掛名奴僕，藉主人之庇護以逃避賦役；「分灑」是將本人田產錢糧轉寄他人名下，令窮民代之。

寇蠭起。

　　而西北邊軍餉糈拖欠，有數月無餉者，有經年無餉者，甚至邊遠諸堡有二三年內未領分銀顆粒者。士卒飢寒，有單衣者、有無褲者、有少鞋者。而將吏之尅扣、虐待，更使積怨日深，大有一夫夜呼，群起響應之勢。於是吏卒私逃，往往盈野，聚眾叛變，時有所聞。以如此之邊軍而言禦敵，寧非緣木而求魚乎？

　　連年災荒，米貴民饑；有司督樸，敲骨吸髓；因災不恤，因饑不賑；請餉不給，請賑不應，流寇之起遂如燎原之野火，此起彼落，進而如百川匯流，聚眾成勢。如此饑民、逃兵，救死且不贍，何暇空談心性？何暇言及朱陸之辨？而此皆初非有意倡亂，只緣無力養生送死，勢使之然，又豈學術之所能救？

　　社會、經濟問題如此嚴重，而朝政猶為權奸把持，善類被害，是非不明，正義之聲日漸消沉。皇帝縱情聲色、貪財好貨、寵幸奸佞、假手內監以聚歛財貨。礦監、名馬貨物稅監、通都大邑無不遍設；鹽監、珠監、軍監、民監、之專遣，大璫小監縱橫騷擾，吸髓飲血，以供進奉。熹宗且以閹宦掌理東廠，並可於宮內練製火器。又逼死內宮后妃、黜陟東林諸賢；此外，極力陷害忠良，如楊漣、左光斗之冤死，而猶為魏忠賢立生祠，勒石銘德，凡入祠不拜者皆論死；甚至以其配享孔子於國子監。朝政之昏庸腐敗一至於此，令人扼腕。

　　彼時非無忠貞，唯群小包圍，君臣遠隔，凡所忠諫，未至帝前，諫者悉已被害。久之，朝廷善類一空，欲振乏力，遂任由奸宦勾結內閣。而肆虐之邊患，眼見明廷腐敗，亦遂加意侵略，導致明末流寇與邊患相為表裏，互通聲氣。熊廷弼之出關，斬逃將、誅貪臣，遼東歸心，撫邊有功，竟以遭劾罷去，遼東遂陷；袁崇煥之善戰，守寧遠孤城，使胡人兵馬騰空亂墜，大挫而退，奴爾哈赤以此懣恚斃命，如此良將亦為敵人反間所害，誤磔於市。自後邊事益無人，明之亡亦遂決矣。

　　反觀流寇，雖初無組織，亦乏紀律，然隨情勢之逆變，勢力之轉強，非僅訓練有素，攻防亦皆有良策。〔註8〕且軍法嚴明，士卒皆願效死，前軍潰逃，

────────────

〔註8〕流寇行軍不攜輜重，不帶行糧，隨處徵索，飽則棄其所餘，雖時亦缺糧絕食，但行軍便利。又愛護馬匹，一兵有副馬三數匹，時常換騎，不使過度疲勞，冬季嚴寒則製草成褥，保護馬足；作戰時則列騎兵三重，號「三堵牆」，前者返顧，後者殺之。復有「驍騎」，易馬更番驅馳，進軍神速；且攻城每有奇計，如弓箭、鳥槍齊發，使守城者不敢舉頭外看，然後使人戴甲冑，身披鐵衣，

後軍殺之，故人人均能抵死力戰。此外，復有專用以戰之「驍騎」，進軍神速，使人猝不及防，而以此取勝。凡此皆非長期腐敗之明軍所能抵禦。且李自成一度提出「均田」、「免賦」等口號，此對廣大苦難之農民言，不啻大旱之望雲霓，故所向披靡，明軍皆望風而逃。至於京師則武備鬆弛，太倉一空如洗，士卒久無給餉，更使蓄懷異志。而此時帝國猶以兵權重任盡付閹宦，則明能不亡乎？帝之無能，亦無怪乎宦官以朱漆白楊杖，格擊便折，而謀取好於李自成。

明雖亡於流寇，然流寇亦終不能守。攻陷京師後，腐敗、殘暴、斂財，隨之而至；均田、免賦亦均未能實現，故大失人心。而清人之入關，蓄意甚久，雖曰為明復讎，對於流寇實勾引之、利用之；乘其隙、因其燄，東呼西應，使明軍顧此失彼，是以在此「虜寇併急」下，明遂入於異族之手，而終不能救矣。

以此可知其時非中國無人，有之，而朝廷不能用；用之，亦始信終疑，而罷黜之、殺害之，反以大權專任閹黨，然以之監軍則民變多、以之監民則流寇燄、以之典鎮則降賊，終至無所不監而亦無所不亂。故梨洲曰「明之人物，動以法制束縛其手足，蓋有才而不能盡也。」（《南雷文定・明名臣言行錄序》）因此，以亡國禍根歸咎於讀書人，實失公允。若是複雜之政治、經濟、軍事、社會等問題，豈是學術所能迎解？又豈是講學流弊便能亡國？況且方熹宗之時，龜鼎將移，以血肉撐拒，沒虞淵而取墜日者，毅宗之變，攀龍髯而蓑螻蟻者，皆東林講學諸人也。〔註9〕再如顧憲成、劉蕺山之輩，又何嘗有負儒統？何嘗志不在經國體民？是以理學不足以亡國，反理學之情緒亦未若是激烈。

故近人探討清初學風之丕變，亦有不主理學反動說者，如錢穆《中國近三百年學術史》言：

> 言漢學淵源者，必溯諸晚明諸遺老，然其時如夏峯、梨洲、二曲、船山、桴亭、亭林、蒿菴、習齋，一世魁儒耆碩，靡不寢饋於宋學。

攜錐斧擊城。鑿城成孔，可容一人，則一人匿其中，畚土以出，城土遂空，僅留石柱，然後巨繩繫住，去城數十丈，牽繩倒柱，城亦遂崩。城下，則夷為平地。日後即官兵收復，亦無城可禦，不易堅守。又常用威嚇政策，揚言降者不殺，守城一日者殺十分之三、守二日者殺十分之七、守三日全城屠戮，兵到即降。此外，復多奇計，故官軍每稱「譎詐」、「狡賊」。

〔註9〕詳《明儒學案・東林學案》，序錄。

> 繼此而降，如恕谷、望溪、穆堂、謝山、乃至慎修諸人，皆於宋學
> 有甚深契詣，而於時已及乾隆，漢學之名始稍稍起。而漢學諸家之
> 高下深淺，亦往往視其所得於宋學之高下深淺爲判。（〈引論〉）

是其以爲所謂漢學，仍不失爲宋明理學之蛻變與延續，而清初大儒之制行，亦皆不脫理學家之榘範，是以清學與理學仍有密不可分之關係。

因此，清儒之反王學末流流弊者誠有之，然僅係針對王學末流而言。蓋亡國之痛猶在，清初諸儒痛定思痛，深感學術應與政治、社會結合，要能發揮濟世之作用，亦即儒家所謂「外王」之精神。是以對明末以來空疏之學風作一番修正，以經世致用之實學矯之，此即清初學風之所以變，新學風之所以起。而在清初，理學亦並未消失，所謂「清學」並非緣於揚棄理學，或理學之反動而產生，否則便無法解釋清學鼎盛時期，許多不反理學之一流考據家之存在，亦無法解釋諸多如閻若璩、戴震……等藉考據以闡發其義理思想之各家學術。是以清初學者反對理學、禪學流弊，而並不反對理學。另外，清學之起，如西風東漸，智識主義之興起，理欲觀念、道器觀念之轉變，重視客觀世界之萬殊……等，亦皆對其有助瀾作用，則將於下文一併論及。

二、經世思想與智識主義之獲得重視

一般學者解釋清初新學風之興起，或以上述理學反動說釋之，由反滿情緒出發，強調清學之反面意義；或以清廷之高壓統治，箝制漢人思想，使消磨聰明智力於故紙堆中釋之，對於清學皆未能予以正面肯定。故此二說皆就外緣因素解釋清學，無形中貶低清儒在整理舊籍上所獲致之成就與貢獻，並忽略學術發展之內在脈絡，則清學僅有消極意義，而缺乏開創性與價值。蓋學術之興，外緣助力固不可少，而內在其中，不受外力趨使之因素應更重要。惟其如此，始能形成每一時代之學術特色，亦不致過度誇大歷史影響對於學術形成之決定性。〔註10〕

因此，近人研究清初學風，又有以儒學發展之自然趨勢釋之者，如余英時。蓋自宋明以來，儒者之第一要務便是範身修心，以成聖成德爲其目標。唯個人之氣稟有別，進路亦殊，故或重圓頓式領悟、或重分解式說明，亦即

〔註10〕另有一派大陸學者主張從社會經濟之發展，以及市民階級興起之角度來解釋清學，此說強調唯物論之影響以及無產階級之興起。聊備一說，不在本文討論之列。

頓教、漸教之異。於是乃有朱、陸成聖功夫從入之途,究該「由博返約」抑或「先立其大」之爭,亦即所謂「道問學」與「尊德性」之辨。固然宋明儒一皆以德性之知崇爲首要,然朱子較偏重德性資於學問之看法,其曰進學在致知,主張博觀泛覽而後歸之以約,以進學爲進德之階;而陸王一派則歧知識與成德爲二,彼並未反對知識,只是認爲知識與成德之教不相干,無益於德性之知,至於成德之首要,乃在於發揚本心,即所謂「先立其大」。此即朱、陸在成聖成德之教,從入進路之有異也。

故余氏以爲就儒學內在之發展言之,清學之興,乃儒家「道問學」傳統之獲得發展。蓋「道問學」之流在明一代雖始終不暢,而「尊德性」一派至王學末流亦已窮。然無論主程朱派或主陸王派,皆自以承襲孔孟道統而來,因而主「道問學」之學者,乃提出「取證於經典」之主張,於是義理之是非,最後只得取決於經典。而此一發展遂使儒學中不絕如縷之智識主義〔註11〕得到發展,進而從伏流演成主流。因此在朱子學說中之「道問學」,仍然只是「尊德性」之下「道問學」;逮及清代,「道問學」則正式取代「尊德性」之主導地位,轉變爲「爲學問而學問」之智識主張,不再是進德之階、成德之教下之附庸。是以清儒中如戴東原、章實齋雖亦言「尊德性」,然不過是「道問學」下之「尊德性」而已。〔註12〕此是余英時對清學之興起,除用一般反理學、或清廷之高壓政策解釋外,所做之補充與修正。〔註13〕

就此一觀點看,則清學是近世儒學復興中另一階段,亦即儒家智識主義之擡頭,宋明理學之延續、蛻變。余氏此說強調智識主義之興起,以及理學與清學之關係,凡此應皆無疑義。然而,其出現之關鍵,是否眞爲解決朱陸之爭?如此一來是否過度誇大朱陸之爭及其影響?於此則似有待商確。

儒家歷來即重「內聖」與「外王」之精神傳統,而北宋之儒學門庭亦不致如明朝狹隘,全祖望續編《宋元學案》,以胡瑗和孫復爲宋學先河,而安定之教學分經義、治事兩齋,可以見出儒家體用不二、政學不二之傳統,以及

〔註11〕 「智識主義」一詞,係借用余英時,《歷史與思想‧從宋明儒學的發展論清代思想史 —— 宋明儒學中智識主義的傳統》之用語,指知識之獲得獨立地位,一般人皆能重視知識學問本身價值之意。

〔註12〕 所以戴東原批評程朱「詳於論敬,而略於論學」,即是對於程朱一派未能給予學問獨立地位,仍以之爲進德之階之不滿,認爲雖然程朱較陸王重視知識,然仍嫌不足。但在程朱、陸王間,則顯然戴東原偏向於程朱。

〔註13〕 以上余氏之論,詳氏著:《歷史與思想》之〈從宋明儒學的發展論清代思想史〉、〈清代思想史的一個新解釋〉二章。

注重經學之精神；且〈盧陵學案〉中首載歐陽修《易童子問》，可見歐公對經學之重視，並可知全祖望不以心性之學爲宋學之唯一標幟。蓋北宋時期，儒學之規模尚十分廣闊，其中包含「體」──君臣父子、仁義禮樂，歷世不可變者；「文」──詩書史傳子集，垂法後世者；「用」──措之天下，潤澤斯民者。〔註14〕然自王安石變法失敗後，至於南宋，儒學對「體」之重視遂遠甚於「用」，此爲歷史現實中，儒者欲以道德制衡王權，而在受挫後所發生之變化。〔註15〕

但是過度重視「體」之探討，儒者遂逐漸自足於「內聖」修養，所謂心性之學中。而心性工夫是一永無止境，向內不斷追求之歷程，因此便逐漸失去儒家「外王」之傳統，〔註16〕忽略「內聖」應以「外王」爲歸趨，方能對國家社會產生積極之價值作用，方能指導世道人心。並且過度誇大心性修養之作用，所謂「操存所至，即可將百萬大軍。」不能落實於現實世界。又因此而導致王學末流之空疏學風，滿口極言現成良知，卻道德墮落，以至揹負起清談亡國之罪名，成爲諉過之對象。也因此，清儒每多強調孔孟與宋明理學之不同，教人以實濟虛，以工夫明本體，直接上承孔孟之眞精神。故儒家經世思想之再度獲得重視，由於在亂世中儒者自省後，自覺對國家社會應負起學術濟世之責任，於是再度重視儒家經世思想、「外王」精神之發用。因此清初學風之轉變，經世思想之受重視，是一重要關鍵。

至於清儒之重視經學，亦是緣於經世思想。由於《六經》是講求實治、實行之學，故經術所以經世，「通經」即所以求「致用」，是以清儒期藉此以達到明道、救世之目的。如亭林之言：

> 竊以爲聖人之道，下學上達之方，其行在孝弟忠信；其職在灑掃應
> 對進退；其文在《詩》、《書》、《三禮》、《周易》、《春秋》；其用之身，
> 在出處辭受取與；其施之天下，在政令教化刑法；其所著之書，皆
> 以爲撥亂反正，移風易俗，以馴致乎治平之用。(《亭林文集・答友

〔註14〕詳《宋元學案・安定學案》。

〔註15〕王安石變法之失敗給儒者一大打擊，因爲儒家強調之「外王」，亦即儒家所謂「用」，須有所待，待於聖君之出現，方能得君行道，使知識、道德、權力結合，施展其經世濟民之抱負。因此自後，儒者逐漸回到封閉之象牙塔內，逐漸重視「體」之探討，而遠甚於「用」。

〔註16〕南宋雖有陳亮、葉適等人比較傾向事功，但並非儒學之主流，尤其明儒每以鄙夷之態度視之。

人論學書》）

即其以爲經學是聖人垂教之學,是致用之學。故清儒即藉經學以復興儒學之「外王」傳統,以期能經世濟民,成爲有益國計民生之學術。

再者,明清之際,儒者在「理」、「欲」觀念上已有所轉變,不再以天理、人欲爲對立,而認爲天理即在人欲中。此外,復強調氣質是善,反對將惡歸於氣質之性。蓋自明末以來,中土與西方之接觸頻增,商業經濟漸趨發達,則在此經濟社會之基礎上,重義輕利、重農輕商,以及輕視人欲、反對氣質之性等舊社會價值,已喪失其適應現實之能力。故清儒開始重視形而下之具體世界,重視宇宙萬殊之現象,如梨洲之言「盈天下皆心也,變化不測,不能不萬殊。心無本體,工夫所至,即其本體。」(《明儒學案・自序》) 即是重視氣化之宇宙萬有世界,反對用心於內,而無落實、實踐過程、純任主觀之心性學。易言之,清儒已注意及客觀之經驗世界,將長久以來儒學中重本體、輕功用之傾向,扭轉到重氣、重器、注重宇宙萬殊、重視客觀具體之現實世界中,而此一轉變,遂使屬於客觀領域之智識主義,得到發展之機會,並使知識活動獲得獨立之地位,儒者於是亦紛紛從事於「爲學問而學問」之知識活動。

是以清初經學之受重視,其動機固然由於經世思想,旨在「通經致用」;然而由於經學內部存在之諸多問題,必待於訓詁、考據而後能明,重以客觀之智識主義在清初獲得重視,遂使經學之發展,由經世致用而逐漸步上考據之途,更進而形成清代考據學之盛興。因此,清學與宋明理學間,固然有不可截然劃分之密切關係;然而清初新學風之出現,或應未如余英時所言,係爲解決儒學內部中「尊德性」與「道問學」之爭,在以義理之是非取決於經典之情況下,所興起之智識主義。然則,由亡國之痛而興起之經世思想,再由此經世思想一轉爲通經致用,再轉變爲經史考證之過程,或許更能解釋此一迥異前代之清初新學風形成與發展。

三、史學之興盛

天下之事,變故無常,唯稽考往事,能知其故,而知所以應變之。明社既屋,學者抱遺民之慟、懷恢復之志,喜言古今成敗,好推喪亂之故,以故多富於經世思想。而史者,正所以明夫天下治亂之道也,將以是非得失、興壞理亂之故,爲法戒於萬世。是故吾人所貴於史者,即在其述往以爲來者師也。

清初在經世學風下,經學鼎盛。而「經」與「史」都是闡揚人倫之道,

唯「經」從本源處明利害，「史」在事跡上陳得失，是以經中之理寓於史中之事，史中之事亦以經中之理爲依歸。故陽明曰「以事言謂之史，以道言謂之經。事即道，道即事。《春秋》亦經，《五經》亦史。」(《傳習錄‧答徐愛問》)而夫子之述《六經》，亦皆取乎先王典章，未嘗離事而言理，即以事有實據而理無定形。是故後之視今，亦猶今之視者，此史學之富於經世作用也。因此船山之言曰：

> 取古人宗社之安危，代爲之憂患，而己之去危以即安者在矣；取古昔民情利病，代爲之斟酌，而今之興利以除害者在矣。得可資，失亦可資也……於其得也，而必推其所以得；於其失也，而必推其所以失。其得也，必思就其偏而何以救失？乃可以爲治之資。(《讀通鑑論‧敍論四》)

此其以史學爲鑑戒後世之資也。得失成敗、安危利害，觀古而可以鑑今，故取關國家興衰、繫生民憂戚，善可以爲法、惡可以爲戒者，筆之於書，以撥亂反正，移風易俗也。因此。以史資治，以史經緯天下，此孔子之所以作《春秋》。

是以研究史學乃所以批導現實，提升人生境界，此中國史家之職志也。而明末以來，學風空疏，世儒言道，不知即事以求其理，但襲語錄之糟粕、誦聖人之言，以爲聖賢別有一道在日用事爲之外。故實齋曰「三代以前，未嘗以道名教，而道無不存者，無空理也；三代以前，未嘗以文爲著作，而文爲後世不可及者，無空言也。」(《文史通義‧史釋》)即夫子之作《春秋》，亦以託之空言，不如見諸行事之深切著明故也。〔註17〕是以離事不可以言道明矣，出乎政教典章人倫日用，則亦別無可以著述之道矣。故黃宗羲以爲學者必先窮經；唯拘執經術，不適於用，則欲免迂儒，又必兼讀史，即以史學之富於經世作用也。

再者，人之存在，乃根於過去而展向未來。以故從來感動人心之作品，未有不涉及社會現實、人生之價值者。而史學，以歷史之教訓爲現實之鑑借，根據對歷史之反省，以形成人類歷史價值之判斷，進而展開對未來之追求。以故，危機時代，即是史學之興盛時代。由於亂世之中，世人對未來感到茫然、惶恐，因此對未來之探索亦特別強烈，而歷史意識亦愈發強烈。蓋歷史爲人類反省之第一範疇，透過歷史反省，使歷史對人類產生積極性之引導作用。而明亡，諸儒意識到此乃文化存亡絕續之關頭；道德之迷失、存在之迷

〔註17〕詳《文史通義‧原道》。

失、人生信念之失落，重以清廷之計劃性滅亡漢族歷史、文化等，種種皆形成文化上之危機時代。故亭林之言「有亡國，有亡天下……易姓改號謂之亡國；仁義充塞，而至於率獸食人，人將相食，謂之亡天下。」（《日知錄‧正始》）是謂人禽之辨，即在於人類有文化之嚮往與追求。因此明末諸儒，於奔走山海，魯陽絕望後，乃轉而致力於文化之保存、史學之發揚，亦因而促成史學之發達。〔註18〕

是以，如上所言，史學原就具有垂訓後世，以史資治之經世精神，而又在此清廷之高壓摧毀下，史家為往聖繼絕學，保存一代歷史文化之使命感遂起，並成為內在學者心靈深處之崇高職志。而且清初經學鼎盛，而經學與史學之界限，本亦難以絕對劃分。是以在此眾多因素之推波下，史學遂亦蓬勃發展，所以形成史學之興盛時代。

至於清初由理學轉入史學之過程，雖清初經世學風，本為救王學末流之空疏學風而起。然姚江理學，亦泛濫經史，而後始歸宿於心，不但並非空談心性，而且教人要在事上磨鍊。陽明以為理雖在人心，卻流露於人情事變中，故曰「日用之間，見聞酬酢，雖千頭萬緒，莫非良知之發用流行。除卻見聞酬酢，亦無良知可致矣。」（《傳習錄‧答歐陽崇一》）而此一觀念，即為心學轉入史學之重要關鍵。蓋陽明論學，言心性必兼論事功，論事功則必注意近身之一事一物，如其〈拔本塞源論〉謂曰：

> 才能之異，或有長於禮樂、長於政教、長於水土播植者，則就其成德……視才之稱否？而不以崇卑為輕重，勞逸為美惡。……苟當其能，則終身處於煩劇而不以為勞，安於卑瑣而不以為賤。……其才質之下者，則安其農工商賈之分，各勸其業以相生相養，而無有乎希高慕外之心。（《傳習錄‧答顧東橋書》）

則於此可知王學勉人各適其才，安於所樂，絕非空言德性，更未流於玄虛；唯末流不振，略其事中求理之一面，以致流入禪學。幸其後有梨洲師事蕺山，承姚江之教，發揮其事上磨鍊、由本貫末之精神，注重事功之發用，又逢政局之變，遂究心於歷史文化、政治制度之探討，於是開出有光清代之史學來。是以清初史學，本為教王學末流之空疏而起，卻又以王學為其淵源。

陽明嘗曰「《五經》亦史」，以為歷史不外乎人事，而人事本於人心，我

〔註18〕本段所謂「危機意識」係指參考龔鵬程，思想與文化第一章「危機時代的中國文化史學」。而於此對史學興盛之原因，作偏於心理、內在之解釋。

之此心乃同於古聖賢之心，今人之心亦猶古人之心也。此即所謂一貫，象山之謂吾心。因此治史學當以心學爲主，蓋人心之積即爲史心也；無所見於史心而言治史，則史學僅是一堆堆之事變，陳人之陳迹耳。〔註19〕是以陽明之曰「天下古今之人，其情一而已矣。先王制禮，皆因人情而爲之節文，是以行之萬世而皆準。」(《語錄・寄鄒謙之》) 因此於史迹中撮其旨要，得其旨歸，史學方有其意義。

　　而陸王雖言本心，必主於人情與世變，故象山重踐履篤實，陽明重事上磨鍊，其所謂良知則是千錘百鍊中得來，絕異於末流之現成良知也。因此陽明重視事功，且發于事功，如其平贛破猺，尤足爲後此學者經世精神之先聲。唯陽明雖發用于事功，卻仍以「致良知」爲主，〔註20〕亦即於事功中致良知，以故雖有實際之事功表現，卻未能在客觀知識領域中，開展出史學來，而必待於梨洲。梨洲之學出於蕺山，雖姚江之派，然以愼獨爲宗、實踐爲主，故繼承陽明此一切人事而言理之態度，透過不斷創造，在社會、歷史、文化之創造中把握心體，將經驗世界之萬殊收攝於一心之中，使其心性之學成爲融攝歷史文化與經世之學之偉大體系。

　　而梨洲此一切人事以言理之史學觀念，亦與清初「即器以明道」之觀念合若同轍。其不淪於玄虛、不墮入王學末流之狂禪，重視事功、重視客觀領域，能確實發揮王學之眞精神，以故能開出清初浙東一帶前後相踵、有光史冊之史學來。是以清初史學即在此經世風與客觀知識之獲得重視下，加上保存歷史文化之使命感，以及對王學重視事功、主張事上磨鍊等精神之發揮，而一如春風野草般蓬勃發展，遂造成史學之興盛時代矣。

第二節　清初兩大史學流別及其比較

　　清初學風之異於前代，已如前文所言，主要由於經世精神與智識主義之蔚起，並由此而促成經學之鼎盛。然由於學術發展自有其內在規律，未可以一概期之，因此往往亦一如脫韁之野馬般，非原來動機所能侷限，此經學之所以步入考據之途也。而經、史之間，有其不可截然劃分之密切關係，是以

〔註19〕參見錢穆〈經學與史學〉一文，收於《中國史學史論文選集》，華世出版。
〔註20〕陽明謂學問工夫要分頭腦，「專以致良知爲事，則凡多聞多見，莫非致良知之功。」(《傳習錄・答歐陽崇一》) 亦即由本貫末，由心貫事功。因此其學仍以致良知爲主，亦即以致良知爲其頭腦。

汲經學考證之流，從事於古史考訂辨正之歷史考據學於是興焉。此派學者，奉亭林之考文知音、實徵博證等語爲圭臬，致力於名物之訓詁、典章制度之考索、訛誤之駁辨，而以糾謬發覆爲其職志。其聲勢浩大、影響深遠、流傳極廣，後世學者稱之爲浙西史學。

另有一派學者，則不忘史學經世之理想，注重當代近身之文獻人物，以表章氣節、發明幽隱爲終身之志向；其地域相接，都囿於浙東之一隅，而治學之精神、取徑大致皆同，且都貴專家之著述。是以大體言之，其與浙西務博、尚考證之學風，迥異其趣，後世學者稱爲浙東史學。

清初史學發達，而主要以浙東經世史學與浙西考據史學爲兩大流別。然而在清初徵實學風之籠罩下，兩派學術亦有其同異，是以本節就其淵源、治學特色以及異同之處，略加敘述及比較。以期能明當時之學術環境及浙東史學價值之所在。至於所謂浙東、浙西，依《浙江通志》云，在錢塘江之右，有杭州、嘉興、湖州凡三府，是爲浙西；在江之左，有寧波、紹興、臺州、金華、衢州、嚴州、溫州、處州凡八府，是爲浙東。〔註 21〕章學誠云亭林開浙西史學，梨洲開浙東史學，「浙東、浙西道並行而不悖也。浙東貴專家，浙西尚博雅，各因其習而習也。」（《文史通義‧浙東學術》）然浙東史學，囿於浙東一帶，浙西史學則範圍廣闊，非侷限於浙西之地也。

一、浙東史學要略

中國史學歷來即兼攝天道、人道與治道，其中天道在變易中見，人道在善惡中見，治道在興亡中見。而鼎革之際，天地之所以不毀，名教之所以僅存者，多在亡國人物，百代之下，猶令人歎其凜冽之勁節、松柏之不凋。故中國褒貶史學之最高境界，即在表章氣節、發明幽隱，歷史之大公至正在焉，中國史學之經世精神亦在焉。

因此業已逝去之歷史經驗，透過與當前現實之交互作用，對現代人產生意義，〔註 22〕此即史學之所以具有現代意義，否則徒爲陳人之陳迹耳，又何必予以彰顯？唯其勸善懲惡、教忠教孝，使後人觀乎忠、佞於歷史洪流中之

〔註21〕詳杜維運，〈黃宗羲與清代浙東史學派之興起〉，《清代史學與史家》。
〔註22〕人類對於「過去」某些歷史現象之所以特別感興趣，與其所處現實環境之刺激有關。蓋「過去」與「現在」以一種交互影響之方式存在，如「過去」之教訓，影響「現在」之判斷；而「現在」之經驗，又影響及如何在眾多之史實中，選擇與己身相關、有意義者，作爲己身之鑑戒。

定位，而知所戒惕焉，方有其價值。是以浙東學者，言性命必究於史，此其所以卓也。〔註23〕易言之，浙東史家秉其經世理想致力於史學，所以能展現出中國史學之傳統光輝，而此亦浙東史學之所以在清初考據學風中獨樹一幟，爲後人所憧憬也。

（一）淵　源

梨洲秉蕺山「證人書院」之傳統，由理學走向史學，浙東史學由此發達。往昔理學家精神，在於切己，注重進德、躬行實踐，其弊則末流易流於空疏、虛妄；流弊既著，後起者遂矯以務博綜、尚實證，如晚明諸遺老之爲學然。故梨洲雖不脫理學家之傳統，然其精神已開創出新氣象、新局面，非復明人講心性理氣，誠意、慎獨之舊規所能侷限。梨洲之言「讀書不多，無以證斯理之變化」，即所以開時代新趨，而重視客觀領域之知識；「多而不求於心，則爲俗學」，則仍歸宿於傳統心學之舊貫，不失理學家之榘範。此即梨洲論學之能承先啓後也，故能巍然爲時代所宗師。然歷來論浙東學術之淵源，說法頗有異議，歸納之，約有下列數說：

章學誠《文史通義・浙東學術》謂「浙東之學，雖出婺源，然自三袁之流，多宗江西陸氏，而通經服古，絕不空言德性，故不悖於朱子之教，至陽明王子揭孟子之良知，復與朱子牴牾，蕺山劉氏本良知而發明慎獨，與朱子不合，亦不相詆也。梨洲黃氏出蕺山劉氏之門，而開萬氏弟兄經史之學，以至全祖望輩尚存其意，宗陸而不悖於朱者也。」是實齋以爲浙東學術雖出於婺源，而學術趨向則宗陸而不悖於朱。又謂「黃梨洲氏出於浙東，雖與顧氏並峙，而上宗王劉，下開二萬，較之顧氏，源遠而流長矣。」則可見其是以浙東學術歸宗於陸王。

近人何炳松撰《浙東學派溯源》，則認爲浙東史學應以程頤爲先導，其謂程氏教人多讀古書，多識前言往行並實行所知，即所以由經入史之關鍵。其次謂浙東諸儒之傳程氏學者，又可分爲「永嘉」──周行己、鄭伯熊；「金華」──呂祖謙、陳亮兩派。而自南宋至明初，學風轉衰，迄於明末劉蕺山出，黃宗羲承其衣鉢，再創中興之局，遂蔚成寧波萬斯同、全祖望以及紹興邵廷采、章學誠兩大史學系。是其說主於以程頤爲浙東史學之淵源，並強調南宋之永嘉、金華學派與清代浙東史學之關係。

〔註23〕詳章學誠，《文史通義・浙東學術》篇。

　　而金毓黻著《中國史學史》則頗持異議，謂「觀黃宗羲承其師劉宗周之教，而導源於王陽明，蓋與宋代呂、葉、二陳絕少因緣。」反對清代浙東之學上溯至南宋之永嘉、金華，且論謂實齋與浙東史學之關係，曰「謂為壤地相接，聞風興起則可；謂具有家法互相傳受則不可。」對於浙東學術之前承、後繼持不同之看法。

　　另外，現代學者余英時甚至認為章實齋之撰〈浙東學術〉，提出黃宗羲作為浙東學術開山，係以支持自己「《六經》皆史」之理論，以對抗當時勢如中天之戴震，及其所承自顧寧人「經學即理學」而衍出之考證學；並且認為實齋將自己歸於浙東學術，只是一種晚年之追認。〔註24〕亦即余氏認為實齋提出浙東學術、提出黃宗羲，只是要為自己在宋明以來之儒學傳統中找尋一適當位置。因為東原之考據觀點，直接承自亭林之「經學即理學」，而要找出一與亭林同時且匹敵之浙東學人，以抗衡浙西之學，則梨洲是唯一適當人選。因此余英時即據金毓黻所言，自南宋至清代，浙東並無一延續不斷之史學傳統，呂祖謙、葉適及王應麟，與清代黃梨洲以至實齋本人，並無學術思想上之傳承關係，故謂實齋在〈邵與桐別傳〉中所言「南宋以來，浙東儒哲講性命者多攻史學，歷有師承，宋明兩朝紀載皆稿薈於浙東，史館取為衷據」，是一種誇張，甚至不實。

　　實則梨洲以東林名士之後，隱然為東林子弟之領袖，明亡，跟蹌歸浙東，糾子弟數百人，隨軍江上，軍敗，走入四明山，結寨自固；明統既絕，始返里門，自以孤臣之淚，無補於故國之亡，乃畢力於著述。而其父被閹黨構陷逮捕時，嘗語之曰「學者不可不通知史事。」故梨洲自明《十三朝實錄》，上溯《二十一史》，無不究於心，〔註25〕且致力於發明幽隱，表揚先賢節烈之精神。是以梨洲治史注意近代當身之史，重視文獻，並纂《明儒學案》，以保存一代學術文化；此一治史注重文獻人物，重視當代之精神（詳見後文），一傳為萬季野，再傳為全謝山，又傳為邵二雲、章實齋，浙東史學遂皎然與吳皖漢學家以考證治古史者並峙焉！且季野之治《明史》，銜梨洲之命而出，以布衣而定一代人物之治亂賢奸，保存國史，大有功焉！因之，以梨洲為清代浙東史學之開山，應無不妥，具有實質意義，而非如余英時所言，僅是實齋用以對抗戴震，以之做為與亭林相匹敵之後盾而已。

〔註24〕詳《中國史學史論文選集・章學誠的「六經皆史」說與「朱陸異同」論》。
〔註25〕以上事詳《鮚埼亭集・梨洲先生神道碑文》。

是以如近代學者杜維運之〈黃宗羲與清代浙東史學派之興起〉（氏著，《清代史學與史家》），即言所謂「學派」或「某家」，凡一部份學者，於比較固定之地區，從事於講學著述，其宗旨目標大致相同，且其學爲後人所師法，則某家某學派出。並謂浙東地區，數百年間，史家前後相望，其精神相接，其傳授脈絡可尋，然則名爲浙東史學派，又有何不可？是可知其於浙東史學亦持正面之肯定。固然，梨洲初非有意樹一學派，自立一門戶，然其學術影響後進如斯之大，浙東學者又淵源不異、脈絡一貫，治學精神、學術趨向與取徑亦大致皆同，則以梨洲爲首，名爲浙東史學，應無不當。

故梁啓超撰《中國近三百年學術史》，對於清代浙東學術即已持正面肯定態度。其言曰「浙東學風自梨洲、季野、謝山起，以至於章實齋，蔚然自成一系統。而其貢獻最大者，實在史學。」（〈八〉）故浙東史學之成就在於不容抹殺也。不過誠如實齋所言，「浙東之學，雖源流不異而所遇不同，故其見於世者，陽明得之爲事功；蕺山得之爲節義；梨洲得之爲隱逸；萬氏兄弟得之爲經術史裁；授受雖出於一，而面目迥殊，以其各有事事故也。」（〈浙東學術〉）即言浙東學者表見於世之面目或殊，致後世學者或有所疑。實則其源流、治學精神，出於一貫，應無疑義，則如杜維運所言，名爲浙東史學派，又有何不可？

梨洲爲清代浙東學術之開山，殆無疑義。但是清代浙東學術與兩宋學者之關係，又是如何？章學誠以爲宗陸而不悖於朱子之教；何炳松認爲出於程頤，且爲永嘉、金華之傳；金毓黻則以爲其間並無傳承關係。

章學誠云「浙東史學，自宋元數百年來，歷有淵源。」（《校讎通義外篇・與胡雒君論校胡稚咸集二簡》）考諸宋世浙東學術以永嘉、金華、四明三處之學風爲盛。四明學風之盛，北宋眞、仁宗之際，方儒林猶草昧之時，濂洛之徒、亦方萌芽而未出，慶曆五先生——楊適、杜醇、樓郁、王致、王說，已駢集於四明百里之間，相與講明正學，並與孫泰山、胡安定以經術遙相應和。而五先生皆隱約草廬，不求聞達，年望彌高，陶成倍廣，故全祖望《鮚埼亭集》曰「數十年以後，吾鄉遂稱鄒魯，邱樊縕褐，化爲神纓，其功爲何如哉！」（〈慶曆五先生書院記〉）宋室南渡以後，則淳熙四先生——楊簡、袁燮、舒璘、沈煥出，又大昌聖學於句餘間。其道會通朱子、張子、呂子，而歸宿於陸子，得象山之學統，于陸學最有昌明之功；是以四明後進之士，得瞭然於天人性命之旨，故全祖望許以「爲海邦開群蒙」（〈淳熙四先生祠堂碑

文〉〉。

　　此外，又有所謂竹洲三先生，〔註26〕昕夕討論，講學不輟。宋季，且有
同谷三先生，其中陳塤承象山之緒，傳陸學；王應麟得呂學之大宗；至於黃
震則宗述朱學也，皆各有所成。是以全氏曰「當是時，甬句學者，鼎撐角立，
雨戴笠，宵續燈，互相過從，以資攻錯，書帶之草，異苔同岑，其亦盛哉！」
（〈同谷三先生書院記〉）再者，稍後有胡三省出，注資治通鑑，亦富於經世
思想。是故四明理學，大師前後相承，發迹於安定、泰山講學之初，迄於末
葉而未替也。

　　而浙東文教之盛，除四明之外，永嘉、金華爲尤盛。永嘉之學有所謂元
豐大學九先生，其中有爲伊川及門者，有私淑伊川者，以許景衡、周行己最
著。然全祖望於《宋元學案‧周許諸儒學案》序錄曰「世知永嘉諸子之傳洛
學，不知其兼傳關學。」則亦未可以程學限之。南宋，鄭伯熊、薛艮齋更復
興永嘉之學，主禮樂制度，並見於事功；其後又有陳傅良、葉適等並出鄭氏
之門，光大其教，亦皆好言事功，故世以功利之學目永嘉。不過水心亦工文，
其弟子後多流於辭章。

　　至於金華之最要者爲呂祖謙，祖謙與朱子同時，兼取朱陸二派之長，而
輔以中原文獻之傳。另唐說齋、陳亮亦屬金華，然說齋以經制禮樂之學孤行
其教，〔註27〕其學不顯；陳亮則專言事功，《宋元學案》謂其學粗莽，而其學
專言事功，嗤黜空疏，亦可視爲永嘉別派。〔註28〕

　　至於元明之世，浙東學術雖不及有宋之盛，然猶未墜其緒。如元詔修宋
遼金史，多資於甬人袁瓘之史料，而袁氏嘗從王深寧游，以學顯於朝，無忝
先緒。明季，又有薛進軒、吳康齋等理學宗師出，以及浦江宋濂、寧海方孝

〔註26〕竹洲在鄞西湖之南。三先生其一即沈渙，餘二人一爲其弟沈炳，一爲東萊弟
呂祖儉。

〔註27〕全祖望〈說齋學案〉曰「乾淳之際，婺學最盛。東萊兄弟以性命之學起，同
甫以事功之學起，而說齋則爲經制之學。考當時之爲經制者，無若永嘉諸
子……而說齋獨不與諸子接，孤行其教。試以艮齋、止齋、水心諸集考之，
皆無往復文字，水心僅一及其姓名耳。至於東萊，既同里，又皆講學於東陽，
絕口不及之，可怪也。」

〔註28〕以上論宋世浙東之學分別見於《宋元學案》之〈周許諸儒學案〉、〈東萊學案〉、
〈艮齋學案〉、〈止齋學案〉、〈水心學案〉、〈龍川學案〉、〈說齋學案〉、〈慈湖
學案〉、〈絜齋學案〉、〈廣平定川學案〉及《鮚埼亭集》之〈慶曆五先生書院
記〉、〈淳熙四先生祠堂碑文〉、〈竹洲三先生書院記〉、〈同谷三先生書院記〉
等文。

孺等輩之篤學危行，亦皆見重於世。

由是觀之，以浙東學術歸統於程頤，過於狹隘。蓋慶曆五先生講學甬東時，濂洛亦方萌芽而已；而淳熙四先生則宗陸；浙東健將王應麟與呂學淵源甚深；黃震則宗朱；永嘉元豐九先生固多傳程學，亦未可以程學限之；金華呂學，則兼取朱陸，而又長於中原文獻，卓然自成一家，故徐光仁嘗有《浙東學派史學研究》論文（中山大學碩士論文），陳訓慈亦有〈清代浙東之史學〉（收入《中國史學史論文選集》），以駁斥何炳松浙東學術淵源於程頤之說。至於梨洲，則雖承蕺山之教，繫於姚江，然宗而不拘，故全祖望謂之「以濂洛之統，綜會諸家，橫渠之禮教，康節之數學，東萊之文獻，艮齋、止齋之經制，水心之文章，莫不旁推交通。」（〈梨洲先生神道碑文〉）是以清代浙東學術與宋季儒哲之傳承，可謂千門萬戶，並無確定之脈絡，固不得謂之全出於程學，亦不能斷然謂其出於陸學或王學。

要之，浙東學術淵源深遠，永嘉、金華之先哲均不無導揚先路之功。尤其永嘉之學，教人就事上理會，步步著實，言之必使可行，足以開物成務，尤具史學之經世精神；而金華呂學注重文獻，更開清代浙東史學重文獻之先河。然則金毓黻所言「與宋代呂葉二陳絕少因緣」，是亦忽略浙東學術之共同精神，有失學脈之一貫，過於壁壘分明。故清代浙東學術以理學為體、史學為用，承宋明理學之緒，矯其末流空疏之弊，富於經世思想，而性理經史，無所偏廢，故能開出清代有光史冊之浙東史學，使浙東學術成為後人所憧憬。

（二）治學特色

浙東史學之學術特色，約有下列數端：

1. 崇當代、重文獻

「傳者，久則論略，近則論群。」（《荀子‧非相》）故詳近略遠，乃史書之通則；而當代之事，即自最近之史事嬗遞而來，故「欲觀千歲，則數今日，……欲知上世，則審周道。」（同上）是以史愈近則愈切實用。

實齋亦有言曰「不知當代而言好古，不通掌故而言經術……其無當於實用也審矣。」（《文史通義‧史釋》）因此，學者必求當代典章以切於人倫日用，蓋「當代典章，官司掌故，未有不可通於詩書六藝之所垂。而學者昧於知時，勤矜博古，譬如考西陵之桑，講神農之樹藝，以謂可禦飢寒而不須衣食也。」（同上）故及時搜羅文獻，編次保存，以利後人之參稽考究，此學者之天職

也。並且其時故老猶存，遺文尚在，網羅不難；不然，逡巡久之，遺老凋落，文獻散佚，則傳千秋之信史難矣。此亦孔子之所以嘆「夏禮，吾能言之，杞不足徵也；殷禮，吾能言之，宋不足徵也。文獻不足故也，足，則吾能徵之矣。」（《論語‧八佾》）是以及時徵存，網羅文獻，為史學不可廢之要務也。

再者，清初經世學風勃興，致用之論盛行，史學之鑑戒作用為世所重。而切於人事，由近致遠，乃治史之態度，故邵念魯嘗曰「文章無關世道，可以不作；有關世道，不可不作。即文采未極，亦不妨作。」（《思復堂文集‧龔翔麟撰邵念魯先生墓誌銘》）全祖望亦曰「吾故特表而出之，使天下為父兄者，弗為敗行，以貽子孫之戚，而子弟不幸而罹此者，能慎所趨則幸矣。」（〈七賢傳〉）即以史學所以經世者也，故察於人倫日用，明夫事變之理，方能為後人法戒，有益于世也。而愈近之史，愈能發揮史學之鑑戒作用，此即當代文獻之所以不容忽視。

是故清代浙東學者，自梨洲以降，迄於季野、念魯、謝山，以至實齋，莫不注意當身之史，以保存一代文獻為己任，致力於文獻之網羅，期傳一代之信史。故梁啟超之論清代史學謂其極盛於浙，以黃宗羲、萬斯同為一代文獻之傳，又，「其後斯同同縣有全祖望，亦私淑宗羲，言文獻學者宗焉。」（《清代學術概論‧六》）則當世之人亦皆以一代文獻期於浙東學者也。

梨洲嘗曰：

> 余多敍事之文，嘗讀姚牧菴、元明善集，宋元之興廢，有史書所未詳者，於此可考見。然牧菴、明善，皆在廊廟，所載多戰功；余草野窮民，不得名公鉅卿之事以述之，所載多亡國之大夫。地位不同耳，其有裨於史氏之缺文，一也。（《南雷文定‧凡例》）

故其文集中多碑傳之文，舉凡儒林、文苑、循吏、隱逸、孝友、貞烈、忠義、講會……等社會情狀，上自王公，下逮黎庶，莫不粲然備載。又曰：

> 嘗讀《宋史》所載二王之事，何其略也？夫其立國，亦且三年，文、陸、陳、謝之外，豈遂無人物？……國可滅，史不可滅，後之君子，能無遺憾耶？乙酉丙戌，江東草創，孫公嘉績、熊公汝霖、錢公肅樂、沈公宸荃，皆聞文、陸、陳、謝之風而興起者，一時同事之人，殊多賢者，其事亦多卓犖可書，二十年以來，風霜銷鑠，日就蕪沒，此吾序董公之事，而為之汍然流涕也。（〈次公董公墓誌銘〉）

是其戚戚然於故國文獻之不得保存，以後世不能得知鄉邦先賢之凜冽勁節為

嘆，故化麥秀黍離之思爲徵存文獻之志，而其保存當代之史，推尋桑海餘事之心，昭然可知也。梨洲又纂《明儒學案》，爲有明三百年之學脈，蓋梨洲抱故國黍離之悲，眷眷不忘，是以志在存一代學術，以立中國學術史之規模，使有明興亡盛衰之迹，於此亦犖然可尋。此外，萬季野，爲梨洲衣鉢弟子，以布衣參史局，獨力成《明史稿》五百卷，又著有《兩浙忠賢錄》、《明季兩浙忠義考》，追述鄉邦先賢，亦不遺餘力。其言曰：

> 吾郡人才，至宋而盛，至明而大盛。近者鼎革之際，更有他邦所不
> 及者，是不可無以傳之。……顧國史但紀政績而不及家鄉之行，其
> 書既略而不詳；郡乘徇請託，而不免賢否之淆，其書又雜而無別。
> 欲免二者之弊，其惟《浦江人物》（明宋濂作）、吳郡先賢（《吳郡志》，
> 宋范成大撰）之例乎？（《石園文集・與李杲堂書》）〔註29〕

則其致力於文獻保存之心，亦懇懇款款，得梨洲史學之精神。又，邵念魯者，所撰《西南紀事》、《東南紀事》，均言當代史事；《思復堂文集》亦以保存鄉邦文獻爲要務，謝山嘗稱之曰「邵念魯爲是集，其意甚欲表章儒先，發揚忠孝，其意最美。」（〈答諸生問思復堂集帖〉）梁啓超於《中國歷史研究法補編》中亦頗稱美焉。

其後鄞縣有全祖望，亦私淑梨洲者也。鄞本濱海，爲浙東遺民所薈萃，流風遺韻，頗有存者。謝山聞先賢之風而起，廣修枌榆掌故、蒐羅桑海遺聞；表彰明季忠節、徵存明季文獻。其於舊文舊獻、忠孝節義等凋殘之遺事、故國之世臣、殉國之烈士、守節之遺氏，皆惓惓焉屢致其意，儘管故世更百年，宛然猶見其白髮老淚之淋漓目前。故人代累更，志乘脫落，徵文徵獻，漸以無稽，此謝山之所以嘆也。其言曰：

> 嗚呼！故國喬木，日以陵夷，而遺文與之俱剝落。徵文徵獻，將於
> 何所？此予之所以累唏長歎而不能自已也。（〈雪交亭集序〉）

是以謝山捨名位之赫然，摭拾溝渠牆壁之間，起酸魂落魄也，「庶前輩一生肝血，不與塵草同歸漸沒耳。」（〈奉九沙先生論刻南雷全集書〉）他以此忠義數椽，爲漢鼎所支；以此葚弘碧血，爲足扶宇宙之元氣，是以懼己之不及時表而出之，則誰更表而出之者歟？

嗣後，章學誠亦踵鄉邦先哲之遺風，致力於史學理論之建設，重文獻而輕沿革，其言曰：

〔註29〕該引並未親見，此處係轉引自蘇慶彬〈章實齋史學溯源〉一文。

> 古今沿革，非我臆所能爲也；考沿革者，取資載籍，載籍俱在，人
> 人得而考之，雖我今日有失，後人猶得而更正也。若夫一方文獻，
> 及時不與搜羅，編次不得其法，去取或失其宜，則他日將有放失難
> 稽，湮沒無聞者矣。（《方志略例‧記與戴東原論修志》）

故實齋重視修志，以志爲史體，以爲「地近則易覈，時近則亦眞。」（〈修志十議〉）亦主於愈近之史，眞實性、可信度皆愈高，苟時人不務力於當代文獻之徵存，則後人將有考史難之嘆，此寧非當世人之過歟？故實齋亦以務力於當代文獻之保存，使後人得所考據，或館閣讎校之所取材，爲當世學者之重責大任也。

四明自宋以來，號稱忠義之邦，尤其明季之匡復義師，忠烈昭垂；唯清初禁網森嚴，遺事遺文日漸湮沒，此志士之大慟也。且百年以後，所見異詞，所聞異詞，所傳聞又異詞，不及時考而正之，後世學者將何所適從？是以浙東學者堅持於牢獄刀繩之間，不趨風徇時，不鑽研故紙堆中，窮山海隅，網羅遺聞、徵存文獻，不遺餘力於爲一代存信史、爲後世學者存當身之史，則其非唯有功史學，且亦大有功于後學風範也。

2. 表章氣節

中國史學之傳統精神源於《春秋》，《春秋》富微言大義，有「撥亂反正」之寓意，期在移風易俗，以馴致乎治平之用，是以褒善貶惡。舉凡《廿五史》莫不受到《春秋》此一思想之影響，而有善善惡惡之書法。然而所謂褒貶，所謂書法，意在不虛美、不隱惡，據實直書；宜法、宜戒，待人之自擇、待天下之公論則可矣。其非要在字面上，馳騁意見之謂也，亦朱子之所言「《春秋》只是直載當時之事，要見當時治亂興衰，非是於一字上定褒貶。」（《朱子全書》卷卅六）是以史家須不畏強權、不慕利祿，方能秉筆直書，所謂「在齊太史簡、在晉董狐筆」，以浩然之史家嚴正態度，書於載籍，公諸於世。

而「興亡之故，雖曰天運，固未嘗不由於人矣。」（《南雷文定‧元若高公墓誌銘》）因此改朝換代之際，見利忘義，甘受異族籠絡利用，忘亡國之痛，屈膝胡虜者有之；而風節凜然，不以刀鋸鼎鑊損立身之清格，不肯徒事謅諛新朝、貶黜舊朝者亦有之，然而在朝廷之高壓下，其血心流注，遂與朝露同晞，史亦於是而亡矣。因此史家秉如椽之筆，誅奸諛於既死，發潛德之幽光，爲史家崇高之使命。是以中國褒貶史學之最高境界，即爲表章氣節，發明幽隱；尤其能在新朝統治下，無視刀鋸鼎鑊，唯以發揚天地正氣爲己任，務力於表章氣節，慰先烈重泉之恨者，爲眞史家也。

　　浙東諸家，生當康雍乾盛世，即清廷文網正密之時，文人士子一言不慎，即致不可測之禍；偶表前朝，輒罹殺身之殃；科場案件，連年有之。而江浙以人文淵藪，反滿情緒最熾，故自「窺江之役」後，[註30]清廷對浙江士子尤其歧視，斥爲風俗澆漓，人懷不逞，停止浙人之會試。並嘗借「江南奏銷案」爲名，牽連達萬三千餘人，凡縉紳之家，幾無倖免。其餘如江蘇秀才倪用賓等十八人，聚哭文廟，指爲聚眾倡亂，搖動人心，皆處極刑；又如莊廷鑨之《明史》獄；戴名世之文集獄；查嗣廷之試題獄；陸生枏之論史獄；謝濟世之經注獄；曾靜、呂留良之文評獄；胡中藻之詩鈔獄；王錫侯之字書獄；陳鵬年之游虎邱詩；蔡顯之錄紫牡丹詩，……在在皆罹重禍，而諸如此類之迫害，尚罄竹難書[註31]。

　　且清廷之統治，高壓、懷柔，兼而有之，學者在面對重重文字束縛下，或噤若寒蟬、或務力於經史考證；而慕利祿者，更接受懷柔，薦爲山林隱逸、博學鴻儒。在此時風之下，非無負重望之大儒，孜孜於經世之學術，如亭林、梨洲、船山等；然而年代漸往，遺老凋落，唯有浙東學者，秉其一往不顧精神，自立時風之外，不以刀鋸鼎鑊爲意，惓惓於發揚先賢遺烈之精神。彼以碑傳爲史傳，一方面致力於先賢表章，另方面又能避開清廷忌諱，免爲文網所羅致。藉此方法以爲千秋存留信史，使其事蹟不致湮沒，則其用心，亦至悲至痛矣！是故凡梨洲、念魯、謝山等文集，其中多有墓誌銘、神道碑銘、墓碑、墓表、壙誌、行述、事略、傳記……等，若此皆爲存信史，非以炫辭章也，所謂以碑傳爲史傳者也。

　　桑海之交，天地綱常之寄，每多在於草野，此梨洲所以不傳名公鉅卿之事，而多載亡國大夫奇節偉行，蓋以爲有益名教也。其曰：

　　　　自有宇宙，祇此忠義之心，維持不墜。（《南雷文定・謝時符先生墓
　　　　誌銘》）

又曰：

　　　　亡國之戚，何代無之？使過宗周而不憫黍離，陟北山而不憂父母，
　　　　感陰雨而不念故夫，聞山陽笛而不懷舊友，是無人心矣！故遺民者，
　　　　天地之元氣也。（同上）

[註30] 所謂窺江之役，指順治十六年，鄭成功、張煌言之聯軍北伐。
[註31] 以上清初重要文字獄，係參考林尹，《清代學術思想史・引言》，《師大學報》
　　　　第七期；以及許霽英，〈清乾隆朝文字獄簡表〉，《人文月刊》，八卷四期。

是梨洲欲以此綱常所寄之氣節，淬勵人心，故雖清廷以雷霆萬鈞之力箝制之，梨洲仍致力於表章氣節，爲數千年來道統所繫之倫理道德，續一線之傳，其言又曰：

> 天綱毀紊，地紐凋絕，普天相顧，命懸晷刻。嗟乎！顧安得事功節
> 義之士，而與之一障江河之下乎。(〈明名臣言行錄序〉)

因此名公鉅卿之事功，固應褒揚，亡國大夫之斷頭死國，爲天地元氣之所寄，更應汲汲表章。且夫節義行爲之傳世，不似事功之可待於國史，因此梨洲以義無反顧之精神，慨然自任，爲天地之間存名教，爲千秋後世傳信史。

梨洲以遺民之志存明史，季野益效力於此；季野之父萬履安，鄞之遺老，砥礪名卿，嘗從魯王，且其先世多以忠節儒術著，忠孝傳其家也。故季野秉承家風，又爲梨洲高弟，並且「恐眾人分操割裂，使一代治亂賢奸之迹暗昧而不明。」(《望溪先生文集‧萬季野墓表》)故遂以獨力任《明史》，並因其師之志而多表章節烈。其意亦在於使善無微而不顯，人無隱而不章。至其後之邵念魯亦曰「人之才情，當用於忠孝節義，不當用之於詞章藻繪。」(《思復堂文集‧後蒙說》)故亦撰爲思復堂文集以表章忠義。姜垚嘗論《思復堂文集》，曰：

> 束身投械，駢首就戮，豈天奪之魄？雖有智者，亦莫能善其後耶。
> 但其時不乏忠義之士，不以小朝廷亂其志操，視死如歸，執義侃侃，
> 氣沖霄漢，名並天壤。……斯編若存，亦人心之一助也。(〈邵念魯
> 宋元明紀事序〉)

是念魯之致力於先賢精神之發揚，亦卓爾不群也。

至於謝山，益以發明沈屈，慰先烈重泉之恨爲志。其所著《鮚埼亭集》有言：

> 古今賢愚，總隨大化以俱盡，即鏡川之坏土，今亦鞠爲荒邱，惟是
> 殉國之大節，閔忠之古道，天荒地老，終於不朽！(〈楊氏葬錄序〉)

又曰：

> 年來文獻脫落，雖有奇節，不能自振於忌諱沈淪之下，遂與亳杜聲
> 靈同歸寂滅。予每爲梓里前輩罔羅散失，……輩之行實漸以表彰。
> (〈貞愍李先生傳〉)

是其於忠義君子之「累蹶累起，履虎虎而不顧，白首同歸」(〈五評事狀〉)，睠睠不能忘，故以遺事凋殘，後世莫有知之者，爲後死者之責。是以其雖生

當文網正密之時，卻於刀鋸鼎鑊之誅，視若弗睹，故後世論者以全氏為最能見浙東史學之精神也。

其後章學誠出，深富史識，而亦以能取窮鄉僻壤，有畸行奇節者，為之立傳為務。其《方志略例》曰：

> 史志之書，有裨風教者，原因傳述忠孝節義，有聲有色，使百世而下，怯者勇生，貪者廉立……況天地間大節大義，綱常賴以扶持，世教賴以撐柱者乎！（〈答甄秀才論修志第一書〉）

是其亦主於表章氣節，使觀者有所興起，庶乎宿草秋原之下，有拜彤管而泣秋雨者，故亦以善善欲長，為史家之所當務也。以此可知浙東學者，確能發揚史學大無畏之純真精神，其志炳耀日星，亦可以無愧於齊之太史、晉之董狐矣！

3. 貴專家著述

自亭林提出「經學即理學」後，經學成為清代顯學。而由於經學內部存在之某些問題須先釐清，故造成考據學之興盛。於是經史考證，舉國風靡，文人士子，幾不能自外。然而以一時風尚言之，有所近者必有所偏，學者囿於時風所趨，殫精竭智，攻索不遺餘力，自以為所得遠過人；然而古今學術，盛衰循環，風氣所趨，蓋世豪傑竭力不足以測其有餘，風氣既衰，則中下之資抵掌而可以議其不足。此但觀夫理學與經史考證學盛衰之迹，即可得其明證。然而如實齋《文史通義》所言「世之所尚，未必即我性之所安；時之所趨，未必即吾質之所近。」（〈與朱滄湄中翰論學書〉）故趨風徇時，不過是「毀譽之勢眩其外，利鈍之見惑其中。」（同上）風氣所趨，偏而不備；天質之良，亦曲而不全，即曹丕所言「至於引氣不齊，巧拙有素，雖在父兄，不能以移子弟。」（《典論‧論文》）是以苟囿於時風，舍其長而用其短，雖使十倍之力，成功將且不及半焉。

因此天下之學，各因其人之所長而有比次之學、獨斷之學、考索之學，以其高明或沈潛而各有所主也。〔註32〕是以實齋之言又曰：

> 學在自立，人所能者，我不必以不能愧也。因取譬於貨殖，居布帛者不必與知粟菽；藏藥餌者不必與聞金珠。患己不能自成家耳！譬市布而或闕於衣材，售藥而或欠於方劑，則不可也。（〈博約上〉）

是實齋以為學之所從入，必本性情，各就其資性之所近而致力焉，不必以人

〔註32〕詳《文史通義‧答客問中》。

皆能,則責我以必能也;且學貴博而能約,故學者之疲精勞神於經傳子史等考證,實齋以之為「功力」,為造酒之秫,不得遽謂學也。必其能決斷去取,別識心裁,無取於方圓求備,各自成家,方可謂之專家之學,所謂能守約者也。〔註33〕而其屢屢述及此意,蓋為針砭當時學風,尤其針對考據派史學而發,其意以為當世史學,非整齊類比、即考逸搜遺,然此不過所謂史纂、史考而已,不能謂之史學;必博而能約,成一家言,方得謂之著述。此浙東學風所以樹異於當時以務博為誇之學風也。

是以如梨洲撰《明儒學案》,而後一代學術,於斯畢現,然亦未嘗不深寓其特識也。其自序言「盈天地皆心也,變化不測,不能不萬殊。」故其於各學派能兼容並包,即其所謂「先儒之語錄,人人不同,只是印我心體之變動不居。若執定成局,終是受用不得。」(〈自序〉)是以梨洲能富於客觀精神,網羅有明一代理學各派,各述其盛衰傳遞之迹,而其卓見特識亦寓乎其中也。

梨洲以有明學術之大宗歸于姚江;雖有明前期,朱學是官學,且為當時之主流,但朱派學者多是「述朱」而已,未能開創新局,直至陽明之出,影響有明一代理學發展與成就,使明代理學為前代所不及。梨洲於此欲有所表彰,且感於後人攻擊陽明及其學說太過,而欲為之辨正,其曰「有明學術,白沙開其端,至姚江而始大明」,「自姚江指點出良知,人人現在,一反觀而自得,使人人有個作聖之路。故無姚江,則古來學脈絕矣。」(〈姚江學案〉)可見其對陽明之推崇,同時亦與顧炎武等攻擊陽明者成為針鋒相對。其於陽明學後來流入禪學之弊,則概歸於門人之過,尤其王畿、王艮輩;〔註34〕至於最受詬病之顏鈞、何心隱、李贄等,則一概不為立案,以示貶意。並以孔曾之不免有惡徒,甚至程朱亦不免,以為陽明辯。〔註35〕蓋梨洲為蕺山弟子,

---

〔註33〕 詳《文史通義・博約中》。

〔註34〕 《明儒學案・泰州學案》序曰:「陽明先生之學,有泰州、龍溪而風行天下;亦因泰州、龍溪而失其傳。泰州、龍溪時時不滿其師說,益啟瞿曇之秘而歸之師,蓋躋陽明而為禪矣。」是梨洲以為陽明之學被譏為禪,實是二王導之,故歸過於二王。

〔註35〕 參見《南雷文定前集》,卷四〈移史館論不宜立理學傳書〉,曰:「按朱子云:『游、楊、謝三君子初皆學禪,後來餘禪猶在,故學之者,多流於禪。游先生大是禪學,必是程先生說得太高,故流弊至此。』是程子高弟弟子,已不能無流弊;劉安上、賈易人品皆在下中,至於邢恕、陸棠且為奸臣盜賊矣。而云程朱門人必不至此,豈其然也?如以弟子追疑其師,則田常作之宰予,殺妻求將之吳起,皆足為孔曾累矣。」

雖蕺山於王學有所救正，要之，其爲陽明之嫡傳則無疑。是以梨洲以一代學術歸之陽明，一方面力爲辯護，另方面明示一己學術思想之所出，以及其所秉持之思想、立場。

梨洲爲蕺山高弟，蕺山對陽明學有修正之功，是以梨洲亦不願墮入王學末流之弊，因此一方面力闡其師「愼獨」之說，以實踐爲主；另方面極力調和朱、陸之爭。其謂朱、陸之辯乃在治學門徑和教人方法上，至於其同植綱常，同扶名教，同宗孔孟之本質，則殊無二致。且陸氏之尊德性，何嘗不加功於學古篤行？紫陽之道問學，何嘗不致力於反身修德？以此說明王學末流之束書不觀，游談無根，實非陸、王本意。故其所論「讀書不多，無以證斯理之變化；多而不求於心，則爲俗學。」正是程朱、陸王所不廢，且爲足救王學之弊，以承其師蕺山之說也。

此外，東林師友，爲亂世砥柱，如高景逸之從容就義，黃白安之慷慨赴難，吳霞舟之節烈，華鳳超、陳幾亭之堅貞，皆眞鋼百鍊，無媿於顧涇凡所謂節義之貞。並且晚明啓、禎之際，忠烈接踵，亦皆東林講學之效也。然而東林之慘烈下場，後人或譽或毀，如夏允彝之《幸存錄》、張岱之《石匱書》，於東林皆毀多於譽，甚且痛詆。〔註36〕是以梨洲又特立〈東林學案〉於〈諸儒學案〉之後，即深敬此「上士貞其身，移風易俗」之精神，肯定其氣節，嘉其爲晚明亂世及理學增添光輝燦爛之一筆、及對後世節義烈士之影響。是以《明儒學案》一書，固然於明代學術有客觀之陳述，而梨洲之思想、立場亦寓乎其中，並不與世浮沉，人云亦云。

此外，梨洲之《明夷待訪錄》深寓其政治思想，而對中國之帝制專政，作一番檢討，具眞知卓見。季野之修《明史》，貴專家著作，反對官修之史，謂其雜亂，倉卒成於眾人，不暇擇其材之宜與事之習，是猶招市人與謀室中之事，且恐眾人之分操割裂，一代之史暗昧而不明，〔註37〕故獨力任之。而念魯之《思復堂文集》、謝山之《鮚埼亭集》，亦皆表章前賢，徵存文獻，以勸勉來者，鑑戒後世，亦皆如實齋之言，博而能約者也。是故不貴乎方圓求備，有同類纂，而貴其能別識心裁，著述成家，此即浙東學者之自立於時風之外，之所謂專家之學也。

〔註36〕 參見陳錦忠，〈黃宗羲明儒學案著成因緣與其體例性質略探〉，《東海大學歷史學報》，六期。
〔註37〕 詳方望溪，〈萬季野墓表〉。

以上所舉，是清代浙東學者於時風眾勢中，卓然自立，有異於清初學風，而為其學術之卓犖大端者；至於其他雖異於前代，但不脫清初共同學風者，本節則不詳細論列，而將於後文陸續敍述。

二、浙西史學要略

（一）淵　源

自顧炎武提出「經學即理學」後，尚博重智之考據學，遂為學術主流。然而寧人之提倡經學，本意係針對晚明空疏學風而發，主要為矯王學末流束書不觀及隳惰於空所造成之人心低落、風氣敗壞，亦即寄經邦濟世之理想於學術。故彼所提出之博學於文、行己有恥，皆為針砭當時之風氣也。

為救晚明不學之弊，故亭林倡以讀古書；愈讀而愈覺求真解之不易，故先求諸訓詁名物、典章制度，是以亭林曰「讀九經自考文始，考文自知音始。」（《亭林文集・答李子德書》）故其以音韻為通經之鑰。考夫三代、《六經》，古音久失其傳，其文雖存於世，後人多不能通，故亭林提出自知音進而考文之門徑，而此即亭林影響於「清學」之最大者。

亭林以為三代、《六經》之學，聖賢之理義也，當代之典章制度也；故通經即所以明道，明道即所以救世，是以音韻、訓詁、名物度數等，皆所以明夫經義而為濟世之資也。然而亭林之「博學於文」雖企圖囊括身家天下等各種問題，卻不免以經書為落實之對象，於是所謂博學於文、明道救世，遂落實在「通經致用」上。其旨本在於使《六經》之旨與當世之務結合為一，因此反對食古不化、不關國計民生之瑣碎考證，不屑於注蟲魚、命草本等純粹為知識而知識之活動；然而乾嘉學者承其流，卻不能免於彼所反對之客觀考證，致淪為繁瑣餖飣之學，因此錢穆言「亭林經學即理學，捨經學無理學之論，在亭林氣魄大、得天厚，故為無病；而一再流傳，本意全非。」（《中國近三百年學術史・第六章》）故此即學術發展之不能以原來動機侷限之也，亦末流之易生流弊也。是以清初學術由此轉入經史考證之學，重以清廷之高壓箝制，益使經世理想日漸遠離，終至淪為純粹為學問而學問之客觀考證。

至於亭林「行己有恥」之教，蓋亭林目睹明末社會風氣敗壞，道德淪喪，尤其如洪承疇、錢謙益、吳三桂……等之靦顏事仇，深感於士大夫之無恥，是謂國恥，因倡為有恥之教，期能化俗於善。然所謂「遺民不過三代」，年代漸往，後世子孫並無身同之受，取捨之間自不如遺老激烈，又豈能永絕其仕

進之途乎？是以其有恥之教在清初終至響繼無人，歸於消沉焉。〔註38〕故如錢穆所言「若論亭林本意，則顯然以講治道、救世爲主，故後之學亭林者，忘其行己之教，而師其博文之訓，已爲得半而失半；又於其所以博文者，棄其研治道、論救世，而專趨於講經術、務博聞，則半之中又失其半焉！且所失者，脊其所重，所取脊其所輕。」（同前書，第四章）固然而取捨之間，自有其運會，非盡人力也，而要之，亭林爲清學開山，則殆無疑義也。〔註39〕

　　梁啓超於《清代學術概論》亦云，清代思潮啓蒙期之代表人物爲顧炎武、胡渭、閻若璩等。顧氏雖以經世爲中心思想，然其爲後人所師法者，則在考據之法，潛邱等亦皆以考據名。是以此後經學家治經不重發明經義，而重文字之訓詁校勘，並以經學考證爲學術之主流；經學如此，泛濫所及，則史學亦受其影響，而不得不然。況史之大原，出於《春秋》，經學以此而常爲史學之思想指導，中國史家之見識亦常與經學有深遠關係。是以史家生當斯世，值經學以訓詁考據爲主流之時，亦不能自免，故亦醉心於古史之考訂辨正。而流風所及，蔚爲風尚，歷史考據學亦遂力張其軍，蓬勃發展，於是乾嘉時代遂爲經史考據學之全盛時代。

　　然就治學對象言，清儒固以群經爲主，而經書之範圍有限，爲求廣泛搜證，則不得不旁涉各類典籍，於是訓詁、校勘之範圍乃深入及於諸子、史地、集部等各種文獻，以致幾乎對歷代舊籍皆有嚴謹之整理、考據。故如《四庫全書總目·日知錄》提要言「每一事必詳其本末，參以證佐，而後筆之於書。故引據浩繁，而牴牾者少。」此即乾嘉考證學者奉爲圭臬之治學方法。是以在重視客觀事實之謹嚴態度下，彼等亦往往有突破傳統觀點之見解，而在舊籍之整理上，頗能獲致一番佳績。

　　再者，乾嘉時期清廷之統治已極爲穩固，一般學者亦皆採取合作態度，故其學術思想亦必然與此一政治形勢、政治立場相呼應，而不如清初大儒之

〔註38〕亭林之行己有恥，在清初雖無廣大回響，但梁任公《中國近三百年學術史》則以爲辛亥革命春雷驚蟄，一言以蔽之，即晚明反清復明一緒之傳。且方其時，革命志士多印製明末諸儒之著作，流傳於天地會、洪門等組織中，以振奮人心。故以晚清之革命爲受晚明反清復明之啓發。

〔註39〕錢穆《中國近三百年學術史》以爲清儒言考證，推本顧閻者，乃以本朝自爲斷限。明之楊愼治占音，以博治著稱；方以智則考據精校。風氣既開，清初顧炎武、閻若璩、朱彝尊等沿波而起，一掃懸揣之空談。故謂清儒考證之學，乃沿明中葉楊愼諸人而來，而非由清世開闢。然亭林之論學及治學方法，其意氣魄力，足以領袖一代之風尚，故爲乾嘉考證學派所群歸仰縱。

激烈；唯其如此，始能在歷史之不同階段，各發展出具有不同特色之學術形貌。因此亦不能以乾嘉學者之不具備顧、黃、王等反清復明或經邦濟世思想，而遽予否定其成就；反之，其在舊籍整理上所獲致之重要成就與貢獻，值得稱許，應該予以正面肯定。

是以乾嘉近百年之盛世，雖然富創作精神之史學巨著不可見——此由於擘續補苴之餘，考據繁瑣，史學創作精神因之而萎靡也，故以諸學者之博學多聞，僅能以考據學家名，而不能創垂一代之史學著作；然而，我國史學亦至乾嘉而驟放新異彩也。蓋史學固然重在創作，貴能發凡起例，以創垂體大思精之巨著；然史學亦貴求真，是以史家也須有實事求是之客觀精神，史學之價值方能顯露。而史料在去取之際，稍一不慎即生訛謬，苟好惡因心，輒又失史學公允，故史學亦須倚重考據之功；唯其不虛美、不隱惡、不涉虛誕，而能據事直書，甚至還要糾謬發覆，以解千古疑竇，始能還諸歷史以原來面目。是故乾嘉史學之超軼前代者，即在其客觀徵實之精神，而清代歷史考據學派亦因之而興焉。

（二）諸家舉例

歷史考據學派治史，最重徵實之精神與客觀之態度、研究方法，亦頗與西方史家蘭克等主張「歷史之目的，僅為陳示過去實際發生之情況」相合。〔註40〕皆神往徵實之信史，離事實便不敢有所馳騁縱橫。故乾嘉史學注重實事求是之精神，以徵實考信、糾謬發覆，為治史之主要目的。至於其治學特色，梁啓超《清代學術概論》嘗有詳細論列，近人且將之歸為「歸納法之充分利用」、「輔助科學之廣泛利用」等。〔註41〕故此不再複述，而僅舉錢大昕、王鳴盛等代表人物為例。

錢大昕於經學有深湛研究，但他感於自惠、戴之學盛行於世，天下學者但治古經，略涉《三史》，《三史》以下茫然不知，焉得謂之通儒？且不通史亦難以明經，故務力於史學之研究，謂經史非二學，以經學和史學為並無軒輊。其所著《二十二史考異》，考訂精密，由治經而治史，另闢蹊徑，於史學有光大之功。他利用經學、小學、天文、輿地、制度、金石、版本等專門之學為基礎，旁徵博引，反覆考訂，以歸納法尋求義例，以演繹法解釋史實之誤謬，實事求是，故歷史考證於是而富有科學之精神。

〔註40〕參見杜維運，《清代史學與史家·清乾嘉時代之歷史考據學》。
〔註41〕同前註，其概論嘗歸納歷史考據學派治史之客觀方法。

　　錢氏最重治史之求眞精神，反對馳騁議論，反對書法褒貶。蓋所謂褒貶，
出乎一心，標準難以齊一，而其言人人殊，後世亦難免臆測，則史學之眞，
恐被湮沒。故其曰：

> 史家紀事，唯在不虛美，不隱惡，據實直書，是非自見。若各出新
> 意，掉弄一兩字，以爲褒貶，是治絲而棼之也。（《十駕齋養新錄·
> 唐書直筆新例》）

故其治史之態度爲據事直書，以爲如良史遷，班固亦不過稱其「文直事核」
而己，故能直而且核，則史家之能事畢矣！而中國浩如煙海之史籍中，妄相
附會、馳騁議論、舞弄文墨，訛謬舛誤者，不一而足；是以他以客觀之態度，
爲古史訂譌、正謬、補闕，有經其校訂而古來之疑惑遂昭然若揭者也。

　　錢氏之所考據，係爲決疑千古，樂在其中，決非有意醜詆前人，故其又
曰：

> 史非一家之書，實千載之書，袪其疑乃能堅其信，指其瑕益以見其
> 美。拾遺規過，匪爲齮齕前人，實以開導後學。（《廿二史考異·序》）

是其所正譌訂謬，非以誇耀博學也；恐前人之誤，而貽累後學也，故去其一
非，以成其百是。是以其又曰：

> 學問乃千秋事，訂譌規過，非以訾毀前人，實以嘉惠後學，但議論
> 須平允，詞氣須謙和。一事之失，無妨全體之善，不可效宋儒所云，
> 一有差失，則餘無足觀耳。……去其一非，成其百是。故人可作，
> 當樂有諍友，不樂有佞臣也。（《潛研堂文集·答王西莊書》）

是其以古人之諍友自許，不願爲其佞臣。凡人之研究學問，千慮豈無一失？
去其一非，既無妨於全體之善，又免貽累後世，故其以嘉惠後世之心，津津
於此，樂之而不疲，卓然而有成；其自《史》、《漢》以至於《元史》，均潛心
研究，而詳加考訂也。

　　此外，王鳴盛亦精深經學，於東漢鄭學尤有研究。其說經重師法，反對
以意說經，大抵循吳派惠棟藩籬，以漢儒爲宗，去此則不敢有所縱橫，他並
由此一態度治史，故穩健平實，不敢擅加褒貶。惟王氏治經不敢駁經，治史
則擇善而從，正史有失，輒加以箴砭，其曰「治經斷不敢駁經，而史則雖子
長、孟堅，苟有所失，無妨箴而砭之。」（《十七史商榷·序》）此外，其亦同
於其他歷史考據學家，反對馳騁議論、褒貶與奪，其言曰「讀史者不必以議
論求法戒，而但當考其典制之實；不必以褒貶爲與奪，而但當考其事蹟之實。」

（同上）此即王鳴盛治史之基本態度與觀點。

王氏著《十七史商榷》，主於校勘本文，補正譌脫，以兩書相校，以正史與野史相互參證；一史之中，又以紀傳表志，互相稽考，由是而異同立見，誤謬可尋。故其能詳審事迹之虛實，辨別紀傳之同異，並詳於輿地職官、典章制度。吾人披覽正史之際，如遇典制茫然，事蹟輆葛，誤脫難讀者，得王氏之說，輒霧解冰釋，故王氏之著《商榷》，主要即以《十七史》之校訂者自居，其曰「以予書爲孤竹之老馬，置於其旁而參閱之。」（同上）於此亦可見其對《商榷》一書之期望，而歷史考據學派對史學之貢獻，亦由是可知。

歷史考據學者，皆主於紀實之史學態度，主張據事直書，反對所謂《春秋》書法。故王鳴盛嘗曰「歐公手筆誠高，學《春秋》卻正是一病。《春秋》出聖人手，義例精深，後人去聖久遠，莫能窺測，豈可妄效？且意主褒貶，將事實壹意刪削，若非舊史復出，幾嘆無徵。」（《十七史商榷·歐法春秋》）然而若謂撰史者應徵實考信、據事直書，不預存成見則可；若謂《春秋》出聖人手，義例精深，後人去聖久遠，不能妄效，且主於褒貶，則必壹意刪削史實，是以不必求法戒，但當考典制之實，則似未必盡然，且又尊聖過高。蓋以史資治，以史爲後人鑑戒，使與現實人生關連，史學方有其意義，否則諸多逝去之陳迹，龐雜茫然，孰輕孰重？又豈是人人皆能自理得出頭緒？故在浩如煙海之史實中，正有待於富識見之史家披沙揀金，陶鑄成史，以供後人之採擇；不然，永無止境之考據，豈非永遠只有史考、史纂，而無史著乎？然而不著史則已，一言及著史，則必然有史家之主觀去取，〔註42〕是以史纂、史考亦不可廢，只是唯史家亦應力求客觀、實事求是。故專家陶鑄，考據家糾謬，二者正所以相輔而相成，亦正所以傳千秋之信史也。

浙西考據史學承繼亭林治學之法，善作劄記，故如王鳴盛《十七史商榷》、錢大昕《十駕齋養新錄》、《廿二史考異》、趙翼《廿二史劄記》……等，皆作

〔註42〕或謂史學應客觀反映事實之真相，不涉及個人情感及主觀意識；但是絕對客觀之歷史並不可能，任何一位史家均無法完全排除個人之因素。如其對於史料之選擇，在取捨之時已無可避免受其心中問題意識、時代刺激之影響；對於史料之解釋，更有其主觀之思想模式：其個性、其無意識之心靈習慣，形上學之氣質，學識素養，方法上之偏好……等，凡外在之影響以及內在潛意識之風尚，處處均影響及史學之客觀性。所以史學只能通過考證學之整理和鑑定，在某種層次上盡量求其客觀；至於史實之意義則因人而異。所以史學有其科學層次，亦有其哲學層次，要求一部亙古不變，絕對客觀之歷史是幾乎不可能之事。

剖記之精品；而顧氏重校勘之精神亦在浙西史學中得到發揮，如錢大昕《廿二史考異》、洪頤煊《諸史考異》、梁玉繩《史記志疑》、周壽昌《漢書注補校》、汪輝祖《元史本證》……等，亦皆校勘之成績也。此外，浙西考據史學之總成績，又可分爲注釋舊史之作，如錢大昕《廿二史考異》、《諸史考異》，王鳴盛《十七史商榷》，趙翼《廿二史劄記》、《陔餘叢考》，洪亮吉《四史發伏》，王元啓《史記三書正譌》，錢大昭《漢書辨疑》、《續漢書辨疑》，惠棟《後漢書補注》……等；補充舊史之作，則如孫星衍《史記天官書補目》，劉文淇《楚漢諸侯疆域志》，錢大昭《後漢書補表》、《補續漢書藝文志》，錢大昕《元史氏族表》、《補元史藝文志》……等。是故歷史考據學派，其聲勢壯大，其蔓延廣闊，其影響深遠，在中國之學術史上，獨樹一幟，而有迴異其他時代之特殊成就也。

三、兩浙史學之比較

浙東史學與浙西史學是清初兩大史學流別；爲何在同一時代背景下，卻發展出如此不同趨向之史學來？不過在清初共同學風之籠罩下，其治學精神又有相近之處，是以本文又就此兩大史學流別之異同作一比較，以明其學術所以致異之由及其各有價值。

黃宗羲、萬斯同以一代文獻自任，梁任公許爲史學嫡派；〔註43〕乾隆以後，浙東學者則以全祖望、章學誠爲最著，然乾嘉以還，考據學籠罩學界，洪波及於史學，學者之職志遂一變而爲考史、證史、訂譌、補闕，於舊籍之整理上獲致相當成就。是以在考據學風鼎盛之乾嘉時期，學者偏重博雅與考訂之治學方法，對於浙東尚義理、重一貫之史學活動，則未加重視。其所以造成此不同型態認知活動之因素，除對明末以來空疏學風之修正，因而倡導實學，以及因智識主義興盛，促成思考方式改變而注重證據之應用外；個人才性、地方習尚之影響，對於學術亦有相當影響；而最主要者，更由於經學、理學之不同淵源，各有學術理想，因此導至浙東、浙西不同之學術型態。

所謂道在《六經》，通經所以明道，此自亭林倡「經學即理學」以來，迄於東原而無變。然就學術之發展言，此一極端尊經之心態，必然導至另一型態之學術活動，即「考文、知音」之訓詁考證，因此其由不自覺之推移，而轉變爲方向明確之學術活動。

〔註43〕詳梁啓超，《清代學術概論・十四》。

　　此外，歷史乃建立正統最有效之途徑，而正統是任何穩固政權所必需，因此清廷爲鞏固其統治，必然採取高壓手段以統一思想。然清學之由義理折入考據，即置朝廷之文網箝制不言，眞正言義理心性之學者，感於聖學之重任，則與時代之衝突自是不免，否則返於心必有不安，故如謝石霖劾田文鏡，謂是「孔孟」指使，曰「讀孔孟書，自當忠謀，見奸勿擊，非忠也。」而李穆堂以用世之心、行道濟時之志，三黜不改其志，且數度瀕於死，無怪乾隆曰「以天下之治亂爲己任，此尤大不可也。」〔註44〕亦無怪乎錢穆痛心言道「聖天子在上，惟有尊聖旨、守聖法，努力報稱，尚何紛紛辨朱陸異同爲！」（錢著《中國近三百年學術史》）此誠至痛之言也。由是而義理之學其有不折入訓詁考據之叢乎？此爲學界對於考據學之一向共識。

　　是以乾嘉學術一趨而爲訓詁考訂，彼皆言故訓明則古經明，古經明則聖人之理義明，而我心之所同然者亦因之而明，故皆以通經爲明道之鑰。是以其學術發展，多趨向經學之客觀研究，偏離亭林之經世理想，而考文知音、名物度數，亦遂成爲學問重心之所在。乾嘉時代之歷史考據學家，即由此一典範以治史，重比類纂輯、搜隱拾遺、名物之訓詁、典章之考訂，不脫經學家治學之榘範。此即歷史考據學由經學而史學，故而表現出與經學相同之治學精神。

　　至於不爲相則爲師，得君行道，以天下爲己任，此則宋明學者之職志也，亦儒家一貫之信念；而浙東學者，以理學爲史學之體、以史學爲理學之用，其於理學多有絕深之造詣，而心性涵養、道德化成，並造就其義無反顧之精神，故彼皆以表章氣節、保存文獻爲己任，致力於史學崇高理想之奮鬥。且當時考據學家雖曰承朱子格物之旨，卻非朱子即天下之物而格之意，而爲即《六經》之名物訓詁而格，對象意趣實不相侔；況其所謂「六書不明，《五經》不可得而誦。」實齋則駁斥道「然則數千年來，諸儒尚無定論，數千年人不得誦《五經》乎？」（《文史通義・外篇・說文字原課本書後》）且事變之出於後者，《六經》不能盡包，宜不得執《六經》而以爲理之歸宿也。因此浙東學者不願自足於考據之學，故抗時忤俗，不徇風趨，唯以發揚史學之浩然正氣爲己任，苟返於心安，輒一往不顧，此即浙東史學家之由理學而史學，故而表現出凜冽磅礴之正氣，超世拔俗，而迥異於考據史學之氣象也。

　　以上就何以在同一時代背景下，卻發展出兩種不同型態學術活動之原

〔註44〕以上取材於錢穆，《中國近三百年學術史・自序》。

因，略作探討。以下則就此二學派在學術上之各有輕重，加以比較。

（一）尚博與貴約之殊

　　章學誠曰「浙東貴專家，浙西尚博雅，各因其習而習也。」(《文史通義・浙東學術》) 考據派學者治學，言言有據，字字有考，每有立論，輒援引群籍，佐證數百條，愛博之過，往往以多為貴；以有盡之生，逐無窮之聞，有寧令人譏其雜，不可令人譏其漏之病也。是以《四庫全書總目・經部總敍》曰「國初諸家，其學徵實不誣，及其弊也瑣。」蓋其為學，補苴之餘，繁瑣餖飣，或訂一字、或校一譌、或發前人之覆、或正往史之失，以務博為誇，考證雖極精密，而往往不能將其所得連繫成一相關之思想網絡。

　　再者，纂輯比類之學，所謂功力也，不得遽謂之學。是以戴震以考證名家，而曰「六書九數等事，如轎夫然，所以舁轎中人也。」(《戴東原集・序》，段玉裁轉述) 其意以為以博學為誇之考據學，終必歸趨於義理，否則博學能文而不知宗本，終身不可入德也。然而時風眾勢中，考據學家多不能知戴，更不能體會其義理，而謂戴震之《孟子字義疏證》可以無作，則其時學風，可見一斑。

　　實齋論學，以為必本性情，謂學問文章，大抵善取不如善棄；天地之大，人之所知所能，必不如所不知不能，因此要度己所長而用之，審己所短而謝之，極其所至，始能以專家為歸。又謂彼時趨、以襞績補苴為能事者，幸生於後世，若生秦火未燼以前，典籍俱存，無事補輯，則彼將無所用其學矣；況天下聞見不可盡，而人之好尚不可同，以一人之身而逐無端之好尚，堯舜有所不能也。〔註45〕故比次之學，其用止於備稽檢、供採擇耳，必待專家之陶鑄，勒成鴻業，由博返約，方能藏之名山，傳之千秋。是以記注纂類，必以著述為之歸宿，此即浙東學者之所畸重也。

　　因此，浙東貴約、重著述，無取於方圓求備，旨在決斷去取，各自成家；浙西歷史考據學則尚博雅，研索之苦，襞績之勤，疲精勞神以啓後人津迷。然而以博稽、以故實言史，則所謂史考、史纂也；學貴博而能約，否則無以成家，未足以當夫學也，故歷史考據學者以掇拾補苴為終身所寄，桑蠶食葉而不能抽絲，正是坐此病也，當世學風之以考據輕議義理，亦坐此病也，故梁啓超曰移治經考證之法以治史，「只能謂之考證學，殆不可謂之史學。」(《清代學術概論・十四》) 唯浙東、浙西二者之為學途轍不同，各有門徑，成就亦殊，固不可以比

────────────

〔註45〕以上實齋之論分詳《文史通義・博約中・假年》。

類之密而譏著述者或有所疏；而著述者亦不能無藉於纂類記注，猶旨酒不離乎糟粕也，是故博聞強識、輯逸搜遺亦不可以輕議也。

（二）稽古與通今之異

乾嘉考據學風，移治經之法以治史。顧亭林言古之所謂理學，經學也；而通經則先識字，識字則先考音，故亭林撰為《音學五書》，據唐以正宋，據古經以正唐，亦即以復古為反宋，以經學之訓詁破宋明之語錄，使學者曉然於通經端在溯古。影響所及，故守古訓、尊師傳、守家法之漢學壁壘遂定。〔註46〕歷史考據學派由此一精神進而治史，自是趨向古史之考訂，所以在由古訓以明義理之共同信念下，並皆致力於實事求是、考古訂史之途，而以既有之文獻為其研究範圍。

唯考據派倡論道備於《六經》、義蘊匱於古昔，然則事變之出於後者，《六經》不能言；故浙東學者以為學貴隨時撰述以究大道，否則舍天下事物，人倫日用，而守六籍以言道，是離器言道也，且謂周孔復生，其將抱《六經》而自足，抑或多聞多見二千年來之前言往行？〔註47〕雖歷史考據學者亦兼治三史以外之史籍，然畢竟以古史為其範圍；至於浙東學者則由理學而史學，以發揚節義、保存當代文獻為當務之急，故窮遍山陬海隅，搜索遺聞。實齋並言「宇宙名物有切己者，雖錙銖不遺；不切己者，雖泰山不顧。」（《文史通義·假年》）以為古籍雖浩翰，苟不及時網羅文獻並及時撰述，則汲汲於考訂章句，何有於我哉？是以浙東與浙西，一主通今，一主稽古；或務力於考訂古史，或務力於撰述當身之史，此其所以為異也。

（三）同具徵實精神

乾嘉學風之最為後人稱道者，為其客觀態度、徵實精神。中國數千年之學術，治學方法多隱而不顯，須於內容中多方求之，始能得其蛛絲馬跡，故或謂中國學術不尚智，即以其不重視客觀研究方法。清代考據學興盛，強調以客觀方法、徵實精神，廣為搜證，實事求是，反對含糊籠統、缺少實證之學術內容；歷史考據派之反對書法，亦以書法講之愈密，史實晦之愈深，不若據事直書，以免後人臆測，反致湮沒歷史真相，所以主張羅列證據，在證據上立論。

而浙東史學雖主張以史為鑑，要在垂訓後世，供後人法戒，以移轉風氣

〔註46〕參見錢穆，《中國近三百年學術史·第八章》。
〔註47〕詳《文史通義·原道下》。

人心，然亦不廢客觀徵實之精神。如邵念魯、全祖望，皆力主史以紀實，以為「非實者，非史也。」故以浙東名家，而全祖望有《七校水經注》、《經史問答》、《漢書地理志稽疑》等釋義例、校訛誤之作，且嘗於《鮚埼亭集》中力辯毛西河之為學不實，造偽以欺人（詳後文），極言史家心術應端正，搜訪遺聞遺事必須覈實。此外，章實齋所提倡之史德，亦是強調貴專家素養。

　　因此，在清初共同學風籠罩下，雖浙東史學與歷史考據學派，其淵源各異，其研究各有領域，然亦非全無相合之處，皆重徵實精神即其一端也。而此亦時代風氣之影響於治學方法者也。

（四）皆重金石之學

　　金石學在清代，又彪然成一學也。顧炎武性喜金石之文，所到之處即蒐訪之，其謂在漢唐以前者、足與古經相參考，唐以後者、亦足與諸史相證明，故用以闡幽表微、補闕正誤，著有《金石文字記》；〔註48〕錢大昕亦謂金石銘勒出千載以前，其文其事皆信而有徵，著有《潛研堂金石文字跋尾》；此外，武億《金石三跋》、洪頤煊《平津館讀鼎記》、嚴可均《鐵橋金石跋》、陳介祺《金石文字釋》、王昶《金石萃編》……等，並皆考證精徹也。〔註49〕是顧、錢一派亦多務力於金石搜隱，以為考經證史之所取材。

　　此外黃宗羲之從此中研究文史義例，著有《金石要例》；全祖望編輯《天一閣碑目》，謂之殘編斷簡，足以補史氏之闕；章學誠且擴大史料之範圍，由文字之著錄，及於殘碑古鼎之實物，以之覆按前代記載，校其闕疑。蓋金石之文，古人之所垂示久遠，在清初徵實考證之學風下，不論浙東或浙西之學者多注意及金石之學，即以其對於史料之佐證，不無裨益。故此又為浙東經世史學同於浙西考據史學之一端也。

　　古今學問，或事於義理、或事於制數，戴東原嘗謂聖人之道在《六經》，漢人得其制數，失其義理；宋儒得其義理，失其制數，譬有人焉，履泰山之巔可以言山；有人焉，跨北海之涯可以言水。〔註50〕然以有限之生，無人能窮無邊學海之涯，故應度己所長，審己所短，各就其資性之所近而致力焉。是以清初顧、錢、王一派，國亡不復後之所謂考據學也；黃、萬、全一派，國亡不復後之義理學也。而亭林雖清學之開山，卻於理學亦深有造詣，且極

〔註48〕詳《鮚埼亭集‧亭林先生神道碑文》。
〔註49〕詳梁啟超，《清代學術概論‧十六》。
〔註50〕詳《戴震文集‧與方希原書》。

言行己有恥之教，制行亦不愧理學家之榘範；唯其後之學者棄其經世精神，專言博學於文，遂於清初經世學風判若涇渭。而所謂浙東學者，雖由理學而史學，卻能針對理學之空疏學風加以修正，以客觀之態度、徵實之精神，嚴謹治學，故亦不負清初之客觀精神矣。

是故清初浙東重義理與浙西尚考據之史學，亦不能截然劃分，謂之全無相合處也；唯其治學之大致趨向、取徑皆異，成就亦殊，則又宜乎其分也。浙西之學務力考據，以發千古謬忽，其學自是不容偏廢；唯形成風尚，籠罩學界，則又沉沉無生氣矣。浙東學術則雖言義理而不廢考據；秉其義無反顧之史家正義精神，無視於時風眾勢不容、無畏於刀鋸鼎鑊之誅，真中國史家之光輝也。

第二章　全祖望之生平與學術

　　在一片考據聲中，浙東史學自立時風之外，致力於史學著作，爲清初學術獨樹一幟。而浙東史家中，於黃、萬二氏最能見其博雅，於章氏最能觀其識見，於全氏最能得其精神。〔註1〕今即就全祖望之史學，撮要探研之。

　　全祖望一生之經歷，已有其弟子董秉純爲作年譜，故於此不再贅述。而其勤學、辭仕，與其性行志節，對其以表章氣節爲主之史學，大有影響，是以本章取自《鮚埼亭集》歸納所得，於其學術具有深切關係者，作一重點敘述。至於全氏之博學，其所成就者，實非一端，唯本論文乃以其史學做爲重心，故他章並不泛及其他學術成就，因此有關全祖望之學術風貌，僅於本章見略之。

第一節　全祖望之生平

　　全祖望，生於清康熙四十四年（1705），卒於乾隆二十年（1755），享年五十一歲。清史稿嘗爲立傳，錄之如下：

　　　　全祖望，字紹衣，鄞縣人，十六歲能爲古文，討論經史，證明掌故，
　　　　補諸生。雍正七年，督學王蘭生選以充貢，入京師，旋舉順天鄉試。
　　　　戶部侍郎李紱見其文，曰：「此深寧、東發後一人也！」乾隆元年，
　　　　薦舉博學鴻詞。是春會試，先成進士，選翰林院庶吉士，不再與試。
　　　　時張廷玉當國，與李紱不相能，並惡祖望，祖望又不往見，二年，
　　　　散館，寘之最下等，歸班以知縣用，遂不復出。方詞科諸人未集，

〔註 1〕詳杜維運，《清代史學與史家·全祖望之史學》。

絨以問祖望，祖望爲記四十餘人，各列所長。性伉直，既歸，貧且病，饔飧不給，人有所餽，弗受。主蕺山、端谿書院講席，爲士林仰重。二十年，卒於家，年五十有一。

祖望爲學，淵博無涯涘，於書無不貫串。在翰林，與絨共借《永樂大典》讀之，每日各盡二十卷。時開「明史館」，復爲書六通移之，先論藝文，次論表，次論〈忠義〉、〈隱逸〉兩列傳，皆以其言爲韙。生平服膺黃宗羲，宗羲表章明季忠節諸人，祖望益廣修枌社掌故、桑海遺聞以益之，詳盡而核實，可當續史。宗羲《宋元學案》甫創草薰，祖望博采諸書爲之補輯，編成百卷；又《七校水經注》，三箋《困學紀聞》，皆足見其汲古之深；又答弟子董秉純、張炳、蔣學鏞、盧鎬等所問經史疑義，錄爲《經史問答》十卷。儀徵阮元嘗謂經學、史才、詞科三者得一足傳，而祖望兼之。其《經史問答》實足以繼古賢，啓後學，與顧炎武《日知錄》相埒。晚年定文薰，刪其十七，爲《鮚埼亭文集》五十卷。

又其弟子董秉純爲編《年譜》一卷，得略窺其行誼，附於文集之首。全祖望號謝山，所著《鮚埼亭文集》五十卷，餘姚史夢蛟所刻僅三十八卷，跋謂疑傳鈔多佚闕。又有《外編》五十卷，董秉純所鈔定，合以《經史問答》十卷、《鮚埼亭詩集》十卷刊印，爲今之通行本，稱《鮚埼亭集》。〔註2〕

《鮚埼亭集》多明季忠義之碑銘、墓誌銘、傳記、事略，及其史論、題詞、序跋、書札、柬帖、答問、記、考……等，蓋皆謝山廣修枌社掌故、桑海遺聞者，包羅甚廣，而其性行、師友，於集中亦均可得之。故以下即以《鮚埼亭集》爲主，參以《年譜》，試歸納其生平如下。

一、勤學與仕宦

阮元序《經史問答》曰：「經學、史才、詞科三者，得一足以傳，而鄞縣全謝山先生兼之。」又曰「吾觀象山慈湖諸說，如海上神山，雖極高妙，而頃刻可成；萬、全之學，則如百尺樓臺，實從地起，其功非積年工力不可。」

〔註 2〕《漢書・地理志》云會稽郡鄞縣有鮚埼亭，注曰：鮚，蚌也。長一寸，廣二分，有一小蟹在其腹中。埼，曲岸也。其中多鮚，故以名亭。
全祖望，鄞縣人。其詩「牂柯江上偶然作」有云：「鮚埼亭下是儂家」；「八赤舟中柬鄰林」亦有「鮚埼亭下戶長扃，未死心猶在六經」、「鮚埼亭下對蒼蒹，讀易忙時且下簾。」故全祖望以其鄉里之鮚埼亭名其文集。

謝山學問淵博，經史諸籍，皆能貫穿，而謝山之博學多自讀書、鈔書來。謝山嗜書，嘗賦詩「鮚埼亭下戶長扃，未死心猶在《六經》，但使稍能窺墜緒，餘生不敢嘆沉冥。」（〈八赤舟中柬薊林〉）可見其承先賢墜緒之志，故謝山屢登天一閣，披覽群籍，又常讀書於小瓏瓏山館，此外家中藏書有雙韭山房，典籍亦浩繁，是以架閣之沈沈，遂盡收之腹中矣。

至於謝山之鈔書，方其能舉觡墨時，其父即以鈔書課之。故謝山入館後，即與侍郎李紱共借《永樂大典》鈔之。其謂是書之存，乃斯文未喪一碩果也。是書在有明二百餘年以來，未嘗入著述家之目，崇禎時劉若愚著《勺中志》，已言是書不知所在；又繼以流寇之火，遂益不可問。因此謝山入館，常與李紱於翰林院得其副本，即約以共鈔，每日盡二十卷。其所取皆近世所無，欲見而不可得者；復別其大例為五，分經、史、志乘、氏族、藝文等，意欲以之補世間缺本，或以之正後世偽書；至於已經流傳於世，或雖無流傳、卻不關大義者，即不錄。故謝山之博學，皆實地工夫，自讀書、鈔書而來，阮元所謂「百尺樓臺，實從地起。」因能卓然為一代名儒。

謝山早歲即以博學聞名。十五歲，里中耆英，已多與之談藝，慈谿鄭南溪嘗過之，曰「吾今日特訪陳群而來。」〔註3〕十六歲，應鄉試，以古文謁查初白，初白謂「此劉原父之儔也。」〔註4〕二十三歲，太守萬九沙修郡志，招之，辭；太守乃移書問遺事糾繆數十條，謝山均詳答之。二十八歲舉北京鄉試，臨川李紱（穆堂）見其行卷，曰「此深寧、東發以後一人也。」〔註5〕居京，與穆堂、萬孺廬為重四之集，賦詩，和者至百餘家；復與方苞遊，苞甚重之，一時名下俱願納交於謝山。時世宗方詔開大科，李紱以大江南北人才問之，謝山援筆奏記四十餘人，各列所長，甲精于經，乙通于史，丙工于古文、或詩、或駢儷之學，李紱歎曰「使廟堂復前代通榜之列，君亦奚愧韓退之哉！」（《年譜》卅一歲條）其後並欲以此應詔二百餘人之文章學術，彙為《詞科摭言》一書，雖以放歸故，僅成大半，然其博學多聞，自郭芥子評價

〔註3〕陳群，三國魏人，與孔融善；曹操辟為司空掾；魏建國，累遷尚書，制九品官人之法，學甚博。

〔註4〕劉敞，宋新喻人，字原父，學問淵博，尤長《春秋》；慶曆間進士，直集賢院，判尚書考功，擢知制誥；為文敏瞻，嘗草制，追封工主九人，立馬卻坐，頃刻九制成。奉使契丹，素知山川道徑，及異獸形狀，遼人歎服。侍英宗講讀，每指事據經，隱寓諷諫，帝常為所動，官至集賢院學士，判南京御使台。

〔註5〕深寧即王應麟，著有《困學紀聞》；東發是黃震，著有《日鈔》。

可知，其曰「謝山，今之行秘監也，〔註6〕一代文獻之傳，其在是乎！」（〈郭芥子墓誌銘〉）謝山誠不愧也。

謝山博學多聞，深知鄉邦文獻掌故，如宋樞密蔣文穆公之端研，七百餘年之故物，謝山能細數其遇合；又如宋高宗嘗御題紅木犀扇以賜群臣，明孝宗亦嘗賜楊碧川太宰御箑（同扇），其陽作空山老樹、陰作文藻游魚，繪事極工，爲並垂鄉里之掌故，謝山皆知之甚詳，能道其事始末，並嘗因答問，爲文以記之，是以趙一清謂曰「微吾丈，莫悉諸軼事也。」（〈應潛齋先生神道碑〉）范冲一亦曰「方今東南文獻之寄在先生。」（〈范冲一穿中柱文〉）而謝山亦汲汲於保存文獻，如其得林評事荔堂之《明鶴草堂集》、《正氣錄》二書，喜不自勝，賦詩曰「我嘗求之二十年，魂祈夢祝有無間。……故人出之持示我，……喜而不寐急挑燈。」則其不遺餘力於鄉邦文獻之心，懇切真摯，昭然可知，無怪乎其多聞也。而鄉里故舊，亦多以文章請之，如汪萃宗欲請謝山志其尊人汪孝子之墓，謝山以張南漪之傳已足盡其生平，遲遲未答，萃宗請之愈力，會謝山有度嶺之行，萃宗遣人隨于舟中，必得其文而始返。則其所孚人望可知。

謝山一生詩文所萃在《鮚埼亭集》，其博學多聞，亦於斯畢現。集中對晚明仗義死節之士，褒揚不遺餘力，務期能發潛德之幽光。而於鄉邦文獻，謝山亦皆細數之，如漢司隸魯峻碑、西嶽華山碑、魯靈光殿釣魚池甎、唐貞觀孔廟碑、比干碑、宋重修嵩嶽中天王廟碑、宋搨石鼓文、夢英師篆書千文碑、歐公瀧岡阡表石本、宋元祐黨籍碑、樓氏晝錦堂碑；又，林泉雅會圖、萬金湖、大寶泉，以及慶曆五先生書院、大函焦先生書院、長春、城南、竹洲先生、杜洲六先生、甬上證人……等書院；另外，天一閣藏書、二老閣藏書、東四明地脈、高尚澤釣臺……等等，謝山皆爲文，或跋、或記，則以謝山爲東南文獻之寄，洵非虛言也！

謝山本無意仕途，是以其答九沙太史遺事糾繆後，浙東三郡孫觀察欲薦之於朝，上書力辭之。次年，督學王蘭生將以賢良薦，謝山復以兩尊人年高獨子，鮮侍養者，上書辭之；王公又以之充選貢，謝山再辭，不許，其太夫人曰「歐陽詹求有得而歸，以爲親榮，夫但言有得，尚不過世俗之榮，倘能有得而又有聞焉，是則吾所望於汝也。汝其行矣！」（《年譜》二十五歲條）謝山遵母命遂於次春治裝北上；居京，與李穆堂、方望谿相善；成進士，入

〔註6〕行秘監意謂博聞強記之人。

庶常館。時相張廷玉慕其名，遣人屢招之，謝山均不赴，卒以此遭嫉，散館時被置下等，左遷外補。

以謝山之博學、才識，同館罕有其匹；唯謝山鋒亡太露，又不願趨炎附勢，卒致放黜。是以望谿於謝山被放後，復欲留之於「三禮館」中，備修纂之一席，謝山則堅辭之，有〈奉方望谿先生辭薦書〉一文，自謂於經術，雖嘗致力，然終自慊譾劣，至於詞章，則似不至在同年諸公之下；今既以明試詞章被放，尚敢以經術求進乎？又若謂被放，原不由詞章（指得罪時相），則尚欲以經術援之，其可得乎？亦未必不如詞章之見黜也，遂執意南歸，堅其不出之意，且有詩曰「疎狂容易犯科曹，幕府誰能恕折腰，莫哂淮王昧稱謂，從前地望本清高。」（〈同館出為外吏者以書訴困悴，戲答三絕〉）是其自認傲骨嶙峋，不願夤緣求進，屈膝作揖。其疎狂之本性，不能免於得罪當道，是以勘透宦海浮沉，絕意於仕途。

先是，浙東孫觀察亦嘗欲薦謝山於朝，謝山辭之；其後，又欲謝山自署「門生」，自是，謝山遂不復往，並撰〈門生論〉一文批判時風。其謂今世舉主、座主之禮極尊，由於科第故也；彼以天子之科名、天子之爵位市恩於士人，遂儼然自居之以師，謂吾既借汝以富貴利達之資，汝安得不事我以師？以故今世之事師，主於報恩，其子弟至數世，猶且責望其汲引、勒索其財帛，苟不稱所求，輒謂之負德；世風之壞，一至於此！是故門生之在古，門牆高弟之謂也；門生之在今，門戶私人之謂也，然則宋人講名節，多不肯屈於座主，以是而知豪傑之士不徇於流俗也。要之，君子之立身行己，各有本末，不妄求人之附我以自尊，亦不肯妄附人以自貶；不求人之尊，非失之遜，不肯附於人，亦非失之亢。──此即謝山之不肯妄署門生，不肯折節於顯貴。其氣節斬斬，宜乎不赴孫公之門，宜乎不赴時相之門，亦宜乎不適宦海之浮沉，則無怪乎謝山南歸，亦無怪乎謝山閉門不仕也。

是故儘管穆堂病中，猶殷殷以古人出處之義為謝山商，謝山終答以詩：「申轅報罷董生黜，更復誰同汲直群？自分不求五鼎食，何妨平揖大將軍！」「茂陵男子家風在！肯向扶風作詭隨？亦會遭逢有天幸，不然那得遽伸眉？」是其於出處之際，籌之熟矣，再無出山意矣！竊謂士之報國，各有分際，亦各就其資性之所近而致力焉而己矣。居廟堂之高，則以憂天下，非為戀棧也；處草野之遠，則範身修德，學問經世，非為隱遯也。是以穆堂、謝山亦皆不失為一時豪傑也。

二、性行與志節

　　方謝山年十四，為諸生，游庠謁學宮，至鄉賢名宦諸祠，見太僕謝三賓及故提督張杰之主，憤甚！曰此反覆賣主之亂賊，奈何汙宮牆也？不肯使其晏然享祭，即取捶碎之，投之泮水。其少年意氣若此，故宜乎長而氣節嚴峻，嶔崎磊落，卓爾不群。

　　然謝山極貧，一生窮蹇困阨。其〈湄園謁方丈望谿〉詩曰「廿年荷陶鑄，十年惜別離，六年遭荼苦，餘生患阻饑。」則謝山之荼苦困頓，於此可見。譬如以謝山之嗜書，不能一日無此君，家書五萬卷，常載二萬卷以行，所謂山河跋涉之交；然窮甚，嘗因事滯留，而長安米貴，居大不易，不得不出其書以質之，自謂惘惘然離別可憐之色，不異衡父之重去於魯，竚立目送，殊難為懷，有〈春明行篋當書記〉以記其事。則謝山之貧困可知。

　　又其友甘谷嘗過謝山，奈謝山家中饔飧不繼，亭午不能作一飯，蔥湯麥飯皆蕭然，其妻只得以糕進之，謝山賦一律以索笑。此外，謝山度歲困甚，而其老友陳南皐之困又更甚之；謝山欲拯之而不克，為之一嘆，曰「孤負諸公緩急需，而今我亦嘆枯魚。」則其窘乏，歷歷如在目前也。

　　然非唯窮，謝山亦復多病；其〈兒未浹月而病詩〉曰「昔我墮地時，百疾相纏繆。或言此蒲柳，諒哉難望秋。」又「病甚有作」詩曰「世間萬事我何豫？其奈百感頗嬰心。此病天痼不可療，扁佗束手空沈吟。」是謝山之病體羸弱，故僅得以中壽五十一歲而逝，不得盡暴其學於世，蓋其貧病交迫，良有以也。

　　然謝山雖貧病困窘，而生性淡泊，嘗曰「三旬九食古人事，此是儒生分所甘。」又「淡與泊遭良有會，問妻能叶歸田樂。」（〈星齋速我出山詩〉）以安貧樂道為儒生性分內之事，故雖甕牖繩樞，饔飧不繼，猶恬然自處，不為動心，且不改其好讀書之志，有曰「君家牙籤三萬軸，更還迭借奚童疲。此中樂處真不少，飢可忘食寒忘衣。」（〈健忘日甚柬東潛〉）又曰「看山看竹，日哦詩佛影中，飢則啖青鯿以為糧，雖萬戶侯不易也。」（〈高尚澤釣臺記〉）故無論境遇如何蹇困，謝山依然澹泊寡營，恬然自適，一心唯在窺墜緒、承儒統，萬戶侯不能易其志也。

　　是以謝山以用世之才，隱約草廬，不求聞達，穆堂、望溪以師友而屢規之，皆不能動其心。其詩曰「拓落泥塗我自甘，斯民蕉萃是誰慚，群公定有經綸在，可許低頭子細參。」（〈偶示諸生〉）明示其志願以學術經世，而忘情

於聲名榮利，儘管拓落泥塗亦其所甘。謝山又嘗曰「吾生平性地枯槁，泊然寡營，其穿穴顛倒而不厭者，不過故紙陳函而己。」（〈春明行笈當書記〉）因此謝山自三十三歲左遷外補，即勘透宦海浮沈；南歸後，遂絕意仕途，堅持不出，無論望谿欲薦其入三禮館；或是穆堂為商出處；或其後望谿復戒其勿為汗漫之游；或薌林少師欲薦之於朝；或鹿田太守問其何以不出之意如是之決？謝山皆堅辭之、或以詩明志，再無出仕意矣。

其晚年詩曰「埜（野）人家住鄞江上，但見山清而水寒，一行作吏少樂趣，十年讀書多古歡。也識敵貧如敵寇，其奈愛睡不愛官，況復頭顱早頒白，那堪逐隊爭金鑭。」（〈答鹿田太守詩〉）可見其寧願上友古人，以讀書自愉，不願折腰，爭名逐利，縱使貧困難度，亦甘之如飴。故謝山一生耕硯田於鮚埼亭下，澹泊名利，忘情營生，是以能春容大度，悠然邈遠，而志節高尚，不媿名儒風範。

謝山自歸里後，即以讀書、著述為主，雖然生活貧窮至饔飧不給，冬天尚衣袷衣；但其主蕺山講席時，曾以主人微失禮，辭之，後經一再敦請，仍堅辭之，終不赴。蕺山之俸，頗得中人之產數家，謝山以避色不赴，僅賴維揚詩社，歲上庖廩；然典琴書、數券齒，日皇皇也。其辭蕺山後，學舍諸生再來請之，知其以太守故，曰「今學舍中滿五百人，請先生弗受太守之餽，但一過講堂，五百人者，以六鎰為贄，千金可立致，豈傷先生之廉乎！」謝山呵之曰「是何言歟！夫吾之不往，以太守之失禮也，禮豈千金所可貨乎？且譬之爾家，太守，爾祖也，祖所不能致之師友，其孫出而任之，曰『我有私財，無勞乃祖共給。』為之師者，竟居之不疑，可也？不可也？」諸生唯唯而退。〔註7〕蓋謝山之不為貧窶動心久矣，區區千金腐鼠耳！故寧守貧，絕不損其立身清格，亦絕不戀棧厚俸，以傷高尚之志節。是其貧窮困窘，飢寒交迫，在所不動心也。

謝山節操若是其烈也！故其訓子，亦不期於名公鉅卿，不期於富貴利達，但曰「阿翁讀半世，無救寒與飢，里中新秦兒，誹誚固其宜，豈知君子節，不以集枯移。平生願所學，豈不在昌黎，獨於訓子詩，〔註8〕不為兒誦之。遐

〔註7〕以上事詳《年譜》四十五歲條。
〔註8〕韓愈嘗有〈示兒詩〉，中有「始我來京師，止攜一束書，辛勤三十年，以有此屋廬……恩封高平君，子孫從朝裾，開門問誰來，無非卿大夫，不知官高卑，玉帶懸金魚。問客之所為，峨冠講唐虞，酒食罷無為，棊槊以相娛，凡此座中人，十九持鈞樞」句，不知即謝山所謂訓子詩否？未能肯定。

哉善努力！固窮以爲期！從來名父子，強半成碌碌。……」是其以固窮守節
爲兒勉之，無視於世俗誹誚，無視於現實飢寒，期在不以菜枯而移君子之節。
其孝廉傳家，不愧先賢家法也。

　　方謝山主蕺山、端溪兩書院時，皆爲先師設奠，並議定從祀諸人，取能
傳經明道者列之，以使後進之士，皆知祭奠先師，明夫授受淵源，並知尊師
重道，以助風教。初學，以經義課諸生，繼以策問詩古文，使不爲無本之學，
復與諸生規約，條約既嚴，絕不少貸。故方其主蕺山時，越人始而大譁，繼
而帖然；一月之後，從者雲集，學舍至不能容。後以杜守失禮故，辭講席，
諸生苦留不得。繼有東粵制府以端溪書院山長相邀，辭謝不得，謝山乃爲度
嶺之行，其《度嶺集》詩序曰「齒髮日衰，乃爲五千里之行，非予志也。」
先是，謝山已多病，姚薏田謂曰「理會古人事不了，又理會今人事，安得不
病？」（《年譜》四十六歲條）而謝山至端州，一本書院化人之宏願，期於諸
生皆能繼往哲、師先賢、承儒統，尋墜緒之茫茫，並以勛業風節起而翊之，
因此立〈端溪講堂條約〉以勵諸生，約以四教：一曰正趨向，期諸生以繼承
先賢儒統爲志。二曰勵課程。蓋當日士習，多溺於功令帖括之學，故謝山勉
諸生以留意院中藏書，分曹定課，日有章程。三曰習詞章。向例，院中所課
止及帖括，謝山恐諸生行文未嫻，復責以八家文集、朱子文集，並添古子一
門，具策問、詩賦、表論等。四曰戒習氣。蓋士子束身敦行，未有不守禮教
而能至成立者也，然院中陋習極多，是以謝山期於諸生皆能自拔流俗之中，
不爲俗人而爲端人，不爲俗學而爲正學。此則謝山爲書院掌教，殷殷之情厚
望於學子者也。

　　是以謝山提携後進，不僅要求修業，並且在於進德也。其以浙東踐履篤
實之學風，嚴峻不苟之人格，爲粵中書院定課程、嚴教約、去陋習，開樸實
狷介之風氣，故梁啓超在《中國近三百年學術史》言其影響粵中學風頗深。
唯謝山度嶺前已經多病，復爲五千里遠行，不久即故疾復動，然其嚴課諸生
態度則不少寬假，猶講學不輟也；後以病日甚，故終自粵歸家養病。

　　是故謝山主蕺山、端溪兩書院，雖爲時不長，然所爲處處可見護惜後進、
提携學子之殷切。則謝山非僅在於獨善其身，且有兼善天下之志，並不以其
隱約草廬而沒之也。且夫謝山氣節若此，故宜乎其於晚明死義之士、抗志高
蹈之遺民與鄉邦先賢、儒林典型，爲最所樂道，此亦其有諸中而形於外者也。

三、師友與學侶

謝山於望谿、穆堂稱晚輩也，然與之甚相契。望谿之居京，後進之士挾溫卷以求見，戶外之履，昕夕恒滿；然望谿必叩以所治何經？所得何說？所學誰氏之文？故有虛名甚盛，而答問之下，舌橋口噤，汗流盈頰，不能對一詞者，望谿輒戒其勿徒事于馳騖，因此不特同列惡其強聒，即館閣年少、場屋之徒，亦多不得志于望谿。唯謝山則叨望谿愛最篤，侍坐說經，每有不合，常與之爭；方謝山別望谿於潭上，望谿曰「吾老矣！未必久人間。篋中文未出者十之九，願異日與吾兒整頓之。」(〈方定思墓誌銘〉) 其承望谿厚愛，且託以遺文，則其情可知矣。

而當謝山赴京春試罷，束裝欲歸時，侍郎李紱見其文，深許之，是以固留之以應詞科，且招以同居。其時紱居故合肥李相國邸，西有紫藤軒，割以居萬孺廬，又割其東以居謝山；每日春高，必相聚一室，或講學、或考據史事、或分韻賦詩，葱湯麥飯，互爲主賓。穆堂嘗曰「是楊誠齋所謂三三逕者也。」謝山南歸後，穆堂嘗主試江南，謝山渡江探視，時穆堂雖病甚，猶惓惓以謝山之出處爲念；送別時，臨別猶推篷窗，悵悵呼謝山名者三。以穆堂之氣節、文章與立朝之行事，其待謝山亦可謂之知遇矣！

謝山好爲詞章，其言曰「余自束髮出交天下之士，凡所謂工於語言者，蓋未嘗不識之。」(〈屬樊榭誌銘〉) 故往往以詩會友，三五好友，時相唱和；復糾同邑陳南皐、錢芍庭、李甘谷、胡君山、董鈍軒等，倡爲率眞社，重舉重四之會，壺觴一旬再舉。其所賦詩，皆衿社掌故，嘗編爲《句餘唱和集》。又其《韓江唱和第二集》詩序曰「韓江詩社，浙中四寓公豫焉。樊榭、董浦、蕙田與予也。」凡此皆爲謝山摯友，亦皆韻友也，《鮚埼亭詩集》中其相唱和之作屢屢可見，謝山與朋輩友好之情亦由此可以窺知。

甘谷，謝山友也，嘗招謝山同飲，賦題畫詩；又嘗贈全氏以所藏囊雲先生之雲樹，〔註9〕全氏謝以七律；此外，集中其他詩題之小序尚有「甘谷以七月二十七日始出門過予，是日予齋中秋蕙，忽放蕊一枝，即去年甘谷所移置

〔註9〕《鮚埼亭集‧囊雲先生雲樹紀》曰，周先生既築草瓢於小盤谷，題曰囊雲。一日於懸崖間得奇木，取以爲養和，其自爲之記曰「闢囊雲，斬去峰腰，叢綠突露，枵然空心，三面圍，一面可容人入立坐。其膚理半如螺黛，如大佛頂，又如口大開；高不盈丈，抱之須人三手臂。予甚異之，恐其露立而不免爲樵者薪也，移入屋底。雪竇住持石奇見之，呼以雲樹，而題以詩。」囊雲歿後，雲樹流轉至桓溪，李丈東門，移致其家。

也。秋蕙之放，率在重九以後，今先期早發，又適當甘谷病後出門之日，其為瑞審矣，即席呼畫師繪圖，得七律三章。」又「廿九日甘谷再過我，限蟹字。」以及「甘谷促予出行者數矣，中秋後數日過予，見芙蓉盛放，又有且待之說，答以五古。」再者，「甘谷累約宿予家，而終不踐諾，蓋為閨閣所阻也。是晚，予令僕夫匿其肩輿以困之，甘谷大窘，徘徊予門首，二鼓卒去。」……於此，凡其情意之篤，與夫詩酒流連、吟風弄月之雅致皆可見也。

此外，謝山嘗曰其初出遊時，與諸才彥皆相善，而最知心者，則龔鑑與杭菫浦也。時謝山寓杭，與鑑所相去不遠，昕夕過從，每說經有不合，輒大聲爭之，驚其鄰舍兒，或相賞，亦復絕倒。又嘗相與釀錢百十文，覓魚酒以為樂。〔註10〕至於菫浦，更為謝山所最樂道，引為契友，〔註11〕每稱輒曰「吾友杭菫浦」，過從甚密，討論經史，證明掌故，尊酒郵筒，殆無虛日。

又，揚州馬嶰谷兄弟，有小玲瓏山館，中有叢書樓，藏書十萬餘卷。謝山南北往還，道經其間，未嘗不借其書；嶰谷亦必問近來得未見之書幾何？其有聞而未得者幾何？隨謝山之所答，輒記其目，或借鈔，或轉購，窮年兀兀，不以為疲。其所得異書，必出示謝山，席上滿斟碧山朱氏銀槎，侑以佳果，得謝山論定一語，即浮白相向。方謝山欲鈔《永樂大典》時，馬氏即來問寫人當得多少？其值若干？並嘗為謝山置裘，全氏有賦謝詩，是其情甚可感也。另外，嶰谷也嘗延樊榭于館，主持嶰谷詩社；謝山、樊榭，三十年之交，故謝山每數年必過之，連牀刻燭，以相唱和，且曾與樊榭同為韓江之行，賦〈對菊食蟹三十二韻〉。此外，集中如〈月夜樓舟中和樊榭〉、〈吳江過接待寺和樊榭〉、〈溪行欲與樊榭遊烏鎮東西二寺〉、〈與樊榭有南屏燒筍之約〉……等，不一而足，則其情誼之厚可知矣。

再者，如水木明瑟園與陸茶塢共飲酒，坐紫藤花下，啖蓴羹，同賦詩；或與沈果堂析疑義，資攻錯，為對牀之語；或與趙谷林近二十年之交，江湖之郵寄、京洛之追尋、家園之止宿，分題刻燭、夜坐天目山房看月談掌故；其餘好友如陳南皐、姚薏田、萬九沙、范培園、鄭簣谷……等實不勝枚舉。

〔註10〕詳〈前甘泉令明水龔君墓誌銘〉一文。
〔註11〕謝山雖與菫浦善，唯據弟子董秉純言，謝山逝後秉純手自編次謝山文集，並致書菫浦，求序其端，及作志狀。然秉純言「所向菫浦之志竟不報，并所遺馬氏文集十冊，亦歸菫浦，索之再三而終不應，是則可為長慟者也。」詳全氏世譜及年譜。則其以杭氏為盜書負死友。關於此事，蔣天樞撰〈全謝山先生箸述考〉曾予詳辯，可參看《國立北平圖書館館刊》七卷二號。

則雖如復翁所言「謝山有用世之才，今置之荒江寂寞之濱，而渠亦遂不肯一出，不能不爲國家惜。」（〈故甘撫復翁胡公墓誌銘〉）然則爲國家惜固是矣，荒江之濱亦是矣；而謝山不寂寞也，其韻友雅集，詩以明志，昕夕過往，戶履恒滿。孰謂謝山蕉萃孤廬中？謝山得其所哉！

第二節　全祖望之學術概述

　　謝山學識淵博，於書靡不貫串，經學、史學、詞章，皆在所專精，雖年僅及艾，不得盡暴所蘊於世；而著述甚夥，謂之著作等身，誠不爲過。梁任公高弟蔣天樞曾撰有〈全謝山先生箸述考〉一卷，加以考證，刊於《北平圖書館刊》第七卷，其謂謝山著作或存或佚，存者依撰述之先後計有：《公車徵士小錄》、《讀易別錄》、《困學紀聞三箋》、《句餘土音》、《續甬上耆舊詩集》、《宋儒學案》、《漢書地理志稽疑》、《七校水經注》、《經史問答》、《鮚埼亭集》、《鮚埼亭詩集》、《鮚埼亭外集》、《甬上族望表》、《孔門弟子姓名表》等十四種；佚者十九種，如《讀史通表》、《歷朝人物世表》、《詞科摭言》、《天一閣碑目》、《蕭山毛氏糾繆》等皆在其列，其他佚書茲不贅敘。故謝山學問之博、著述之富，當世罕有其匹，爲士林所仰重；尤其雍乾以降文網森嚴，偶表前章朝即膺顯戮，而其直言無隱、直筆昭垂，以爭光日月，且謂史臣表節義而不立傳，「則史臣所當立傳者，是何等人也？」（〈西漢節義傳題詞〉）是其負氣忤俗，彰善絕惡，此爲尤難也。今就謝山之學術，敘述如下，以窺大略也。

一、文獻學之影響

　　浙東史學重當代、明當世之史學精神，尤其重視文獻之保存，深恐遺文遺獻散佚，年代日往漸以無徵，故無不汲汲以保存之。謝山長於文獻之學，當世多以文獻學者目之，期以傳一代文獻之重責大任；而謝山亦以窺墜緒、承儒統自許，故焚膏繼晷，兢兢於此，不敢有所稍怠也。

　　董秉純於《鮚埼亭集‧題詞》，謂謝山所作，「皆枌榆掌故，舊史所關，無一不有補於文獻，非聊爾銘山品水，可聽其去留者。」蓋全氏「表揚先哲，惓念同儕，山陽之笛，思舊之吟，無歲不有。」是以其「於前輩詩文集，冥搜博羅，露纂雪鈔，不啻飢渴之於甘美。」即其所倡之眞率社，以詩會友，亦是拈鄉里宋元故跡，故國革除之節義諸公爲題，以發其詩興，故謝山不遺餘力於文獻保存；而其所傳文獻，尤要者可爲三類：故國之遺烈、鄉邦之先

哲與儒林之典型。

　　蓋謝山憂夫忠義君子乃天地之元氣也，而其一日或息，則人道亦幾乎絕；故雖荊榛蕭艾，險阻橫逆，皆不能阻其表章潛德之心。其於舊朝遺事之最有功者，為《鮚埼亭集》，舉凡故國遺烈、鄉邦先賢，皆賴之以傳。李慈銘曰「謝山最精史學，於南宋殘明，尤為貫串。」（《越縵堂讀書記・鮚埼亭集外篇》）嚴可均亦謂「自祖望歿後，至今五十餘年，其遺書出而盛行，知不知皆奉為浙學之冠。」（《鐵橋漫稿・全紹衣傳》）此外，《國朝詩人徵略》亦評曰「統觀所撰，謂之史才，復何愧焉！」則《鮚埼亭集》所以傳浙東一代文獻也。關於《鮚埼亭集》一書，本論文將以專章討論，故此處不再複述。

　　除《鮚埼亭集》外，謝山文獻學之貢獻，尚有《續甬上耆舊詩集》、《句餘土音》，以及蔣著〈全謝山先生箸述考〉中所言已亡佚之《甲申野史類鈔》、《滄田錄》、《翁洲寓公詩小傳》、《詞科摭言》、《四明洞天舊聞》……等不下十種。《甬上耆舊詩》原李杲堂所選，其中著錄薦紳之詩終於萬曆，布衣則或有不拘，然宋元諸公詩集，所佚者仍多。謝山曰「先公嘗手葺《宋元甬上詩》一十六卷，以補杲堂之闕，至數十家。命不肖曰：『吾所見書不能備，汝可隨所見續之。』」（〈增補宋元甬上耆舊詩序〉）是以謝山續纂之以迄於清初，而分任同社諸公及門下諸子抄錄。其言有曰「予續錄《甬上耆舊詩》，芍庭日向諸故家中，為予訪求。得一集，不翅拱璧；即其集不可得，而片詞雙句足以入選，其人不朽，則大暑走烈日中，窮冬冒風雪，重研不惜也。予約為同志。」（〈錢芍庭誄〉）又如葛巽亭，雍正十三年副榜；謝山自京師歸，巽亭時過從，為忘年交，方謝山續《甬上耆舊詩》，亦為手鈔全帙。則謝山編纂是書，得朋輩之助，亦復不少。而謝山徧搜諸老遺集，人為立傳，較杲堂所選，且數倍之，並又加詳焉！於是桑海之變徵、太平之雅集，凡鄉黨所敬恭，其光芒有未闡者畢出矣。〔註12〕

　　至於《句餘土音》之編纂，蓋自宋以來，甬上之社、會極盛，而其作卻少傳者，謝山嘆誰若正考父之徵文徵獻？故除續補杲堂《甬上耆舊詩》外，並自歸里後倡為真率社分題賦詩，盃盤隨意，浹旬數舉，謂「有感於鄉先輩之遺事缺失，多標其節目以為題；雖未能該備，然頗有補志乘之所未及者，

〔註12〕唯是書於乃謝山未定之稿，有有傳無詩者，有有詩無傳者。身後，及門諸子各以己見參訂成書；鄉里後學，復以所獲稿本互相校補，故有八十卷、百一十卷、百二十卷、百四十卷、百六十卷之異。詳〈全謝山先生箸述考〉。

其敢謂得與於斯文？亦聊以志枌社之掌故，亦未必無助乎爾！」（〈句餘土音序〉）是其復以詩會友、以詩存鄉里掌故，得詩三百餘篇而編爲《句餘土音》。光緒間修《鄞志》，多取材於此。

再如《公車徵士錄》，以志一時同岑之盛也，亦即禮部春秋二試之所有齒錄也。考其所自始，謝山曰於漢時已有，唯詞科之在唐宋，投牒請試，先獻所業，於典未爲甚隆；清則出於大臣之薦，以鶴書致之，月結農部之金，猶漢人公車門待士之制。故謝山之爲《詞科摭言》，仿高允《徵士頌》之例，於己未百八十六徵士，詳爲書之，而「其接今科，則尙未能遽成書也。乃先取同薦諸公姓氏、里居、世系，合爲一錄，……以舉主先之。夫公車之辟，出於尋常科舉之上，則是錄固非春秋科目二簿之比。」（〈公車徵士錄題詞〉）是以謝山爲此，非徒以志一時朋徒之盛，乃所以備藝文簿目之一種也，且供後世編纂國史之所取材。是錄首萬九沙而終袁枚，以齒爲敍。

此外，謝山繼梨洲未竟之志，完成《宋元學案》之編纂，不僅爲文獻學之重要貢獻，更爲中國學術史上極重要之成就，是以將於下文獨立論述，此處僅略附及之。

觀乎上者，可知謝山長於文獻之學，時刻以保存文獻、發揚先人文化爲己任，朝惕夕厲，未嘗稍怠。其所著作仍多，於此不再詳述，然則所謂「東南文獻之寄」、「一代文獻之傳」，洵非虛言，謝山誠當之無愧也。

二、學術史之貢獻

謝山之有志於文獻之傳，不限於明代，並且上溯至宋元，以繼梨洲未竟之志，續纂《宋元學案》。其詩曰「黃竹門牆尺五天，瓣香此日尙依然，千秋兀自綿薪火，三逕勞君盼渡船。酌酒消寒欣永日，挑燈講學憶當年，《宋元學案》多宗旨，肯令遺書歎失傳？」（〈仲春仲丁之半浦陪祭梨洲先生〉）是其不願坐視宋元儒者一代學術失傳，而窮十年之力，蒐討修補，爲之分立學案，標舉學術宗旨，自謂「旁搜不遺餘力，蓋有六百年來儒林所不及知，而予表而出之者。」（〈蕺山相韓舊塾記〉）是以梁任公《三百年學術史》謂《宋元學案》雖始創於梨洲，而成之者實謝山，且謂謝山之業以較梨洲之《明儒學案》蓋難數倍。梨洲以晚明人述明學，取材較易；而謝山生梨洲後數十年，所述又梨洲數百年前之學，所以極難。是亦可見謝山之博學及其所具之史才。

謝山編纂《宋元學案》，大抵各案皆先之以序錄，以挈旨要；次附表以明

各家之學術源流；次立傳狀以著行事；再附以語錄並隨條附以考注按語，以資疏證而求其是；最後則殿以附錄，以備參考。凡各家之學侶、講友、同調、家學、門人以及續傳等種種關係，靡不釐然分明。故《續修四庫提要》稱謝山之爲是書，搜采宋元講學諸人文集語錄，辨別宗派，於七百年來儒苑門戶，源流分合，敍述頗詳；並且其持論博通，不涉迂陋微眇，足資考鏡。因此《宋元學案》成爲中國學術史上極重要之著作、難得之偉構。

《宋元學案》共百卷，凡立八十六學案，三學略，二黨案；而梨洲僅標舉數案，草創其始、未盡發凡即卒，遺命其子百家成之，百家僅成數卷，而又旋卒；謝山續修纂之，乃完成百卷鉅著。故謝山所成者泰半，居十之六七；其中有補黃氏原本所無之學案，有修定、補定原本所有而未盡完善之學案，並撰百卷學案序錄及師承傳授表。〔註13〕草創方就，全氏遽歸道山，於是稿本散落；道光之際，馮雲濠、王梓材爲之考略，修輯遺闕，整比譌舛，還謝山百卷學案面目，並爲之刊行。故《宋元學案》一書迄於刊刻，曾歷數人之手；雖然，而推首之功則在謝山，故錢穆曰「我們今天說來，只說是全祖望的《宋元學案》，不能稱黃梨洲、黃百家的《宋元學案》，也不能稱王梓材、馮雲濠的《宋元學案》。」（〈黃梨洲的明儒學案，全謝山的宋元學案〉，《文藝

〔註13〕黃氏原本所無，爲謝山所特立之學案有：高平、廬陵、古靈四先生、士劉儲儒、范呂諸儒、元城、華陽、景迂、劉胡諸儒、范許諸儒、玉山、清江、說齋、徐陳諸儒、邱劉諸儒、存齋晦靜息庵、魯齋、師山、蕭同諸儒等十九學案。

黃氏原本雖有，却歸入某些學案，謝山認爲與事實情況不合，應該予以獨立，故爲之特立學案者有：艮齋、止齋、紫微、滎陽、兼山、王張諸儒、漢上、默堂、衡麓、五峰、水心、西山蔡氏、南湖、九峰、慈湖、絜齋、廣平定川、張祝諸儒、深寧、靜修等二十學案。此類學案從體例到内容均出謝山之手，等於謝山所特立。

又，學案最後五卷，亦謝山所特立。計有元祐、慶元兩黨案，以黨禍關係國家之治亂與道學之興衰故；又有荊公新學、蜀學、屏山鳴道集說等三學略，統括宋元時期正統學說以外之異說。

此外，黃氏原本所有，經謝山增損修定之學案有：安定、泰山、百源、濂溪、明道、伊川、橫渠、上蔡、龜山、和靖、武夷、豫章、橫浦、艾軒、晦翁、南軒、東萊、梭山、復齋、象山、勉齋、潛庵、木鍾、北溪、鶴山、西山眞氏、北山四先生、雙峰、介軒、魯齋、草廬等學案，凡三十一卷。

宋元學案共百卷，眞正標以學案之名者有九十五卷，除去九卷因學案分上、下而重複者共計八十六學案。其中謝山所自立之卷數達四十四卷之多，修定之卷數有三十一卷，又撰寫全書百卷之序錄及師承傳授表，則謂謝山所撰寫居十之六七，當不爲過。

《復興月刊》卅期）是亦以成書之首功歸於謝山。故《宋元學案》亦與《鮚埼亭集》並列爲全祖望在史學上之重要成就，其特色約有下列數端：

（一）掃除門戶之見

紹聖之禍由洛蜀黨爭啓之，國是動搖，章惇諸人遂以其隙，移人士之意，黨禍乃至不可收拾，蔡王專政，宋室以亡；此讀史者追思禍患之生，所不能不太息者也。〔註14〕是故謝山治學，最反對門戶之爭，其荊公新學略序錄曰「荊公淮南雜說初出，見者以爲孟子；老泉文初出，見者以爲荀子。已而聚訟大起，三經新義累數十年而始廢，而蜀學遂爲敵國。」蓋宋代忠邪雜進、黨禍相仍，一見於元祐之籍，再見於慶元之禍，〔註15〕且牽涉者多是名德之臣、飽學之儒；然君子之爭，小人往往乘隙而起，禍且不測，蘭艾同焚，國勢馴至於不可振。故謝山謂爲學不可爭門戶高低，當徧求諸家，以收去短集長之益；〔註16〕若徒墨守一說而屏棄一切，則非爲學之態度也。

謝山以門戶之爭爲逞口舌之利，無益於學。其言曰：

> 夫門戶之病最足錮人，聖人所重在實踐，不在詞說。……彼其分軍別幟，徒嘵嘵於煩舌者，其無當於學也明矣。（〈杜洲六先生書院記〉）

又曰：

> 先儒之說，返之吾心而不安者，固當博考之、深思之，力求其是。若豫儲參商之見，以相尋於口舌，是則經學之賊也。（〈題郝仲輿諸經解後〉）

是其以爲以審慎態度爲學固可，若預存門戶之見，挑釁之心則不可。謝山由此一反對門戶之態度治學，對於長久以來爭論不休之朱陸異同，自是力主調和。

夫聖學莫重於躬行，至於立言則不免有偏；而朱陸之學，皆躬行之學也，

〔註14〕 參看陳叔諒，李心莊重編《宋元學案》，並將〈蘇氏蜀學略〉更名爲〈眉山學案〉，而於〈眉山學案〉下所加之按語。

〔註15〕 宋神宗時，以司馬光爲首，呂文著、文彥博、蘇軾、程頤、黃庭堅等爲羽翼，結合當時文人、學者，是爲元祐黨人，彼等反對王安石新法，而與王安石新黨對立，黨爭激烈。崇寧元年，曾布、蔡京等奏請徽宗以舊朋黨百二十人爲姦黨，刻石端禮門；翌年，元祐姦黨碑立；又三年，重定元祐元符黨人，開得司馬光以下三百九人，命蔡京書刊之，頒於天下。

南宋寧宗慶元二年，宰相韓侂冑得勢，斥朱子，貶趙汝愚，更以僞學之名，斥當時之名士，世稱之慶元黨案。

〔註16〕 詳〈晦翁學案〉。

故謝山曰「其立言之偏，後人采其醇而略其疵，斯真能會同朱陸者也。若徒拘文牽義，曉曉然逞其輪攻墨守之長，是代爲朱陸充詞命之使，即令一屈一伸，於躬行乎何預？」（〈奉臨川先生帖子一〉）故實齋〈浙東學術〉篇亦曰「朱陸異同，干戈門戶，千古桎梏之府，亦千古荊棘之林也；究其所以紛綸，則惟騰空言而不切於人事耳。」是以陋儒爭門戶，以其不事所事，空言德性故也。所以謝山極言朱陸乃是所從入之途各有側重，至於希聖希賢，躬行實踐之聖學本質則一也。其言曰：

> 予嘗觀朱子之學，出於龜山，其教人以窮理爲始事，積集義理，久當自然有得；至其以所聞所知，必能見諸施行，乃不爲玩物喪志，是即陸子踐履之說也。陸子之學，近於上蔡，其教人以發明本心爲始事，此心有主，然後可以應天地萬物之變；至其戒束書不觀，遊談無根，是即朱子講明之說也。斯蓋其從入之途，各有所重。至於聖學之全，則未嘗得其一而遺其一也。（〈淳熙四先生祠堂碑文〉）

是故古人爲學，其途徑所發軔，或不能盡同，然究竟必無相背而馳者，且其殊途而同歸者，總所以求至於聖人而已。

而宋元以來、迄於姚江未出以前，以及清初，皆以朱學爲正統；朱學既定爲官學，士子趨之若鶩，唯當清初，是朱非王之徒，門戶之見操之太甚、詆之太過，且又淪爲科舉利祿之所借徑，故譏詆陸王者，以及天下之從而和之者，趨時耳，干利耳。是故謝山曰「朱子之門人，孰如勉齋；顧門戶之異同，從不出勉齋之口，抑且當勉齋之存，使人不敢競門戶，則必欲排陸以申朱者，非真有得於朱可知。推此以觀，陸子之門人亦然。」（〈奉臨川先生帖子一〉）是其亟反對樹立門戶，故其又曰：

> 夫理與心，豈可歧而言乎？……耳食之徒，動詆陳（白沙）王（陽明）爲異學，若與疇昔之詆薛（敬軒）胡（敬齋）爲俗學者相報復，
> 亦不知諸儒之醇駁何在？故言之皆無分寸。（〈陸桴亭先生傳〉）

蓋當時宗朱者譏詆陸王太甚，而又馳於章句，以謂博學，以爲晉身，每多疏於踐履。如其詆象山以虛靈知覺說心，爲流於禪；其實象山言本心，已連「理」而言，涵攝朱子所謂性理之義于其中，故可單提本心，而不同於禪宗之心。是以其所非者非真象山也，乃是其意想中同於禪，重虛靈知覺之象山。〔註17〕是故謝山於〈象山學案〉曰「象山之學，先立乎其大者，本乎孟子，足以砭

〔註17〕參唐君毅，〈陽明學與朱陸異同重辨〉，《新亞學報》八卷二期。

末俗口耳支離之學。」即肯定踐履工夫足以對治當世朱學之流於經生章句、字義從違，淪爲科舉謀利之歧途。

　　然而謝山亦未以此而遂貶低朱學，其於〈晦翁學案〉曰「其爲學大抵窮理以致其知，反躬以踐其實，而以居敬爲主。全體大用，兼綜條貫，表裏精粗，交底於極。」故謂朱子「致廣大，盡精微，綜羅百代矣！」故其以爲朱子與象山，皆同時兼具知行二端；至於晚明以來學術大壞，謝山則曰「談性命者，迂疏無當；窮數學者，詭誕不精；言淹雅者，貽譏雜醜；攻文詞者，不譜古今。」(〈二老閣藏書記〉) 是以其論學力主掃除門戶之見，去短集長，以和同受益也。

　　因此《宋元學案》之編纂，謝山力求調和門戶之爭，不定一尊，其未如周汝登《聖學宗傳》和孫奇逢《理學宗傳》，多將範圍侷限在主流理學，其能包羅此一時期之學術實況，如呂祖謙中原文獻之學；雜於禪學之〈荊公新學〉、蘇氏〈蜀學〉；列爲雜說之〈屏山鳴道集說〉以及關係國家治亂、道學興衰之〈元祐〉和〈慶元黨案〉等，謝山皆爲特立專章。至於學案各人，謝山更不因學術宗旨之異同，而任情褒貶；不以學術地位之高下，而曲意阿諛或貶抑，其能平心靜氣，分析事實，故持論公允。

　　此外，於對理學家所不樂稱之水心，宗羲父子僅以附見，謝山則爲立專案，蓋「乾淳諸老既沒，學術之會總爲朱陸二派，而水心斷斷其間，遂稱鼎足。」(〈水心學案〉序錄) 而永康陳亮言事功，素爲主流理學家所不屑，但卻流行一時；王安石荊公新學一度亦被欽定爲官學，《三經新義》且列爲學官；蘇氏父子並爲海內學者所歆羨嚮往……等，若此，謝山皆能忠實傳寫當時之學術實況，將學術史上具有重要影響之學派和學者兼收其中。因此謝山編纂《宋元學案》做爲總結此一時期之學術史，在闡明主要學術思想派別之同時，並能公允賦予其他各家應有之定位，誠如梁啓超所論學術史應有之要件：「敍一個時代的學術，須把那時代重要各學派全數網羅，不可以愛憎爲去取。」(《中國近三百年學術史‧五》) 故此亦爲全謝山編纂《宋元學案》，較之黃梨洲《明儒學案》更無門戶之見、不定一尊，而爲後人所稱許處。

（二）補苴《宋史》之缺

　　謝山少嘗有志於《宋史》，其曰「某少讀《宋史》，歎其自建炎南遷，荒謬滿紙，欲得臨川書以爲藍本，或更爲拾遺補闕於其間。荏苒風塵，此志未遂。」(〈答臨川先生問湯氏宋史帖子〉) 因此其於宋代掌故、儒林人物及其事

蹟,皆知之甚詳,而其所爲學案人物立傳,亦有意以補《宋史》之不足,故曰「微特學案有關,他日有重修《宋史》者,亦將有所采也夫!」(〈廣平定川學案〉)因此故其所立傳,有補《宋史》之所無、有補《宋史》之所略者,如甬上四先生傳陸學,袁、楊以顯達,故其教大行,然其年齒資格,實在舒、沈之下,且舒、沈平實又過於楊、袁,而《宋史》混而列之,失於簡略;謝山則因《廣平類稿》殘編求之,爲立舒傳。故於《宋史》所漏遺者,謝山爲掇拾於聲塵消歇之餘,使之登於學錄,其旁搜不遺餘力,有六百年來儒林所不知,而其表而出之者。

因有志於補《宋史》之不足,是以謝山特別注重體現各家之學術特色,不爲主觀去取,不輕下主觀批評,以期忠實傳寫各家眞相。其於時人及後人評論,則廣搜之,使入於附錄,俾讀者能自裁之。因此不僅能夠凸顯各人之學術特色,且能完整展現學案中人物之學術思想全貌。如歐陽修之學術主要在崇仁義之本、辟釋氏之虛無,而其《易童子問》一書,公然懷疑《易傳》非聖人之作,且謂聖人亦皆有過;對其疑經、非聖之思想,全氏照錄不刪,未擅去取。又如司馬光爲學主孝友忠信,而其《疑孟》一書,反對孟子之性善論,且疑《孟子》爲僞書,若此,對於傳統理學皆屬離道之言,於此,謝山皆能忠實傳錄之,充分展現各家之學術特色。再者,其於學術爭論,亦能綜羅各家文獻、兼取各派之說,而不專主一家一派之言,如關於《太極圖說》之論辯,謝山廣泛且系統性搜集朱、陸對此一問題之論辯,以及歷來學者之不同觀點。凡此皆能見出謝山對材料完整性之重視,及其所期能有助於了解各家學術思想之全貌。

是以李慈銘謂「其書綜覈微密,多足補《宋史》所未逮。」(《越縵堂讀書記‧宋元學案》)又曰「其節錄諸家語錄文集,皆能擇其精要;所附錄者,翦裁尤具苦心,或參互以見其人,或節取以存其概,使純疵不掩,本末咸賅。」(同上)是故謝山續修《宋元學案》,不徒賡續黃氏之舊,且能發幽闡微,其於儒林所不知者,爲表而出之,爲儒林存典型,也爲後人研究《宋史》之於《宋史》不足處,梳理出更完整之思想及理論基礎,故其於中國學術史上有極重要之貢獻。

(三)注重師承源流

謝山論學,最反對門戶之見,但對於師承源流,則極爲注重,其言曰「居常謂講學當去短集長,和同受益,不應各持其門戶,然後人正亦不可不知其

門戶。」（〈端溪講院先師祠記〉）又於〈泰山學案〉序錄曰「泰山之與安定同學十年，而所造各有不同。安定，冬日之日也；泰山，夏日之日也。故如徐仲車宛有安定風格；而泰山高弟爲石守道，以振頑儒，則嚴嚴氣象，倍有力焉。抑又可以見二家淵源之不紊也。」可見其以爲源流有異，所造自然不同。因此後人治學，於先儒之學術淵源不可不知也，亦所以明夫各家學術之所資也。

是以《宋元學案》之編纂，全氏極爲注重淵源流別之不紊，對於後人之混淆師承者，謝山溝而出之。如：

辨二程子非出於濂溪，其謂：

> 濂溪之門，二程子少嘗遊焉，其後伊洛所得，實不由於濂溪；是在高弟榮陽呂公已明言之，其孫紫微又申言之，汪玉山亦云然。今觀二程子終身不甚推濂溪，並未得與馬、邵之列，可以見二呂之言不誣也。晦翁、南軒始確然以爲二程子所自出，自是後世宗之，而疑亦踵相接焉；然雖疑之，而皆未嘗考及二呂之言以爲證，則終無據。予謂濂溪誠入聖人之室，而二程子未嘗傳其學，則必欲溝而合之，良無庸矣。（〈濂溪學案〉序錄）

又其〈武夷學案〉謂：

> 私淑洛學而大成者，胡文定公（安國）其人也。文定從謝（上蔡）、楊（龜山）、游（定夫）三先生以求學統，而其言曰「三先生義兼師友，然吾之自得於遺書者爲多。」然則後儒因朱子之言，竟以文定列謝氏門下者，誤矣！今溝而出之。

此外，其論陸子學統謂：

> 要未有確然從陸子者，倘以陸子集中嘗有切磋鑱屬之語，遂謂楊、袁之徒侶焉，則譜系紊而宗傳混，適所以爲陸學之累也。愚竊悚然懼之！（〈奉臨川先生帖子二〉）

論朱子之後人，則謂：

> 凡係朱子同時講學之人，行輩稍次，輒稱爲弟子；其意欲以夸其門牆之盛，而不知此諸儒所不受，亦朱子所不敢居也。（同上）

是其反對以集中之偶有過從，遂妄著錄爲弟子也，以爲此適足以紊亂學統，而使宗傳不明，是亦後學之所當戒也。

謝山既反對妄爲著錄，以夸門牆；又以淵源不明，則學術不明，是以《宋

元學案》中，凡所立學案皆爲列表以統其師承授受、講友、學侶、同調及其續傳、別傳之關係，〔註18〕務期複雜之關係能一目瞭然。此一體例安排，確實能清楚揭示每一案卷中，各家各派之學統、師承以及其所處地位。此則《宋元學案》之獨創，謝山獨到之處，亦其對於編纂學術史之體例示範一大貢獻也。

　　梁啓超嘗謂著作學術史之四大要件爲：悉數網羅其時之學派，不以愛憎去取；提挈各家之學術特色，以明其學術全貌；忠實傳寫各家眞象，不以主觀上下其手；敍述其人之時代及一生經驗，以明其全人格。〔註19〕則全氏編纂《宋元學案》確能兼之矣！以故任公謂「專史之作，有橫斷的、有縱斷的。橫斷的以時代爲界域，如《廿四史》之分朝代，即其一也；縱斷的以特種對象爲界域，如政治史、宗教史、教育史、文學史、美術史等類是也。中國舊惟有橫斷的專史，而無縱斷的專史，實史界一大憾也；內中惟有學術史一部門，至清代始發展。」（《中國近三百年學術史‧十五》）是則梨洲之《明儒學案》、謝山之《宋元學案》，厥功至偉也！《明儒學案》出，始有眞正之學史，讀之而得明代學術之一縮影；然其所敍述爲主流理學、又特詳於王學，謝山之《宋元學案》則爲史學而史學，有宋各派學術面目皆得見焉，洵眞正學史之規模。故對於中國儒學之傳衍、文化之保存以及史學之開創，功在不滅矣！

三、校勘學之成就

　　謝山以浙東學者之共識，務力於文獻之保存與發揚。而在清初徵實學風中，其爲學亦主覈實，故於校勘、考據上亦頗有成就，《七校水經注》、《困學紀聞三箋》、《漢書地理志稽疑》等，皆其卓犖有成者也。

　　謝山先世三代校注《水經注》，有雙韭山房舊校本，其言曰「予家自先司空公、先宗伯公、先贈公三世，皆於是書有校本，故予年二十以後，雅有志於是書；始也衣食奔走，近者衰病侵尋，雙韭山房手校之本，更是迭非，卒未得畢業。」（〈贈趙東潛水經序〉）蓋全氏完成五校本後，仍時加校訂，主端

〔註18〕講友與學侶，指曾與案主共同講論學術者，其社會地位或學術地位高者，多
　　　　稱講友；反之，多稱學侶。此外曾與案主同事一師者，亦以學侶相稱。
　　　　同調指與案主學術觀點相同或相近，而其學非同出於一源者。
　　　　續傳與別傳，非案主之及門，但又紹繼其學，而不自稱私淑者，謂之續傳。
　　　　雖學出於案主，但後來別樹一幟者，稱爲別傳。
〔註19〕詳梁著《中國近三百年學術史‧五》。

溪書院，且朝夕務之，乃完成七校本。於舊本之誤謬，多所校正。

同時而有趙東潛亦校此書，拾遺糾繆、旁推交通，裒然成編。東潛係祖望友趙谷林之子也，趙校《水經注》所引參校諸本下，有引全氏雙韭山房舊校本，謂鄞全侍郎元立、孫天敘，亦官侍郎，從孫吾騏，三世校之；又引全祖望七校本，且謂河、洛、濟、渭、沔江諸篇，經注混淆，謝山病中忽悟其義，馳書三千里至京師以告之。東潛初聞之，通夜不寐，竟通其說，悉加改正；秋全氏下榻趙氏春草園之西樓，各出印證，宛然符契，舉酒大笑，因為東潛製序焉。〔註20〕是論足為謝山校《水經注》及其承自家學之確證。蓋謝山與趙東潛、戴震三人同時校注此書，全氏最早從事，而以個人境遇故最晚刊印，此後遂引發出一段此因彼襲之公案，〔註21〕或有誣謝山先世無此注本者，然則東潛之言正可以破其誣辭矣。

謝山於《水經注》之校注，用功極深，且與東潛時相往復討論。《鮚埼亭集》中，凡論礫磎、嶓冢山，或跋柳氏《水經校本》、趙崎美《三校本水經》、孫氏《水經再校本》、何氏《三校本水經》、沈氏《水經校本》，以及跋《水經》之漸江水、濟水、灢水、泄水、江水、漓水、湛水、潞水、列葭水、渚水、雍水、澬水、夏肥水……等，皆可見出其深厚之研究。張石舟〈全氏水經注辨誣〉且謂，趙、戴兩家於此書不為無功，而鑿山通道則謝山之力為多；分別經注之說，亦權輿謝山；趙、戴皆拾瀋於全氏，或整比加密耳。〔註22〕然則學問公器，故蔣天樞謂「互相辯護之爭執本屬無謂；然創始之功，固不忍前賢心血之終沒也。」（〈全謝山先生著述考〉）是以謝山之校《水經》，其功在於不容沒也。

謝山之箋《困學紀聞》，係穆堂主試江南時，謝山渡江視之，至金陵，遍

〔註20〕詳趙一清，《水經注釋》，引參校諸本下。
〔註21〕乾隆中葉，與謝山同時校注水經注者，尚有趙東潛、戴震等。戴震在四庫館手校此書，首由聚珍板印行，自是酈氏本來面目，鑿然大明。然趙校《水經注》方四庫開館時，雖尚未有刻本，於浙江採進書籍時，曾入於四庫館中。而趙校本錄有全氏雙韭山房本二部，故王觀堂跋聚珍戴校水經注謂東原在館中修〈河渠書〉時，必曾見全、趙二校本之寫本。其後趙、全著作先後刊印，而其中精詣，同符者十之七八。然而趙東潛之《水經注釋》，其後亦得著錄於四庫總目，唯全氏卻被誣為詭稱授受，假託先世校本，於校注之功乃轉晦矣。又段玉裁袒其師，揚戴貶趙，於是二家子弟、鄉里後學以其各有所祖，遂由此而引出此因彼襲之問題，以致成為學界之一大公案。
〔註22〕張石舟之〈全氏水經注辨誣〉，並未親見，上述所言係見於蔣天樞〈全謝山先生著述考〉中所引。

遊諸故迹，歸經揚州而讀書於馬氏畲經堂中，因成《困學紀聞三箋》。萬孺廬適見之，以爲在閻潛邱、何義門之上。全氏自序謂深寧之《困學紀聞》，援引書籍奧博，難以猝得來歷，閻潛邱、何義門嘗爲之箋，良後學之津梁也；唯潛邱詳於開索，而筆舌冗漫，不能抉其精要，如其攻古文《尚書》固爲生平得意之作，然亦曉曉攙入此箋，無乃不知所裁；義門則簡核，欲高自標置，且其晚年思欲論學，遂謂是書不免科人習氣，而己之批尾家當亦皆流露此箋中，未經洗滌。是以謝山取二本合訂之，冗者刪簡，未盡者申其說，未及考索者補之，又駁正其紕繆者，共得三百餘條。其謂是書雖經三箋，闕如者尚多有之，故曰望海內博雅君子之續正此《三箋》。而謝山之多學博識、實事求是態度均於此可見。

　　至於《漢書地理志稽疑》之作，則謝山素有志於地學，晚年益萃力於《水經注》之校訂，上徵班氏《地志》，而感於其中多有疏舛，乃有《稽疑》之作。蓋秦之郡縣制度，後世言郡縣者之祖，而《志》言卻頗疏略，且多舛焉，嗣是言三十六郡者無不展轉錯出，以王厚齋、胡梅磵之審慎，不能免也；其後顧宛溪之地學，王、胡之流也，亦沿譌如故。至於《志》之多誤，係於年代既往、王迹既遠，而地名迭經改易，復以郡國紛糅，罷置不恆，故謝山淹貫全編，究其本根而互勘旁推，折中眾說而參取顛末，重新更爲審定，以成《稽疑》一書，此《水經注》之佐業也。

　　是以全氏之爲學，實事求是，富有客觀精神，尤精通於地學考據，對於地名與水道之變遷，均能詳細言之，故能以其多識之博學與聰明之智力，發千古之覆。而此亦前文所述浙東史學與浙西考據學之不能絕然劃分、無所交涉，故有浙東之精神氣象與浙西之精密治學方法，宜乎謝山能於時風眾勢中有所成也。

　　此外，謝山對於經學亦有絕深之造詣，其《經史問答》十卷，係答弟子董秉純、蔣學鏞、盧鎬與張炳、全藻、范鵬、郭景兆等人之或問《易經》、或問《尚書》、或《詩經》、或《三傳》以及《三禮》、《論語》、《大學》、《中庸》、《孟子》與諸史之問答。其中謝山或釋經、或言考據、或論詩樂之事、或詳輿地、或考史事、史法、史論，或於官制、曆書、祭祀之禮等，皆言之甚詳，而獨具卓見。另外《鮚埼亭集》中，如〈漢經師論〉、〈前漢經師從祀議〉、〈唐經師從祀議〉、〈尊經閣祀典議〉……等，李慈銘謂之「皆極有功于經學」，且曰「余輯《國朝儒林小志》，惟載漢學名家，雖姚惜抱、程綿莊、程魚門、翁

覃谿諸公，自名古學者皆不列入，而獨取先生，固不僅以《經史問答》一書也。」（《越縵堂讀書記・鮚埼亭集》）是其亦極肯定謝山之經學成就。

　　是故謝山為學，淹博通貫，非唯對於所秉持之理想努力不懈、朝夕奮發，即於所謂實證精神、客觀態度之治學方法，亦能兼顧。學者有終其一生，疲精勞神於一書之著作者，而謝山年僅及艾，其所著作，卻如是之夥，又皆風雨名山不朽之業，宜乎其為「立言」之典範也。

第三章　全祖望史學思想之淵源

　　全祖望以清朝盛世之民，述明亡國之痛，且時值清廷採高壓手段，強勢壓制漢人之際，士人言行稍有不愼，輒罹殺身之禍。而全祖望於勘透宦海，放棄仕途後，效梨洲之學術終身，爲一代文化存亡續絕，貧窮困窘、瀕臨危亡，皆不能改其樂道之心。然則此一史家一往不顧、大無畏之精神，何以致之？以讀書爲仕宦之階，爲歷年來士人不二之念，遺民守節固毋庸論；然謝山非遺民，距明亡且及百年之久，何以自苦若此？何以履危蹈亡，在所不顧？必其中有主宰，精神力量所以致之也。是以本章偏就此一形成全氏光輝史學精神之內在力量，加以探究，以期明夫全氏史學之立於時風之外，及其必要履虎尾而不顧以表彰先烈氣節之所由；亦期使一代大儒之苦心芳躅，不致與時湮滅，而得與其學共彰顯於世。

第一節　家風之影響

　　謝山先世，頗多儒苑中躬行之君子也，鄞之全氏於宋太平興國中，由錢塘來，卜居於城南之桓谿。十六傳後遷城中，而謝山之族祖，或以篤學懿行稱人師，或以碩德大節侍講筵，或以慈惠之政爲循吏，皆砥礪名節，嚴於操守，可謂蘭薰桂馥，鬱鬱盛也。

　　他山府君，謝山之曾王父也。當明之末，與其弟式公府君，以錢忠介之薦，一以大理寺左評事徵，一以太常寺博士徵，見江上事不可爲，俱不受。丙戌（福王南京被清兵所陷）以後，甬句東之人雖遠在天末，而全氏一日棄諸生籍者二十四人。他山府居議以東錢湖之東，最稱荒僻，而全氏有四十畝

地在童畢，又為東湖萬山之中，人跡罕至，欲避地焉。時謝山王父北空府君年十六，他山府君問以「汝能絕意人世乎？」曰「謹受命。」即隨二父入山。一門共修汐社，力耕之餘，清吟而已。高隱學嘆曰：「謝皋羽棄其子行遯，終身不相聞問；鄭所南則無子，〔註1〕未若全氏之駢聚也。」（〈先曾王父先王父神道闕銘〉）是全氏氏族以名節自勵，雖日後家業蕩然，荼苦不堪，而怡然不改其樂。

先是，謝山之六世祖侍郎元立，以碩德大節，侍永陵講筵，已而以不肯草西內青詞，〔註2〕寧遷陪都，遂失揆席。是其富於直聲，堅于晚節，不以富貴利達損其清格。因此雖揚歷兩京，身後之圖書法物頗富，而祿廩所餘則渺然。諸子為治壙，已不免於鬻田，而宮詹府君之繼起，清苦更甚，甫歿已不克保其甲第，是以謝山曰「有明三百年，世宦之貧，未有如吾家者也。」（〈響巖先塋地脈記〉）然其氣節凜然，清貧自守，直聲干雲，則足為世道人心之輔也。

又，宮詹子非堂先生，初入京，雖上世之門舊尚多，然心非韓退之上書求售，不肯自通，故其始大困，後方得遇於相國。然其時閹人方盛，相國依阿奉命而已，非堂乃曰「閣下當有以制權璫，而顧為權璫制乎？」相國以是不喜，待之驟衰，非堂謝曰「一介書生，閣下即麾而去之，非所怨也。」遂不復往。又以其屢斥閹黨故，連試皆不得售，曰非其時也，遂拂衣南歸，自是不復入京。且賦詩曰「抱璞荊山每見擯，折弩千鈞羞再進。」（以上見〈非堂先生墓碣銘〉）則其耿介自立，不附閹黨，故寧布衣終身，不肯損立身之清節。

再者，謝山之族祖，非堂先生子葦翁，國難後，自以明室世臣，不仕異姓，乃集親表巨室子弟，為棄繻社，謝山之曾王父兄弟亦皆豫焉。且監國魯王之至翁洲，葦翁為治扉屨，貨先祖之遺居以應之。自是祇老屋兩間，有時

〔註1〕謝皋羽，宋人，號晞髮子。其詩直溯盛唐，其文斬拔峭勁，為人倜儻有大節。元兵下臨安，會丞相文天祥開府於延平，檄各州郡勤王。皋羽素贏於財，乃散家貲募鄉兵，入閩赴難。及聞天祥死節，乃適嚴陵，登釣臺，設主，酹奠號泣，以鐵如意擊石，復作楚客歌，作《西臺慟哭記》。

鄭所南，宋人。生有至性，忠直剛介，初以太學上舍應博學鴻詞科。元兵南下，嘗伏闕上書，不報。宋亡，隱耕吳中，自名所南，一名思肖，字憶翁，皆示思憶趙宋，不肯北面事元之意。平居坐必南向，常向南痛哭，厭聞北語。善畫蘭，入元，畫蘭不畫土，謂土已被番人奪去矣。

〔註2〕青詞，文體之一，齋醮用之。凡太清宮道觀薦告詞文，用青藤紙朱字，謂之青詞。宋人文集中亦常有之。明時道教盛行，詞臣爭以此迎上意。嚴嵩尤善以青詞結主知。

晨炊不給，而自如也。再者，姚江王侍郎結寨抗清，敗俘，被梟首城上；同社陸宇爛竊取以歸，藏書庫中，每年寒食皆與葦翁出其首，以一巵祭之。後以海上事牽連，俱逮至杭，葦翁曰「吾不可辱。」一夕，暴卒。二十年來，社中人物，或死或生，要皆以完節終，故謝山曰「六朝最重門弟，自唐以後始衰，今以先生社事觀之，乃知故國喬木，不可不亟爲封殖。」（〈族祖葦翁先生墓志〉）則全氏之爲有明世臣，耿耿忠心在丹山赤水之間，鼎祚雖移，不能改其忠節也。

又，穆翁先生，亦宮詹之孫也，非堂兄子也。其爲世胄，但蕭然如儒素，先人之殁，棺衾俱竭力而後備；以名節自屬，尤精熟於史三漢南北朝兩唐記傳，背誦如流。方順治之下江南，浙東拒命，張蒼水與錢忠介共舉事，迎監國魯王於天台，蒼水爲兵部尙書、諸軍督師。然方其爲諸生時，放誕不羈，呼廬狂聚，窮晝極暮，自其父兄以至師友皆拒之，獨穆翁一見識爲異人，乃盡賣負郭田三百金爲償其負，而勸以折節改行。蒼水於儕輩，不受一語，獨於穆翁，稍斂其芒角，並以女妻其仲子。其後江上大亂，穆翁驅馳其間，事既不克，幅巾歸里；而蒼水督師，崛強山海間，累蹶累起，爲清所指目，穆翁買屋黃巖，將密置其家，未發，而其眷屬已被錄，乃遣仲子挈婦往避地焉。自後穆翁遂目盲，掩關靜坐，言笑皆絶，侍者但聞其中夜必有嘆聲；臨終，書末命曰「吾未得爲蒼水延一線，汝曹當世奉其祀。」（〈穆翁全先生墓誌〉）張尙書之女，即謝山之族母也；方謝山少時，屢爲道及南明志士抗清之血淚，及其所親見親聞之軼事，此於謝山深有影響，故其長而立志，一心期於發揚南明節烈精神，務使昭垂永世。

於此可知謝山之先世，非僅有明之世臣，而且氣節自守，學醇德厚，視富貴利祿如浮雲、如敝屣，寧清貧終身，不願趨炎附勢。而於明亡以後之南明抗清，更是親與其事；無如事不可爲，遂駢聚隱遯，抗志高蹈，不事異姓，越三世始返回城中。然其城中里第悉爲營將所踞，圖書法物無一存者，所有之春雲軒池沼亦廢爲馬廐，故自是家業蕩然。然窮則窮矣，其家風未改，故謝山之爲名儒，固窮守節，致力學術，亦其來有自也。

此皆謝山之近祖；至其遠祖，亦有足爲後世表率者：慈憲夫人，宋理宗之母，出於全氏；而度宗居東宮時冊立之妃即慈憲之姪、日後之仁安皇后也，仁安之父爲太師全昭孫，嘗官湖湘間，勤事而死，故理宗見仁安而曰「汝父可念！」仁安對曰「故父可念，湖湘之民尤可念也。」帝大可其對，樂得高

門之女以配儲宮，故冊爲東宮妃。方理宗潛龍之時，嘗育於慈憲父家，《宋史》所稱保長者也；潛藩之功非尋常戚畹可比，其後理宗訪外氏祖系于桓溪，累至其家，嘗飲食焉；即位，遂推恩追榮其三世，並賜官爵。唯桓谿諸全，不欲攀外戚之寵，以邀恩澤，故徵士府君兄弟八人，汝梅爲宗子，與其弟相約不出，以是諸全皆辭不受。然其遠避權勢，貴而不驕，朝議高之，乃選其中二人：汝梅、汝霖，並尚縣主，爲樹雙闕於溪上之碬，署之曰鵲巢，以表后妃所自出也。故謝山曰「一門雖貴盛，前不蹈平原之覆車，後不類秋壑之怙寵，夷然在史鄭謗議之外，可謂賢矣！」（〈先太師徐公告身跋〉）〔註3〕其後理宗賜以天章寺奉其香火，故蘭亭常屬在全氏。

全氏兩世連戚畹，實非尋常之比，子姓無不珥貂領節者，然其不邀富貴、不依草附木，以貽穢舊史，故謝山又曰「吾祖視褕翟之寵榮，有如敝屣，莫非矞然塵世之表者歟！」（〈鵲巢碬記〉）後未幾而宋亡，汝梅子鼎孫兄弟輒曰「先人雖未受宋官，然故宋戚也，義不可出。」時尤以爲難，誠如謝山所言「當其盛時，不肯援洽陽渭涘之寵，以博一官；及其亡也，戚戚於殘山剩水。是非百世之師耶！」（〈桓溪全氏義田記〉）故全氏先祖之大節有如此者，宜乎後世子孫之以名節自屬，未敢稍易其門風也。

非惟如此，其尚有足資表彰者：桓溪有全氏所置義田，以廩宗人之窮者；菽如府君、即汝梅，既不肯由戚畹邀恩澤，絕意於當世，乃草創義田，立義田條約，貧者計口計日而給之，婚嫁喪葬各有助，並遺言諸子以成其志。其所置田，一頃有奇，故其四子：鼎孫、晉孫稍稍益之；謙孫、頤孫復以一頃益之；而鼎孫之子耆，受學於謙孫，義襟尤篤，更爲踵益焉，共四頃，歷三世而大備，復於族中會推賢者一人司之，曰義田局承奉，此所謂義田六宗老也。是全氏之世德，不尚空言而重躬行，篤於學，礪於德，博施濟眾，且嚴於出處之義，則眞後世師也。

以全氏之世德如此，在於子孫，宜於未替其家風也。是以謝山之父，吟園先生，家業雖蕩然無存，而其課子則未嘗稍怠也。方謝山四歲，即親授以章句；八歲，於治經外，復授以通鑑、通考諸書，奠定謝山一生致力史學之基礎。而謝山少多羸疾，吟園先生與謝山之母，嘗挑燈相對，舉柳河東與許孟容書，謂「行年四十有奇，春秋祭祀，隻影煢煢，懼此孤藐，弗克成立」（〈先公墓石蓋

文〉），而潸然淚下也。唯吟園研田之入，祇足供謝山醫祝之需，每逢危急，謝山太孺人即呼禱於影堂，蓬首跣足，累驚惶於中夜之噩夢。稍間，則其父又為講漢唐諸箋疏以及《通鑑》諸事；若其父另有要事，輒由母太孺人攝講席焉。謝山之太孺人，姓蔣氏，出於北宋給事中邦彥之後，其外曾大父、外大父，俱諸生，贈翰林院庶吉士；蔣氏在鄞，詩禮世家也，而謝山舅氏蓼匡先生，生四歲而孤，同產惟謝山太孺人，祇二歲，其外大母自課之，故謝山太孺人肩隨舅氏讀書，以此達於書禮。是即謝山之所自出與其過庭之教也。

雖窮蹇如此，然先世宿德則未嘗廢遠也，故吟園嘗作〈義田宗老六公傳〉，且謂謝山曰「先世之厚如此，子孫弗克守也。今以汝之力，固有所未逮，惟是始祖侍御公墓道荒蕪，三春寒食，麥飯闋然；吾負郭之田十畝欲捐之以供祀事，汝其行之！」（〈先公墓石蓋文〉）是以雖然家貧，衣食奔忙，唯恪盡孝道於先祖，以期發揚祖上積德，則謝山未嘗或忘於家風也。

而當謝山六世祖侍郎府君未貴顯時，檢討府君授徒響巖下，講經之暇每咄咄若有不怡者，其徒叩之，嘆曰「吾兩喪未舉，是以為恨。」徒曰「前邨有田甚高潔，可葬也。請即以贈先生，可乎？」府君大喜，遂以葬其祖父，不二十年，侍郎府君果高其門。而謝山族祖聞夷先生，雅以地學自負，過而嘆曰「誠吉地也。其清氣繚繞，殆宜世由館閣以至開府；但惜穴後脈洩，伸於貴，黜於富。」其後侍郎揚歷兩京，卻身後祿廩渺然，子孫清苦一至於賣田鬻甲第，為有明世宦之最貧者。萬曆中，堪輿師沈一鵬來相是塋，亦以聞夷之說為不易，而嘆吉地不能兼備如此。然吟園先生則曰「比正吾家之幸也，使先世為墨吏以肥其家，其竟傳之無窮乎？抑亦易斬之流也？」是故謝山曰「鬼蔭之說，生平所不信」，然「屬在子弟，其亦可審所趨也。」（以上事詳〈響巖先塋地脈記〉）是則又吟園之課子以廉也，故宜乎謝山孝弟廉潔，清貧自守，雖貧病交迫，亦澹泊寡營，萬戶侯不能易其澤中漁父之志、一編在手之樂也。

且非徒吟園之教孝、教廉，謝山王父先贈公亦且教忠也。侍郎府君以貴顯，故檢討府君得以貴而封，然明莊烈皇帝御諱「檢」字，故改檢討為簡討。因此謝山族祖檢討公之告身，在世宗時仍是「檢」字，及崇禎以後盡改為「簡」字，謝山謂，先贈公曰「涿州某某，入相新朝，特請仍改簡討為檢討。……吾家祝版，當世世仍用『簡』字，以追體先人避諱之意。」（〈先簡討公告身跋〉）則其不愧有明世臣，遺民之節，國亡彌厲；不以新朝故，而遂趨炎附勢。

忠節如此，無怪乎謝山撰《鮚埼亭集》，取捨人物一以操守氣節為主，此其屬在後人，在於慎所趨向。

是以謝山謂自太平興國以來，全氏之居溪上已八百年，孫枝駢盛，代出而有列於朝者；自始祖侍郎府君以降，舊德綿綿，「咸淳八徵士之高風；義田六宗老之篤行，本然、本心之理學；修齋、墨梅、漁隱之雅韻；侍郎之直聲；宮詹之清襟；非堂父子之奇節；先贈公之孤標，此門戶之所憑也。」（〈寶積菴記〉）蓋其或高風亮節、或義行可風、或碩德大節、或講明學術、或清廉自立、或義勇盡忠，凡此皆影響謝山形成其史學去取標準與褒貶大義，而一以表彰氣節、發明幽隱、彰善絕惡，為天地存元氣、為人倫立楷範，為其終身職志也。

是故謝山不僅能守全氏世德，並發揚光大之；其亦懼夫後人不振，而致先業日零落，故其又曰：

> 此門戶之所憑也，宗人其果能守之而不墜耶？然則其所當觸目而警心者，不獨霜露之感已矣。嗚呼！吾但欲宗人子弟，其佳者足應秀才之選，其樸者亦不媿力田之科，勿蹈澆漓之習，勿淪苟賤之為。
>
> 則雖不能大有光於初祖，而門戶之羞，吾知免矣！（同上）

是其殷殷之情於維護門風，於此表露無遺。縱不能光大門楣，至少亦不可貽羞門戶，有玷清譽，而使後人之靦顏以視先祖也。

而家風之影響，對於謝山不僅在於人格之涵養、史學標準之形成，同時亦在於學問之素養。前述吟園先生親課謝山以諸經及《通鑑》、《通考》，故謝山之於群經，深有所得，嘗著有《經史問答》；至於史學，更是謝山所致力焉，所成就者亦在於最大，故其以史學遠播聲名；此外，其於理學，亦有絕深之造詣，乃能完成一代鉅著《宋元學案》。而謝山族祖，義田六宗老之真志府居（謙孫）、本心府君（晉孫），皆治慈湖之學，嘗受學於陳塤之門，陳塤者，楊慈湖之推首高弟也；本心府君又傳其學於黃南山，亦明初大儒也。故謝山之於理學，雖非得之先世，而其家風淵源亦遠矣。

又謝山素好以詩明志，喜拈宋元舊事粉榆掌故等，以為賦詩之題；而其族祖亦頗不乏以詩人著者，如泉翁當宋亡之際，與謝皐羽、戴剡原相唱和，月泉吟社嘗載其詩；又如族祖息耘當明之初，楊孟載諸公與相唱和，所稱全王孫是也，其詩如「志凝知澹境，幽趣將自怡，珍重荣根旨，銖輕世味滋，酌泉有餘樂，煮石從取奇，衣飧聊自適，安公復奚疑。」（〈族祖息耘先生詩卷跋〉）是其澹泊明志，亦不失全氏家風也，而謝山之悠然恬淡及寡營，亦與

之同也。

是以謝山秉先世之綿綿舊德，無上之光榮，雖其先人並非世俗所謂富貴利達者，然其立身制行，皆無媿於儒統，故謝山亦不求聞達，而但願勿墜門風耳！其一生奔走山海以徵文訪獻，爲前賢繼絕學、爲往哲承墜緒，並發明幽隱，以闡發人倫至道，維護君臣大義於天地間；其畢生從事於史學撰作，干冒殺身之禍，觸清廷之禁網，而置個人死生於度外，眞中國史家之光輝，百代不易之史學精神也。

第二節　前賢之影響

於全祖望最能見浙東史學之精神，除了編纂《宋元學案》之學術史外，大體言之，全祖望之史學多著墨於南明與明、清之交，多爲常人所不敢道之抗清英勇事蹟，或遺民高蹈不仕之氣節。而有關南明書寫者，其時亦頗不乏其人，故全氏之史學，實亦有所繼承於此一時期之其他史家。以下即就此一關係略作探討。

清初學術一大特色，爲經世思想與學術相結合；此時學者體悟到學術不應離開國計民生，馳騖於空言，故倡爲有益世用之實學。而其時，一方面力主有本之學，一方面又極力倡導史學者，則梨洲也。梨洲在魯陽絕望、回天乏力之餘，以孤臣之淚無補於故國之亡，乃抆淚著述，轉而致力學術；其謂學必原本於經術，而後不爲蹈虛，必證明於史籍，而後足以應物，故務力於史料之徵存、史學之建設，以存留當代、當身之史。

由經世思想進而治史，則垂教後世、褒貶大法爲其必然之主張也。而此亦浙東史家在考據盛行之學風中，其所以能夠堅持史學理想，褒善貶惡，以維護名教者也。全祖望，梨洲之私淑者；其傾心於梨洲之人格、梨洲之學術，故於彼所務力搜集之南明經營事蹟，亦發揚光大之，於彼所草創未完成之宋元學史，亦續纂完成之，而創垂一代學術史之鉅構。則梨洲之影響於謝山者，不謂不大矣。

謝山爲梨洲撰〈神道碑文〉，曰「公爲勝國遺臣，蓋瀕九死之餘，乃卒以大儒耆年，受知當宁，又終保完節。」對於梨洲之自營生壙，置石牀，不用棺槨，戒子弟身後無得違命，謝山曰「以身遭國家之變，期於速朽，而不欲顯言其故也。」對其人格，可謂推崇備至！對其學術則曰「公所著有《明儒

學案》六十二卷，有明三百年儒林之藪也。」並謂梨洲「以濂洛之統，綜會諸家，橫渠之禮教、康節之數學、東萊之文獻、艮齋止齋之經制、水心之文章，莫不旁推交通，連珠合璧，自來儒林所未有也。」可謂許之極高，心契之至也。蓋梨洲承父師之教，忠節凜然，起義師於浙東，從魯王於海上，顛沛流離，瀕於百死，匡復之卓志，可以炳耀日星；事既不克，講學鄉黨，徵存明季史料，隱然有自任國史之志。故梨洲之學，博大浩涵，承王、劉實踐之教，而以經世致用為其極則。其由寓褒貶之鑑戒史學觀，衍出作志、作列傳、作言行錄、作碑銘之大法；其所表章者，為體國經野者，或是忠孝貞烈、急公好義、文教干城、才藝殊絕以及高蹈不仕和母儀壼範者。梨洲不載廊廟多戰功者，不書名公鉅卿事，而多取亡國大夫、草野窮民，凡桑海之交，奇節異行之士，皆憫其名節將泯滅，而思以殘墨存留之，以之備史事缺文也。

梨洲論「史之為體，有編年，有列傳。言行錄，固列傳之體也；列傳善善惡惡，而言行錄善善之意長，若是乎恕矣！然非皎潔當年，一言一行足為衣冠之準的者，無自而入焉。則比之列傳為尤嚴也。」（《南雷文定後集，明名臣言行錄序》）是其以為“列傳”之為體，固當善善惡惡以垂訓後世，為法戒於萬世；“言行錄”則更在不當輕為之列，須是其人具有皎潔人格、足為後世表率者，始能入於言行錄中，切不可妄市恩於人。故如「楊嗣昌喪師誤國，冬心詩頌其功勞；洪承疇結怨秦人，綏寇紀張其撻伐。高官美諡，子姓私加；野抄地志，纖兒信筆。」（同上）凡此皆在於所當摒棄、所當廓清也。而此亦梨洲之為碑銘行述、地志史傳立一崇高標準，以為異日國史之所取材，故謂「有裨於史氏之缺文。」（《南雷文定・凡例》）是以凡應子孫之請，言無裁量，毀譽相淆，曲意附會，不見其人之生平，不知所銘誰氏者，則用其銘何為？皆在於所不當立傳也。

是即黃氏之以碑傳為史傳。其意欲以之備史事缺文，故於請託、應酬等凡足以貶損碑銘價值者，皆戒在所不當為；必其人之人格、行事皆足以傳世者，始可載之於筆，故凡所作皆非以炫辭章，而是為存歷史也。

後數十年而生之謝山，秉梨洲之教，又生逢清廷力張文網之時，更致力於以碑傳為史傳。蓋為墓木已拱、陳死之人頌德歌功，乃中國歷來之傳統，清廷或尚不致怪罪焉，且謝山極言「今已再易世，又幸逢聖天子蕩然盡除文字之忌，使不亟為表章，且日就湮晦。」（〈梨洲先生神道碑文〉）又曰「今已年運而往，吠堯之嫌，盡在蠲除，不及是時大闡幽德，將與桑海劫灰，同歸

脫落。」（〈贛菴陸公墓碑銘〉）或曰「大朝爲天命所眷，江南半壁且不支，何有於浙東！」（〈明兵科都給事中董公神道表〉）以此避開文網羅織，任其肆力於史料蒐羅、氣節表章。而全氏既以此碑銘爲傳史之所憑藉，更是立意於爲碑銘樹立標準，故請託之作絕不輕爲，必忠肝義膽、卓行奇節之士，其大節可爭輝日月者，始爲筆之於書，載之於冊。其言曰「乃仿溫公所作文中子傳之例，采其粹言爲傳一篇，以爲他日國史底本。」（〈陸桴亭先生傳〉）又自言「愚留心桑梓文獻久，其爲諸志所失者，已多以文章表之。」（〈奉答萬九沙編修寧波府志雜問〉）則其以碑傳爲史傳之企圖甚爲明顯。因之，以尋常碑傳以視梨洲、謝山，寧不爲大謬哉！

　　而梨洲之所以搜討南明恢復事蹟，蓋其切身之痛，徘徊家國存亡之故，是以執筆泫然，其曰「二十年來，乘桴之事，若滅若沒，停筆追思，不知流涕之覆面也。」（《文定後集・錢忠介公傳》）並且義旅之抗清，梨洲以危葉衝風，瀕於危亡者屢，百死一生，其家國之痛，未嘗或忘，有曰「家國之恨，集於筆端，不覺失聲痛哭，棲鳥驚起，後之覽者，亦將有感於斯文。」（《文定前集・明司馬澹若張公傳》）如此情深意摯，宛然眼前；黍離之悲，躍然紙上，孰不爲之動容者！故謝山即此覽文有感者，其曰「桑海諸公，其以用世才之，而槁項黃馘，齎志以死；庸耳淺目誰爲收拾？其逸多矣。」（〈繭菴林公逸事狀〉）謝山傷此耿耿忠烈而與草木同腐，復感士君子斷頭死國，白髮老淚宛然如淋漓目前也，故攬以自任，且曰「此非予表而出之，其誰更表而出之！」（〈翰林院編修九沙萬公神道碑銘〉）因此極力於發明沉屈，以慰先烈重泉之恨，而梨洲亦可堪告慰矣！

　　再者，梨洲之發幽闡微，終生以之，其嘆「簡編殘闕，安得起故老而問之？」（《宋元學案・絜齋學案》）然而「猶幸野制遙傳，苦語難消，此耿耿者，明滅於爛紙昏墨之餘，九原可作，地起泥香。」是以其又謂「天地之所以不毀，名教之所以僅存者，多在亡國之人物。」（《南雷文定・萬履安先生詩序》）以此，其所纂述，捨名位之赫然，而「捃拾溝渠牆壁之間，欲起酸魂落魄，支撐天下。」（《南雷文定・謝皋羽年譜遊錄注序》）梨洲以此筆墨爲所以補教化、爲不聽遺事舛駁零落也，故以推尋桑海遺事爲風教之所急務。而謝山亦爲是氣所磅礡激盪，亦傷夫故國喬木日漸陵夷、遺文日趨剝落，因此窮山陬、盡海隅，務求搜討故國遺音，即斷簡殘編亦皆視爲珙璧，以期於發揚先賢之昭烈精神。

此外，梨洲有謂「所謂亡國而不失其正者，寧可以地之廣狹、祚之修短而忽之乎？」（《行朝錄・紹武爭立紀》）是以其不以成敗論史；又曰「興亡之數，血路心城，豈論修短？陳壽即仇諸葛，不能不紀蜀漢；宏範雖逼厓山，未嘗不稱二王。從來亡社，雖加一日，亦關國脈，此說盡在成敗利鈍之外者也。」（《南雷文定・碩膚孫公墓誌銘》）是以其於南明諸王立國，不因其祚之短、地之狹，而遂忽之；反之，於其能以一旅而存故國衣冠，深加推許，亟肯定其欲揮魯陽之戈之一往不顧精神。

因此謝山亦對此一雖不能奏效於當世，卻能藉之以轉移人心、發揮教化作用於後世之慷慨精神，大加贊許。其言曰：

> 秀才讀書多矣，徒以廟社之感，頓忘其力之不足。（〈明管江杜秀才之窆石志〉）

又曰：

> 然而欲存君臣之義於天地之間，則小腆雖頑，終賢於筐篚壺漿之輩，
> 至於身經百鍊，終不爲繞指之柔。皇朝殺其身，未嘗不諒其心矣！
> （〈華氏忠烈合傳〉）

是其亦不以成敗論定功過，而於此一存君臣大義於天地間之精神，三致其意焉！故於南明江上事潰後，浙東未下者僅翁洲彈丸地，而自學士大夫以至軍民猶皆惓惓故國，致山寨四起，皆以恢復爲志，謝山曰「時天下已定，海隅窮山，非果有恢復之望，特以故君尙在島中，資糧扉屨，聊相應接，雖重爲粉榆之累，而一線之喘，不爲無功。」（〈明故張侍御哀辭〉）即其深爲此一旅之人，空山投骨、重泉相隨之精神所折服。故於殘明事蹟，不以成敗爲計，但許其成仁取義之耿耿忠心，而曰「國殤毅魄，至今纍唏，死者可生，生者可媿！」（同上）是以其所表章不遺餘力。然謝山畢竟並非遺民，且距明亡已歷三世，又其時清廷正大施厲爪，故謝山之爲此，誠屬難能矣。

再者，寓經世思想於史學，即褒貶史學，而褒貶史學之最高境界，爲表章氣節、發明幽隱，歷史之大公至正亦寓於此焉！故《史記》曰「伯夷、叔齊雖賢，得夫子而名益彰；顏淵雖篤學，附驥尾而行益顯。巖穴之士，趣舍有時，若此類名堙滅而不稱，悲夫！閭巷之人，欲砥行立名者，非附青雲之士，惡能施于後世哉！」（〈伯夷列傳〉）故謝山掇拾梨洲之瓣香，於晚明死義之士，殆所謂其心好之，不啻若自其口出；而彼大節凜然，卻湮滅不傳之士君子，亦賴謝山之青雲之士，得傳於後世矣。

此外，謝山受梨洲思想影響者，如梨洲之論遺民自處之道，謂：

> 遺民者，天地之元氣也；然士各有分，朝不坐、宴不與，士之分亦
> 止於不仕而已。所稱宋遺民，如王炎午者，嘗上書速文丞相之死而
> 已，亦未嘗廢當世之務。是故種瓜賣卜，呼天搶地，縱酒祈死，穴
> 垣通饋者，皆過而失中者也。（《南雷文定・謝時符先生墓誌銘》）。

此誠持平之論也。故謝山亦曰：

> 士之報國，原自各有分限，未嘗概以一死期之。（〈移明史館帖子五〉）

又曰：

> 布衣報國，自有分限，但當就其出處之大者論之；必謂當窮餓而死、
> 不交一人，則持論太過，天下無完節矣。（〈春酒堂文集序〉）

是浙東史學之論人雖以氣節操守爲所去取，然亦未嘗持論過高，苛責於人。
故遺民不仕已矣，未必皆要食薇首陽，悽惶終身也。然對於彼徬徨草澤，抗
志高蹈之遺民，則固亦深致意焉。

　　因此，梨洲辭史館，爲持遺民節也；然而志存有明三百年之史，則其素
志也，所謂「國可滅，史不可滅」，故弟子萬季野銜師命而出，以布衣而獨任
《明史》，否則是所謂「死國之史也。」〔註4〕故謝山於梨洲未竟之志——編
纂宋元學術史，亦力任之，其言「黃竹門牆尺五天」、「千秋兀自綿薪火」，皆
可見其私淑之篤與綿延薪火之意也。又梨洲重視史表、重視詩文、論儒學不
宜分立〈道學傳〉……等種種理論，謝山均有深入之發揮，唯於此不再贅述。
固然博學篤行，端賴於己，然謂梨洲對於謝山有啓發之功，殆不爲過矣。

　　又，錢謙益，雖爲貳臣，然其降清事，隱曲究竟如何？未有定論，故此
姑不論其人格，而其學則確然有不可抹殺之處。錢氏學問閎博，考據精詳，
其成就之最大者在於史學，爲明萬曆年間史官，雖後來變節，而中國古史官
之精神，自其身猶可略觀一二。其書〈建文年譜序〉曰：

> 謙益往待罪史局，三十餘年，網羅編摩，罔敢失墜。獨於遜國時事，
> 傷心捫淚，絀書染翰，促數閣筆，其故有三：一則曰實錄無徵也。
> 二則曰傳聞異辭也，三則曰僞史雜出也。……迄今不言，草亡木卒，

〔註4〕元亡，危素趨報恩寺，將入井中；僧大梓云：「國史非公莫知。公死是死國之
　　史也。」素以是不死。至於明代掌故，莫有詳於梨洲者，梨洲不赴史館之召，
　　卻又不忍舊朝遺事終被湮埋，故弟子萬季野銜命而出，藉一草野以定一朝之
　　史，否則亦是死國之史也。

祖宗功德，泯滅于余一人之手，魂魄私憾，寧有窮乎？（《有學集》）
是可見其以揄揚至德爲己份內應盡之責，史官之精神，憂心信史之不得傳，
已慮實錄無徵，又恐傳聞異辭、僞史雜出，故具不辟時畏禍、抵死奮筆，義
無反顧而忠實傳史之情表露無遺。

又其言曰「謙益舊待罪太史氏，竊取書法不隱之義，作爲行狀。其或敢
阿私所好、文致出入，曲筆以欺天下後世，不有人禍，必有天刑。」（《初學
集‧故禮部尚書諡文肅王公行狀》）可見其以秉筆直書爲史家之所當務，絕不
可因個人之阿私而有所出入也。此外其言如楊漣墓誌銘云：

> 謙益苟畏禍懼恐，沒而不書，則舉世無有知之者矣。（《初學集‧都
> 察左副都御史諡忠烈楊公墓誌銘》）

又如：

> 今老矣！其忍畏勢焰、避黨讎，自愛一死，以欺天下萬世？……蘇
> 子瞻之狀司馬君實曰「非天下所以治亂安危者，皆不載。」謙益猶
> 是志也。（《初學集‧特進光祿大夫極殿大學士孫公行狀》）

在在均可見其大公至正之精神，秉史筆、操斧鉞權，以褒貶一代之歷史；其
不憂時畏禍，不曲意奉承，不阿私所好，意在創垂一代之信史。蓋錢氏之於
萬曆、天啓、崇禎年間，名隸東林，領袖群彥，名重天下，儼然清流也。

又，清初強調實事求是之實學精神，而錢氏史學之最爲後人所稱道者，
爲其力主求實求眞之歷史考據學，有曰「君子有志於史事者，信以傳信，疑
以傳疑。」（《初學集‧書致身錄考後》）又「傳疑傳信，良懼厚誣前人；知我
罪我，庶幾俟諸百世云爾。」（同上，〈太祖實錄辨證五〉）因此近人或以爲是
司馬光、李燾後之一人，清代乾嘉史學即繼承此一精神，而著重窺探往事之
眞相。〔註5〕且其與浙東史學之講究徵實、力求覈實態度，亦若合符節。因此
錢謙益殆亦開清初學界傳實之風氣者。

牧齋論撰史，有曰：

> 先以國史，證之以譜牒，參之以別錄，年經月緯，州次部居，於是

〔註 5〕龔鵬程《思想與文化》（業強出版），第一章「危機時代的中國文化史學」之
　　　　註三十三，謂：「我讀牧齋所撰史考諸書，深覺他有三點值得稱道處：一是史
　　　　學經世的觀念……二是有民族思想……三是追求事實的求眞精神……他這種
　　　　態度，在今視之，固屬尋常，可是在史學史上，卻是司馬光李燾之後一人，
　　　　清代乾嘉史學，主要就繼承了他這種精神，著重於窺探往事的眞相，也是清
　　　　末民國史學的主潮。」

開國功臣之事狀粲然矣。(《初學集・序皇明開國功臣事略》)

又曰：

> 史家之難，其莫難於真偽之辨乎！史家之取徵者有三：國史也、家
> 史也、野史也，於斯三者，考覈真偽，鑿鑿如金石，然後可以據事
> 跡定褒貶。(《有學集・啓禎野乘序》)

而此一博徵泛覽之精神，與全祖望之言亦每有相合之處，全氏曰：

> 予詳節公文集中諸事跡，合之侍御所作家傳，并諸野史之異同，參
> 伍考稽，以為公神道第二碑銘。(〈忠介錢公神道第二碑銘〉)

則此參之家史、野史，愼覈其實之態度，兩人為若合一轍也，故全氏固不齒
其為人，惡其大節有虧，然亦不得謂其言非不易之論也。

再者，錢氏之史學富於經世思想。蓋以經學取代理學之主張，明末錢謙
益已經提出，其在明亡以前所撰《初學集》，即指出宋明以來之道學、即所謂
理學，並非儒學正統，而是猶如八股時文之「俗學」(〈答唐訓導汝諤論文書〉)。
且其反對離經而講道，其論經學、史學之宗屬關係，曰「《六經》，史之宗統
也。」(《有學集・再答杜蒼略書》) 已提出《六經》中皆有史之主張。而清初
學者，與之同時之亭林、梨洲、萬斯同……等，亦正是發展此一反對離經講
道，及《六經》中皆有史之主張，進而演成清初以經學取代理學之巨流。再
者，其《初學集》中表揚節義之文章不一而足，亦是自其經世思想而發。故
錢氏史學所寓強烈之觀古鑑今思想，對清初史學界一亦不得謂之毫無影響矣。

此外，清初之有志於《明史》者，又如戴名世。戴氏酷嗜史學，自幼即
發周秦漢以來諸家之史，俯仰憑弔、好論其成敗得失；尤留心於明朝文獻，
傾數十年之力，蒐求遺編、討論掌故，欲以獨力完成《明史》。其於〈與余生
書〉稱明季三王年號如宋末之二王，為撰史者所不可廢，以此而為都御史趙
申喬所糾，論死，齎志以沒。其〈與余生書〉曰：

> 昔者宋之亡也，區區海島一隅，僅如彈丸黑子，不踰時而又已滅亡，
> 而史猶得以備書其事；今以弘光之帝南京，隆武之帝閩越，永曆之
> 帝兩粵、帝滇黔，地方數千里，首尾十七八年，揆以《春秋》之義，
> 豈遽不如昭烈之在蜀、帝昺之在崖州？而其事漸以減沒，……至於
> 老將退卒、故家舊臣、遺民父老，相繼漸盡，而文獻無徵，凋殘零
> 落。使一時成敗得失，與夫孤忠效死、亂賊誤國、流離播遷之情狀，
> 無以示於後世，豈不可嘆也哉！終明之末，三百年無史，金匱石室

> 之藏，恐終淪散放失，而世所流布諸書，缺略不詳，毀譽失眞。嗚
> 呼！世無子長、孟堅，不可聊且命筆，鄙人無狀，竊有志焉。(《戴
> 南山文鈔》)

是其感於晚明史事之殘闕零落，或湮滅不傳、或在明昧之間，故欲秉如椽史
筆，以記載一時之成敗得失，或孤忠效死、或亂賊誤國，故其所作碑銘傳記，
亦皆奮筆於發明沈屈，表章幽隱，此其孤懷宏識也。而其所賦予南明三王之
正統，亦影響後世史家之不得不正視之、且極力發揚之，如全祖望即其一也。
並且戴氏以言南明觸禍夷族，而全氏竟不以其事爲殷鑒，反之，終其身致力
於發揚之、光大之，則更是此一精神之發揮也。

　　再者，戴氏論史曰「夫史者所以紀政治典章因革損益之故，與夫事之成
敗得失、人之邪正，用以彰善癉惡，而爲法戒於萬世。」(同上，〈史論〉) 其
濃厚之經世思想，於是可見，故亦爲清代浙東史學強調以史爲鑑、觀古鑑今
等史學觀念之同一聲氣，而爲清初普遍重視經世思想推波助瀾也。

　　又，潘耒，潘檉章之弟也，其兄亦以纂修《明史》死，風節猶在，又與
亭林遊，故潘耒之治史，亦著重匡時救世，有謂「凡爲史者，將與明著一代
興亡治亂之故，垂訓方來。」(《遂初堂文集‧寇事編年序》) 又曰「史家大端，
在善善惡惡，所謂誅奸諛於既死，發潛德之幽光者，其權至重。」(同上，〈修
明史議〉) 凡此之論，不惟具有法戒萬世之垂訓意味，且其所言者，寧非全祖
望之所行者乎？寧非全祖望所終身奉爲圭臬者乎？其言又曰：

> 貞臣烈士，天地之正氣，身可殺，名不可泯，故有身膏齊斧，爲世
> 大禁，而兒童婦女，猶樂道其姓字者；然載筆之士，往往拘於忌諱，
> 致使不登志乘，不列簡編，歲月浸久，或遂湮滅無聞。(同上，〈殉
> 國彙編序〉)

而此則亦全氏之嘆也，亦全氏之所以甘冒大不韙，不懼斧鉞之誅，勁風剛節，
一往情深於表章貞臣烈士之緣由也。

　　潘氏之〈貞臣錄序〉又曰：

> 古之良史，於賢士大夫，德業炳著者，既爲立傳，至如奇節至行，
> 一事而足垂千秋者，則別爲敍述，如《後漢書》有〈獨行傳〉，《唐
> 書》、《宋史》並有〈卓行傳〉，五代史有〈一行傳〉，皆其例也。

而謝山撰作《鮚埼亭集》，在表章先烈之外，凡奇節卓行者，如孝子、如廉吏、
如仗義好古之士、如烈婦，甚至有其德足稱之歌妓者，亦皆爲表章，且以爲

《明史》當詳列一傳，以表章一朝之彤管，凡不失陰教之正，有光前史者，
皆以爲在所當表揚之列也。

　　此外，潘氏論治史當具徵實態度，曰：

　　　　作史猶治獄也。治獄者，一毫不得其情，則失入失出，而天下有冤
　　　　民；作史者，一事不核其實，則溢美溢惡，而萬世無信史。故史筆
　　　　非難，博聞多識爲難；博聞多識非難，參伍而折衷之爲難。(〈國史
　　　　考異序〉)〔註6〕

凡此之言，不啻代清初發揚徵實學風者立言也，而全祖望又不啻此言之躬行
實踐者。蓋博聞多識、參伍折衷，即全祖望所奉爲治史之準則，是以聞潘氏
言，而全氏之實踐躍然紙上矣！則潘氏亦生乎謝山之前，而於謝山治史有所
揚厲者也。

　　再者，湯斌亦致力於《明史》，嘗有言曰：

　　　　明末寇氣既張，蹂躪數省，或銜命出疆、或授職守土、或罷官閒居，
　　　　以至布衣之士、巾櫛之婦，其間往往有抗節不屈、審議自裁者。幸
　　　　遇皇上扶値人倫，發微闡幽，而忠魂烈節，猶有鬱鬱寒泉之下者，
　　　　則後世何勸焉？伏乞敕下各地督撫，確訪奏聞，併將實蹟宣付史館。

　　　　(《湯子遺書‧敬陳史法疏》)

其「在史言史，不識忌諱」之史家天職精神，亦令人起敬。且湯斌以此疏見
忌，幾於獲罪，則其欲發微闡幽，勸慰忠魂烈節之鬱鬱寒泉下者，對於浙東
史學之務力表章忠節，當亦不無激勵作用。

　　至於吳炎、潘檉章之以治《明史》死，亭林輓曰「一代文章亡左馬，千
秋仁義在吳潘。」(〈汾州祭吳炎、潘檉章二節士詩〉)亦可見其凜然勁節，故
雖其壯志未酬之足惜，而其史家精神所煥發之光輝，亦可昭垂後代矣！〔註7〕

　　觀乎上者，諸多有志於《明史》之史才，皆爲殘明史事而死，其所發揚
之中國史家天職，褒善貶惡而不忍忠臣義士耿耿精忠終被沈埋，遂至以身膏
齊斧，爲世所慟！然而諸多前車之鑑，不足以動搖全祖望前者仆、後者繼之
大無畏精神，反而更激奮揚厲之；其傷夫文獻凋零、感夫義士寂寂，而遂義

〔註6〕《遂初堂文集》未之得見，故上引有關《遂初堂文集》者，皆轉引自杜進運，
　　　　《清代史學與史家》。

〔註7〕本節關於戴名世、潘耒、湯斌之史學思想及其言論，多參考杜進運著清代史
　　　　學與史家中此三人之史學概述，不敢掠美。

無反顧矢志於攖虎威、拔逆鱗之史家精神，實為中國史家之光輝，亦無負於青史者也！

此外，浙東史家萬季野，其秉夫梨洲之教，而亦博聞強識，尤長於史，凡歷代制度沿革、人物，莫不洞然腹笥；于有明各朝實錄，幾能成誦，野史邸報與家乘，復多涉覽；清廷開「明史館」，徵梨洲不起，乃延季野。萬氏為鄞世家，其先世多以忠節儒術著，其父萬履安嘗追隨魯王，故季野父師之教，義不食清祿，而於前朝國史之重，又不能坐視，因以布衣參史局，纂修《明史》。

季野既精熟明史，治史尤多特識卓見，如突出史事徵實、史料甄別（此於前論已多論述，故此處從略），又能闡明圖表之重要性，其以為表者，乃所以通紀傳之窮，表立而後紀傳之文可省，故謂讀史而不知讀表，非深於讀史者也。於此，謝山亦有深入之發揮，留待下文再討論。再者，季野所撰《宋季忠義錄》、《六陵遺事》、《兩浙忠賢錄》、《明季兩浙忠義考》等，或表章忠烈、或追述鄉邦文獻，且曰「吾郡人才，至宋而盛，至明而大盛，近者鼎革之際，更有他邦所不及者，是不可無以傳之。愚嘗有其志焉，而苦力不能也。」（已見於第二章）則又不啻開謝山文獻學之先河。

又，邵念魯，亦浙東名家，其畢生致力於鄉邦徵信之史實，所著《西南紀事》、《東南紀事》，均言當代史實，所撰《思復堂文集》，更是保存鄉邦文獻。雖謝山或譏其固陋、謬誤，然亦謂之「甚欲表章儒先，發揚忠孝，其意最美。」（〈答諸生問思復堂集帖〉）則念魯鄉先賢之精神濬發，於謝山當亦不無作用。

總上所述，清初史學界之風氣，為經世思想與徵實精神之普遍獲得重視。其時遺老悲慟猶在，故多致力於殘明遺烈之發揚與舊朝國史之纂輯，期在鑑今戒後，故重維護名教，以垂訓後世，並徵存一代文化。於時雖多有以此致禍者，然前仆後繼，而史家之神聖使命，亦遂於斯畢現。是以無視於刀斧加身、無視於窮蹇困阨者，十步芳草，必有其人。而前車之鑑，雖或有噤若寒蟬者，卻亦不乏愈挫愈勇、立意發揚者，全祖望即此中國傳統史家光輝之充分表現。其有感於前朝遺事遭到湮沒，一代賢奸之迹晦暗不明，又疑信相參，使信史不得傳遺後世，故累唏長嘆而情不能已，是以積極蒐訪之、表章之，忌諱在所不計也。故錢賓四論謝山曰「並重文章氣節，植本於躬行，發皇於文獻，而歸極於事業。……以性靈之真，情感之不可已者為之基，由我以達

之外，與博雅尚考證者異途。」(《中國近三百年學術史‧第七章》)因此謝山
在清初之史學界，繼承前賢神聖之史家天職，在前賢光耀史冊之精神瀋發下，
開闢榛榛，爲南明史闢一坦途，使後起之士，猶得窺此可歌可泣、驚天地而
泣鬼神之忠臣義士事蹟。其文感人至深，讀其文至涕零淚下者有之，天地間
浩然正氣亦沛然充塞而磅礴矣！

第三節　理學之影響

　　謝山在一片考據聲中，堅持其史家崇高之理想，無視於富貴利達，無視
於危亡加身，故能爲南明史闢一坦途，並使浙東鄉先輩之凜然氣節登著史冊，
照耀後世。固然其先世忠孝傳家，清廉自守，家風之影響，使謝山愼其所趨，
澹泊寡營，唯欲發揚先人之光輝，持而勿墜其門風；並且感於南明事蹟之感
天動地、故國遺老之抗志高蹈，夜氣方回，傷此大節之不得傳；且夫諸多史
家之履仆履起，置個人死生榮祿於度外，彼能，己何獨不能？是以履危蹈亡，
亦在所不顧也。然而此家風之影響、先賢之揚屬，皆由外鑠也，易言之，此
等精神固然能激發出謝出之見賢思齊，卻不足以形成其史學取捨標準；必其
中有主宰，而後有其取裁。是以決定《鮚埼亭集》之爲一部以表章先賢先烈
爲主之史傳者，乃是謝山有諸中而形於外之忠孝節義觀念。察乎上者，則浙
東史學之由理學而史學，無寧更能影響謝山之形成取捨標準，成爲內在心中
之史學思想，並經由對此忠孝節義之發揚，以勸善懲惡、鑑今戒後也。是以
本節復就理學之於謝山影響及其思想之涵養化成，加以討論。

　　浙東一帶在程頤之學傳入以前，已自有理學發展。有宋一代，浙東學術
以四明、永嘉、金華等地之學風爲盛，方儒林猶草昧、濂洛之徒方萌芽時，
慶曆五先先已與安定、泰山遙相應和，講學四明間；宋室南渡以後，淳熙四
先生出，復大昌聖學句餘間，爲海邦開群蒙，一時之間，人文薈萃，浙東學
者遂多躋身儒林。而四先生主要傳陸學；永嘉九先生傳洛學、兼傳關學；史
蒙卿、黃震傳朱學；王應麟則以呂學爲大宗，故浙東理學千門萬戶，不限於
一家一派。已詳見於第一章所論。而要之，有宋一代浙東學術蔚蔚乎稱盛。
爰至有清，梨洲承蕺山「證人書院」之傳統，由理學走向史學，浙東史學遂
由此而發達。而往昔理學家重在進德，主於躬行實踐，其弊在其末流易流於
空疏；浙東史學則矯之以博綜、實證以及經世致用，故能免於斯累。

是以浙東史學以理學爲體，史學爲用；而得君行道，兼善天下，以國家興亡爲己任，置個人死生於度外，乃傳統儒者之一貫職志，浙東學者尤多勇於抗時忤俗、不徇風趨，其返之心安，輒一往不顧，故此尤爲浙東史學之精神氣象。而全祖望於浙東史家中，又最能表現浙東史學之精神者也，此以其對於理學之有絕深造詣也；謝山私淑於梨洲，梨洲爲理學大師，謝山又續纂梨洲未完成之《宋元學案》，是以希聖希賢、忠孝節義、道德心性之於謝山，其涵養可謂深矣！故謝山撰爲《鮚埼亭集》，可謂由內達之於外，不僅由於外鑠因素，更由於內在其心中之思想意識，以爲不如是，則心不安、則枉爲史家，故立意於發幽闡微，以表章一代節義。

朱熹嘗謂「浙東學者，多子靜門人，類能卓然自立，相見之次，便毅然有不可犯之色。」(《宋元學案·槐堂諸儒學案》) 又謂「浙東學者，皆有爲己之功，持守過人。」(〈淳熙四先生祠堂碑文〉) 以四先生爲例：

> 慈湖先生平生履踐，無一瑕玷，處閨門如對大賓；在闇室如臨上帝，年登耄耋，兢兢敬謹，未嘗須臾放逸。(《宋元學案·慈湖學案》附錄)

袁燮則重明心、而不遺見聞，曰：

> 學者當通知古今，若但慕高遠，不覽古今，最爲害事。(〈絜齋學案〉)

又曰：

> 人心與天地一本，精思以得之，兢業以守之。(同上)

舒璘亦重躬行，有言曰：

> 吾非能一蹴而至其域也；吾惟朝夕於斯，刻苦磨厲，改過遷善，日有新功，亦可以弗畔云爾。(〈廣平定川學案〉)

又袁燮狀沈煥之行實，謂之：

> 寧終身固窮獨善，而不肯苟同於眾；寧齟齬與時不合，而不肯少更其守。凜然清風，振聾頹俗。使時見用，必能震朝廷之綱，折奸回之萌，屹立中流，爲世砥柱(同上)

則四先生之制行大醇，可見一斑，故能化俗成善，而如風行草偃也。浙東本僻於海隅，文教難宣，而四先生之傳陸學學脈於浙東，遂使四明後進之士，瞭然於天人性命之旨，進而蔚爲文教之邦。

四先生不僅以持守爲本，並且從事於擇識以輔之，雖慈湖稍近於頓悟，然亦針對當時學者之沈溺章句、積重難返而立言，故彼等皆能以聖學持守砥

礦，並閱覽博考、通知古今者。此外，洛學、關學、朱學、呂學之於甬句學者，並皆有化成之功，是以四明學者正亦不敢於方寸澄然之後，怠其格物致知之務，故能不流於頓悟，亦不墮於支離。因此浙東自宋明清以來，成爲學術重鎮，其傳衍聖學、昌明理學，使之光被海隅，功在儒林也。

而謝山生於浙東，深受地方學風之影響，有言曰「吾鄉自宋元以來，號爲鄒魯。」（〈槎湖書院記〉）故其亦深於理學，並且無門戶之見，去短集長，和同受益，以良知爲足振章句訓詁之支離；又以格物躬行救墮於狂禪之不返，故能從事於有本之學，不惟砥礪操守，並且泛觀博覽。謝山之博學、立身制行，亦不失宋明理學家之矩範。

清初，明末諸遺老激於世變，反對王學末流，力斥心性空談，故返回程朱，唯多主於章句訓詁、文字講論。是以乾嘉考據學本緣於批評王學末流之空疏學風，與對於八股時文之反對而來。然程朱之學既獲頒爲正學，功利所在，學者爭趨，故往往囿於科舉取士，沈溺於富貴利祿，遂又流於泛濫章句，以讀書訓詁爲事。是以李穆堂復盛推陽明，主於王學躬行實踐之精神，推求事功之發見。蓋儒學必有體有用、內聖外王，方能證其踐行之圓滿，此固非王學末流所及見，亦非宗程朱者陷溺章句、流於紙墨講誦者之所能及。是以錢穆謂曰「厥後章實齋論學頗采穆堂……而自謂推本於陽明，此爲清學一伏流，要之與尚訓詁、考訂書本之學判然不同。」（《中國近三百年學術史·第七章》）蓋能無所偏廢，方爲儒家眞精神也。而謝山雖不主於門戶之爭，卻能和同受益，繼承此一精神，體用兼備，既重視理學心性涵養、躬行實踐之踐履精神；復看重經世致用之推極於學術，不尚空談、亦不專營考據。故能以徵實考信之博學實證爲基礎，而發揮實踐精神，以維持宇宙間名教，此即謝山之從事於有本之學也。

實齋〈答邵二雲書〉嘗曰「夫子之教，必使言行相顧。宋儒鑿空，說理解經，不能無失，而其所以不可及者，綱常倫教，不待象數而後明者，莫不躬行實踐，以期於聖賢也。」（《文史通義》）易言之，即謂「理學」之最有功於儒統者，在於期至聖賢之綱常倫教扶植與其躬行實踐也。而此即浙東史學由理學而史學所表現之最大特色，亦全祖望之樹異於當時其他史家，且爲《鮚埼亭集》所不同於其他史纂、史考，展現出爲社會扶名教、植綱常，勸善懲惡之史學特色也。

因此以道德仁義與聖人之體用兼盡爲政教之本，此宋儒之所以自立其

學,亦其所以殊異於進士場屋之文、與夫山林老釋之獨善其身也。故謝山曰:

> 士子束身敦行,未有不守禮教而能至成立者。泰山、安定二先生,
> 所以能啓兩宋文明之盛,由於立教之有法也。(〈端溪講堂條約〉)

又曰:

> 嗚呼!古來喪亂,人才之盛,莫如季宋。不必有軍師國邑之人,即
> 以下僚韋布,皆能礪不仕二姓之節,然此則宋人三百年來尊賢養士
> 之報也。(〈九靈先生山房記〉)

其並以為《元史》之〈一行傳〉中人物纍纍相望,非元所以致之,而是「宋
人之流風善俗,歷五世而未斬,於以為天地扶元氣歟!」(同上)而明亡,浙
東抗清之慘烈,謝山亦曰「嗚呼!桑海之交,吾鄉死國者六十餘人,遂為忠
義之邦,此固出於三百年之教化。」(〈祭甲申三忠記〉)是以謝山之所以重視
理學涵養教化,即以其能屬風節、崇禮義,而於生死存亡關頭處,表現出疾
風勁草、板蕩忠貞之君子節也。

是故謝山極重尊賢崇儒,前述其嚴課諸生,對於後進之提携教導,殷切
之情,溢於言表,此即所謂養士也;而其祠祀鄉賢,亦由來有自。謝山撰〈晦
翁學案〉,附錄曰「六年,(晦翁)知南康軍,立濂溪祠,以二程配;別立五
賢堂,祀陶靖節、劉西澗父子、李公擇、陳了齋,復白鹿洞書院。」而在四
明有同谷山,乃謝山族祖侍郎之賜塋也。其地嘗為陳塤所世居;王深寧墳壟
在焉;黃東發亦嘗避地其間,故謝山父吟園為剪三先生神位,令謝山祀之。
謝山因請改作同谷三先生書院,配以族祖侍郎,且曰「古之學者,必釋奠於
其鄉之先師,予家父子之為此,亦猶行古之道也。」(〈同谷三先生書院記〉)
此外,謝山之主蕺山書院,為劉蕺山設奠於影堂,並以其弟子從祀;主端溪
書院,亦釋奠於陳白沙,並議定從祀諸人。其意皆在使後進之士明夫學統迢
遙,知夫尊師重道,以繼承學統也。是以謝山之為此,不獨行古道也,實亦
受宋儒之影響,繼承其所作為,取其教化後世之意也。

再者,〈滄洲諸儒學案〉附錄,朱子為跋〈程董二先生學則〉,曰:

> 道不遠人,理不外事。故古之教者,自其能食能言,而所以訓導整
> 齊之者,莫不有法。……彼其學者,所以入孝出弟,行謹言信,群
> 居終日,德進修業,而暴慢放肆之氣,不設於身體者,由此故也。

故謝山之以經世思想寓乎史學者,亦期於法戒萬世也,期於入孝出弟、行謹
言信、德進業修也,即所謂「道不遠人,理不外事」也,因此藉史以明道、

寓理乎其中，以垂訓後世，以扶值人倫綱常，即謝山之史學也。

又，謝山之言曰：

> 嗚呼！桑海之際，吾鄉號稱節義之區……年來文獻脫落，雖有奇節，不能自表於忌諱沈淪之下，遂與亳社聲靈同歸寂滅。予每爲梓里前輩罔羅散失，……輩之行實漸以表章。（〈貞愍李先生傳〉）

明亡，崛強山海，寧殺身而不願事清者，以浙人爲多，故謝山又曰「浙東列郡並起事，事敗之後，獨吾鄉山寨海槎，相尋不息。諸義士甘湛族之禍，敢於逆天而弗顧，卒延翁洲之祚。」（〈忠介錢公神道第二碑銘〉）且但視清廷以浙中大逆累出，詔罷浙江春秋貢士，並設觀風整俗吏加以警飭，即可想見當時抗清之慘烈悲壯。然此忠烈大節，欲高壓之、懷柔之，以徹底摧殘漢人民族意識之清人，豈能容之？無怪乎沉淪、寂滅矣。

然而，理學乃所以教忠教孝也，人倫大節，豈能坐視湮滅？是以謝山曰：「忠孝者，天地之元氣旁魄而不朽者也。」（〈明妻秀才窆石志〉）故他立意表揚之，刀斧不懼也。其言曰：

> 嗚呼！古今賢愚，總隨大化以俱盡。即鏡川之坏土，今亦鞠爲荒邱。惟是殉國之大節，閔忠之古道，天荒地老，終於不朽。（〈楊氏葬錄序〉）

又曰：

> 當日之搶攘，人力莫施。豪傑之士，不過存一穴胸斷胆之念，以求不媿於君臣之大義而已。不然，遠揚而去，又何不可？而必以身殉之乎！（〈明晦溪汪參軍墓碣〉）

蓋謝山心中認爲惟忠與孝，可以歷百世而不泯，「士必臨大節而不可奪，然後謂之不俗。」[註8]「忠義者聖賢家法，其氣浩然長留天氣間。」（〈梅花嶺記〉）且如陳默堂所言「吾知上不負天子，下不負所學而已，子孫榮枯，不暇計也。」（〈默堂學案〉附錄）而甬句一帶節義之士，雖桑海波沉，家門蕩盡，猶固守皐羽、所南之節，殆如謝山之言：

> 三旬九食，十年一冠。故國公相家之子弟，豈敢望繡衣肉食？而零丁寒餓，出門輒礙，不得不委蛇於塵俗之中，寓清於濁，寓醒於醉，皇天后土，可以諒其艱貞之志。（〈贈錢公子二池展墓閩中序〉）

〔註8〕此係謝山在《鮚埼亭詩集》，卷二，〈漳浦黃忠烈公夫人蔡氏寫生畫卷詩〉序中所引山谷之言。

而此首陽之節、耿耿之心，卻因文獻淪胥，後世無有知之者，是以謝山不僅廣搜博羅，爲文以表之，且欲築祠寧之湖上，以祠祀此忠義烈士，亦其言「是亦扶忠義以勖長吏之一助也。」（〈明兵科都給事中前知慈溪縣江都王公事略〉）全氏處太平盛世，士各有分，故其所爲已是教忠教孝、表揚忠烈之極矣。

而全氏之積極表章忠烈，固然不忍坐視先烈苦心芳躅之湮沒不聞；其於反覆叛臣、或易姓之間不能仗節者，亦爲揭而出之，則是所以鑑戒後世也。此其務在「使天下爲父兄者，弗爲敗行，以貽子孫之戚。」（〈七賢傳〉）其言曰：

> 丙戌而後，吾鄉所最不齒者，無如故太僕謝三賓，其反覆無行，搆殺故國忠義之士無算……；有四孫……，皆善讀書，聞其大父之事，黯然神傷，自是遇故國忠義子弟，則深墨其色，曲躬自卑，不敢均茵，以示屈抑。（同上）

清議之重如此，則如謝山所言三百年之教化也。且如是則孰敢於不忠不義？鑑在後人，自當審其所趨也，勿貽其羞也。

又謝山曰「吾鄉當改步之時，足稱忠義之區。其幸而不死者，皆不媿於古之逸民。」（〈朋鶴草堂集序〉）故有時謠曰「昔日夷齊以餓死，今日夷齊以飽死，只有吾鄉夷齊猶昔日，何怪枵腹死今日。」（〈錢蟄菴徵君述〉）蓋浙東地區，理學特別發達，故其操守亦特別節烈。而謝山於此抗志高蹈、固窮守節之遺民及其子弟，其所以特別表達崇高敬意者，亦由其理學思想、忠孝節義觀念之所旁魄激盪也。

至於忠與孝，皆人間大倫，本無可軒輊也；唯節烈之事，每以激昂慷慨，震蕩耳目，故易於流傳，家庭庸行則多易受忽視，故於孝德懿行，謝山亦汲汲表揚之。蓋求忠臣必於孝子之門，爲人臣而不盡孝於家、卻能盡忠於國者，未之有也；故謝山於孝德之培養，亦不遺餘力，《宋元學案》、《鮚埼亭集》中，謝山固多表揚孝行者也。

先論謝山對於「奪情」說之放廢孝道，批判最力，其謂：

> 臣子奪情，不得持服，是必有不得已之故，今假口於祖在不爲三年之喪，而竟晏然居官，是自奪其情也。夫以古人著禮之意而言，不惟其文，惟其實，即令爲三年之喪，而實不至，亦何當於禮？然以國家一定之制而言，則似不容有參錯者，愚故以爲直當改定舊禮，不問祖父在否，皆行三年之喪。（〈請考正承重服制議〉）

是其對於居官者隨意假口於奪情，而遂晏然不爲父母持服居喪、或實際上並無此孝心者，皆痛加貶斥。吾人亦不得以今非古，執今日之時義以格古人之所行，而要揆諸當時禮法，察其行實是否合乎當時禮義？故全氏所論對於貪圖富貴、耽溺逸樂者，不啻當頭棒喝，爲確能維護孝道者也。而《宋元學案》所著錄《疊山文集》亦有謂「某親喪未克葬，持服未三年，若違禮背法，從郡縣之令，順執事之意，其爲不孝莫大焉。元以道德仁義治天下，取士必忠孝，人有不葬其親而急於得君者，人心何在？天理何在？非聖君賢相所忍聞也。」（〈存齋晦靜息庵學案〉）是又不得謂此非謝山深受理學涵養浸漬、深入其心，故有諸中形於外者也。

此外，《宋元學案》之謝山著錄孝行者，屢見不鮮，如〈安定學案〉，徐積三歲而孤，「太夫人使讀孝經，輒流涕不能止。」事母至孝，「應舉入都，載母以從。」「母歿，廬墓三年，雪夜伏側，哭不絕聲。」後薦爲孝廉。於此，謝山均致其景仰之意也。故當謝山不幸連遭父母之喪，應行後喪二十七月之期爲滿喪，然謝山以私心未安，又以體制有限，乃行心喪至五十四月，以此而遭鄞令及提學所糾，謂其於律不合；唯謝山曰「不孝以爲是在人子自返其心，苟其心之痛已盡，則除之可也；如其未盡，雖引而申之以至五十四月亦可也。……乃寶元中，王恪以父母相繼不祿，乞持五十四月服，而仁宗特許之。則事固有可變通，不盡泥也。」（〈心喪箚子答鄞令〉）故謝山對於漢代風俗，丁艱每以日易月，鮮有執喪三年者，廷臣尤多避劇就閑，責以「予謂古人惟金革重事始奪情，豈有反置之清散之列者？漢人不學無術，此其一也。」又言「近者詞臣丁憂，多令在南書房供奉，但不食俸耳；江陰楊文定公言之天子，遂皆令終喪，斯之謂以孝治天下。」（〈漢司隸魯峻碑跋〉）是其對於孝道淪喪深感痛心，故於楊文定公之復倡孝道，特爲表而出之，並稱美天子能以孝治天下。蓋能以孝治天下者，民德歸厚矣！民俗不爲澆漓也！是以謝山願爲晨鐘、願爲暮鼓。

因此，謝山對於服內生子，〔註9〕更是深惡痛絕，其〈與友人絕交書〉曰：

> 當是時，麻衣菲屨，頭顱亂髮，斬斬長三五寸，西階殯所，噫咳如聞慈寢，哭聲淒其未絕。而乃以代哭之閒，合歡同夢。……稍知廉恥者，或尚有所不爲，此蓋夜氣之存，蛛絲馬綫，一息未絕。天地

〔註9〕所謂服內生子係指未滿喪而生子。

所以不崩裂，人物所以不滅亡，而別於禽獸之幾希者。

又曰：

> 昔嘗謂宋元凶劭弒父弒君，天地閒何以有此亂臣賊子？及讀宋書，
> 知文帝以居廬中生此子，乃瞿然曰天道昭昭，一至於此。

是以謝山又曰：

> 孝子之後，必有孝子，簷溜涓滴，不可移易；則不孝之後，其有不
> 孝起而報之，覆宗絕祀理所固然。

故自唐宋以來，服內生子之不可，皆載之律文；獨明太祖起於草莽，所著孝
慈錄，謂古禮不情，遂削去此條。謝山因深詆其不知詩書，且認爲當時大臣
若劉基、宋濂輩，竟不知引君當道，力爭以摧其說，故謝山謂宜乎萬季野以
之爲「一時小儒」，爲無復人心。而謝山之言「所貴乎聖賢者，植天經，扶地
義」，（同上）則謝山所爲，正是行此道也，亦闡人倫、勵風俗者也。

又《鮚埼亭集》並多褒揚循吏、有惠政者。蓋居政而有直聲，勤政而能
愛民，是有兼善之志也，且其影響於百姓者，極爲深遠，所謂舜耕於歷山，
而民讓畔也。《宋元學案》錄呂紫微《童蒙訓》亦謂「不卑小官，居一官，便
思盡心治一官之事，只此便是學聖人也。若以爲州縣之職徒勞人耳，非所以
學聖人也。」（〈高平學案〉附錄）此之謂盡己，亦張載〈西銘〉之謂「善述
其事」、「善繼其志」、「匪懈」者也，能成己成物者也。故如環慶大饑，范堯
夫初到，見餓殍滿路，欲發常平封椿粟麥賑之，州郡皆欲俟奏請得旨後散，
范曰「人七日不食即死，何可待報！諸公但弗預，吾寧獨坐罪。」（〈高平學
案〉）諸如此類事，謝山皆爲表而出之，即所以崇仁尙義也。

又學案中「張才叔貶象州，所居屋才一間，以箔隔之。家人處箔內，才
叔處箔外，上漏下溼，蹜屨端坐，了無厭色。」（〈范呂諸儒學案〉，清敏門人
附錄）而如此理學家之制行，實亦謝山甘於泥塗拓落、低頭仔細參取群書經
綸之寫照。宜乎謝山有節！宜乎謝山屢次辭薦；亦無怪乎孫觀察欲其自署「門
生」，謝山即自後不往，並以宋人講名節、多不肯屈於座主爲言，撰〈門生論〉
一文以斥私樹門戶者（已見於第二章），並且寧遭黜落而不赴時相之召。是以
謝山論人皆首重節操，如謂：

> 以拾遺之才，自足千古，何以不自愛惜，呈身武后之朝，貢諛無所
> 不至。丈夫之文，婦人之行，可爲浩嘆。（〈唐陳拾遺畫像記〉）

且謂：

　　　　竊嘗平而論之，歷代當搶攘之際，乘時而起，所在多有，要當視其

　　　　晚節爲何如！斯亦論衰世人物者所不得已者也。(〈黃太傅廟碑陰〉)

是亦可知謝山論人一以氣節爲論，而其來有自，蓋由理義教化之深植心中，
其所不能抑遏也。

　　故謝山對於鄞有陸氏子者，納賄求爲監生，太守祖之，並恫喝世家子弟
一事，眾皆噤不敢言，謝山則修〈移詰寧守魏某帖子〉以責之，曰：

　　　　蓋監生者，固藏污納垢之一途也。大縣之中，歲入粟者不下千名。

　　　　蒙蔽有司，賄屬胥吏，從而涵廁其間，猝不能詰，蓋多有之。若果

　　　　有激濁揚清之當道，則乘是獄之起，并其監生而黜之，是爲大快人

　　　　心者矣。……某伏處孤蘆，于世事一切不問，區區一童子之試事，

　　　　非所與之；然使君方挾盛怒，以違清議，在陸駒或有結草之報，在

　　　　甬上諸薦紳，則有蒙面之羞。某如不言，誰復爲言之者！

是其激於俗陋，欲激濁揚清，故以慷慨激昂之正氣，抗時忤俗，言人之所不
敢言者。此其刀鋸鼎鑊之不顧，區區個人利害何足以攖其心？亦理學家之眞
精神也。

　　謝山又嘗曰「顏何人哉？希之則是。吾願過斯堂者，其勿自棄也。」(〈澤
山書院記〉)而志伊尹之所志，學顏子之所學，即理學精神也；故浙東理學之
盛行，其於謝山有陶冶化成之大功。謝山嘗曰「前代故家遺俗之盛，莫有過
於吾鄉者也。物換星移之際，其爲喬木增重者，一姓之中，大率四五人不止。」
(〈陸雪樵傳〉)此即所欲有甚於生者，殺身成仁；所惡有甚於死者，捨生取
義，故理學之於人，其作用在促使自我之提昇。固然在現實層面中其不如富
國強兵般，有顯著而直接之作用，然而使人人從自我提昇中，化成浸潤，實
現其精神價值，則其影響未可計量。故如亭林之母，太安人年六十，避清兵
常熟之郊，謂亭林曰「我雖婦人哉！然受國恩矣，果有大故，我則死之。」(〈亭
林先生神道表〉)後遂不食而卒，遺言後人莫事二姓，則其凜然大節，故國故
家均爲有光；是以亭林之堅貞，亦爲儒林之典範，其流芳千古，又豈現實榮
利所可比擬者也。再如浙東區區一海隅，力抗大兵長達數十年之久，更是此
一精神之所澎湃激盪也，而此即是所謂精神價值也、人類文明也。

　　是故謝山以爲學者應首重修德，其言曰「讀書而不善，反不如專己守陋
之徒，尚可帖然相安於無事。」(〈天一閣藏書記〉)此即中國傳統之所以講求
修齊持平人道，以其富於內在道德性，而與西方專重知識者有異，是以中國

史學之最大特性，即爲長於敍事而重視道德，〔註10〕即道統、政統、學統之結合，儒家之所謂「一體之仁」也。而人性之善善惡惡，乃秉於天者，是以史家褒善貶惡亦出於良知也，此即謝山所謂「人心是非之公，有脫略於忌諱者。」（〈錢忠介公葬錄題詞〉）亦理學家所深欲發揚之良知良能也，此則理學涵養之影響於謝山史學者也。

　　史學與理學，一在言事、一在言理，然中國史學自《春秋》以來即有所謂褒貶大法，以彰善懲惡、垂訓後世，此即史學之經世思想。而寓理於事、藉事以明道，爲浙東史學之特色，尤爲謝山史學之主要精神，因此當清初清廷兼用高壓手段、懷柔政策，以摧毀漢民族之氣節時，謝山悲此天地間可歌可泣之壯烈義行將遭湮滅，故挺身護衛之；其甘冒刀斧之禍，堅持秉筆直書以綱紀後世，此眞理學家之精神也。是故謝山史學之形成，一則感於先世之舊德綿綿，欲發揚門風；一則欲繼承先賢致力於史學理想之努力，發揮史家大無畏之精神；而最主要者，還在其內在心中之理學思想，忠孝節義之深植心中而不可移易也，故其謂「某如不言，誰復爲言之者也！」「非予表而出之，其誰更表而出之！」即皆由此一精神所激盪，是以其能秉史家一往不顧之歷史正義，同時決定《鮚埼亭集》之以發揚節義爲其主要精神。故理學之於謝山，使之志於道、勤於學，忘卻世俗營利，不恥惡衣惡食，不畏湛族之禍；而謝之於理學，亦復發揚之、光大之，於理學家所最樂道之忠孝節義事蹟，謝山皆爲表而出之。故理學與史學，激盪於謝山胸中，形成其表章氣節、發明幽隱之經世史學，而謝山亦因之成爲最能表現浙東精神之史學家。

〔註10〕詳見甲凱著《史學通論・第一章緒論》之「二、中國史學的特性」。

第四章　全祖望之史學及其影響

　　全祖望一生致力於網羅文獻、發明幽隱，其所得則薈萃於《鮚埼亭集》。是以《鮚埼亭集》一書，最能代表全氏之史學思想、治史特長。因此本章旨在藉探討《鮚埼亭集》之價值及其史學特色，以認識全祖望之史學。

　　《鮚埼亭集》所表現之時代背景，主要是在清廷高壓下諸多史實被湮滅之南明時代。其所立傳之對象，則為忠孝節義、貞臣烈士。是以本章第一節著重探討在眾多史料中，全氏如何形成其取捨標準？以及其所選擇之史料，具有何種意義？以此彰顯全氏史學之價值。第二節則探討全氏之史學特色及治史特長。由於全氏思想與理學之密切關係，故其史學主要表現出深具道德教化之特色；而其富於史識、謹於史法、長於史論、善於史裁，並皆使其成為一代名家者也。

第一節　《鮚埼亭集》之價值

一、《鮚埼亭集》之特殊時代背景

　　崇禎自縊，流寇敗竄，中原遂為清兵天下。當時滿人攻破北京，僅四十日，其平定各地，則幾四十年之久。蓋有明初亡，匡復志士不甘於屈膝事虜，潛行內地、匿跡山海，紛組義軍抗清，遂有所謂南明一線之傳，歷弘光、隆武、永曆三朝而亡。福王弘光政府首先成立於南京，唯福王貪、淫、酗酒、不孝、虐下……，而權臣阮人鋮、馬士英等復把持朝政，擅權納賄，忠貞見拒。雖僅片壁江山，卻猶耽溺逸樂、圖謀富貴，加之群閹借端肆擾，閭里騷然，未及一年，而有「揚州十日」、「嘉定三屠」之刼，弘光朝以是而亡。

　　於是清師渡江，鄭鴻逵、鄭芝龍兄弟與從子鄭彩之閩軍數萬人南移，並在福州擁立唐王，年號隆武。隆武簡樸，以雪恥復仇爲務。鄭氏一門則以鄭成功股肱左右，終始如一。而此時魯王亦監國於浙江，張蒼水、錢忠介、孫嘉績……等力輔佐之，賴海上風濤能限戎馬，其後退守舟山，然猶自保甚久。惜閩、越不合，未能共謀中原，以圖恢復，且唐王無論土地、兵力，與弘光朝相去已不可以道里計。其後鄭芝龍兄弟爲德不卒，擁兵自重，鄭彩亦跋扈，未能全心爲國；獨黃道周純忠大節，戰敗婺源，殉節江寧，從容就義，可媲美史可法。此後義師前仆後繼，徒爲忠臣義士而已，於勢則無可爲之者，遂至隆武帝后遇害，而浙東江上亦兵潰，監國魯王乘桴浮海，浙地死事極多，終至不可圖矣。

　　南明最後一朝爲桂王之永曆政府，有瞿式耜等輔佐之。唯此時勢益不可爲，顛沛流離，播遷者再，兵民無不惶恐。初，清兵來攻，式耜身立矢石中，與士卒同甘苦，是以人無叛志；其後諸將多戰死，帝賴獻忠餘黨孫可望之庇，然其驕縱無人臣禮，乃至武將挾彈乘馬，直入宮門，文吏乘輿國殿，呵之不下。永曆甚至賴孫可望歲給，而最後可望亦舉兵反，叛降清室；卒賴另一流寇餘黨李定國，李以報國自矢，效死不二，方得支撐殘局。時至永曆十五年，桂王君臣轉戰滇西異邦，勢孤無援，帝遂爲緬人所執，獻之吳三桂。定國中路邀擊，未成；乞師暹羅、車里諸國，皆不應。翌年，李定國徘徊交趾境上，忽獲永曆死訊，呼天祈死，悲痛絕食，誡部將及其子曰「寧死荒徼，不可投降！」嗚呼！如此所爲，許以忠貞大節，當不爲過矣。

　　而南明最後一線之傳則端賴鄭成功。方隆武之殁，成功母死節，鄭芝龍爲清所降，成功哭諫不從，清兵擁芝龍去。成功憤國破家亡，詣孔廟，焚儒服，自以孤臣孽子而報國仇，受永曆封，雄據金門、廈門，縱橫海上。時明遺臣義旅漸亡，獨成功與張蒼水兩軍犄角海上。其後，成功興師北伐，蒼水率師來會，爲救永曆之困，兩軍復大舉救滇。入江，奪瓜州，圍鎮江，清軍走降相繼，是爲「鎮江之捷」，凡得四府、三州、二十四縣，下游維陽、蘇常各地，亦皆待時而降，於是東南半壁震動，此即清廷所稱「窺江之役」。然終於功敗垂成，敗歸海上；成功爲求長期抗清，乃謀開拓海外，遂取臺灣，孰料卻以三十九歲壯年，未捷身死。蒼水大哭云「吾無望矣。」然猶匿跡山中，伺機而動，最後被執，氣節凜然，挺立就死。而臺灣方面，成功雖死，其子鄭經嗣立，猶奉南明正朔。故雖永曆早死，然猶一緒遙傳於海外，直至康熙

二十二年，清將施琅入臺，克塽降。鄭氏據臺抗清達二十三年之久，奉永曆朔至三十七年（1683）。

總此，南明之抗清歷時達四十年之久。其間多少忠貞之士，明知事無可為，猶前仆後繼，為民族氣節而戰，為君臣大義而戰；而清廷亦未嘗一日稍怠其戰守，是以無數闔門忠義，《鮚埼亭集》所載死事之壯烈、殉國之悲慘，每令人掩卷不忍卒讀。如：

> 順治八年辛卯九月，大兵破翁洲，太傅閣部留守華亭張公，闔門死之。大兵入其家，至所謂雪交亭下，見遺骸二十有七，有懸梁間者；亦有絕環而墜者。其中珥貂束帶佩玉者，則公也。廡下亦有冠服儼然者，則公之門下儀部吳江蘇君兆人也。有以兵死者，則諸部將也；亦有浮尸水面者。大兵為之驚愕卻步，歎息遷延而退，命扃其門。
> （〈明太傅吏部尚書文淵閣大學士華亭張公神道碑銘〉）

又如：

> 承疇知公不可屈，乃行刑。部下贊畫職方主事沈始元、總兵官蔡德、遊擊蔡耀、戴啟、施榮、劉金城、翁彪、朱斌、林樹、守備畢從義、陳邦定及公從子甲，皆死之。而公之親兵六百人，斬於妻門，無一降者，時以比田橫之士焉！公之死問至翁洲，哭聲如雷，立祠祀之。
> （〈明戶部右侍郎崇明沈公神道碑銘〉）

嗚呼！天柱不可以一木撐，地維不可以一絲擎，豈不知不可？亦聊抒其丹誠而已。尤其浙東地區義軍之盛無有過之者。自杭州經紹興、餘姚，以達鄞縣，義旗林立；四明山綿亙八百里，山寨鱗次，屹然相望；錢塘江至天目山，民寨百餘，都稱義師。唯據謝山曰「予嘗遊大蘭一帶，良屬嚴關，然在浙東天盡之處，即使大兵不以一矢相加遺，豈能有所成？故以四明為桃源，庶乎其可；欲以四明為斟鄩、斟灌，〔註1〕此無惑世人之笑其愚也。」（〈明故兵部右侍郎王公墓碑〉）謝山痛心彼無糧無餉，復無險可守，以此面對清人林立之大軍、堅甲與利兵，援絕道梗，戰事之苦，歷歷目前！如謝山載簡討錢箕仲（忠介弟）之書曰：

> 吾兵猶利，足以一戰，但枵腹枕戈，勢焉能久？城中望援，以刻為歲，南向望草飛塵起，謂此援兵來也；聞風聲鶴唳，謂此援兵來也。

〔註1〕 斟鄩、斟灌，皆古國名。《左傳·襄四年》「滅斟灌及斟尋氏。」其故城均在今山東境內。

如此又有日矣，而卒寂然，吾惟以一死待之而已。（〈明翰林院簡討
兼兵科給事中箕仲錢公些詞〉）

悲夫！城陷殉節，箕仲馬革裹屍以從兄，亦可謂各遂其志。然而死後，卻無
有能言其大節者，大學士劉沂春、都御史徐爲遠爲忠介作碑誄，皆不及弟簡
討事，斯則全祖望之所汲汲而欲表章者也。

　　揆諸當時，天下已定，海隅窮山非果有恢復之望，然而故國故君之感，
存君臣之大義於胸中，則居一室是一室之恢復也，即使寸土寸地之未有，心
中之方寸終亦不爲清人所有。是以謝山嘆曰「嗚呼！周之頑民，皆商之義士
也；而田橫之客，至敢以鬼伯詈漢，易地以觀，其揆一也。」（〈明故張侍御
哀辭〉）彼其忠臣義士空山投骨，重泉相隨，以續文文山之〈正氣歌〉，縱使
清廷稱爲大逆，然而其所表現中國漢民族之氣節，已是頂天立地，磅礴之正
氣，更足以令萬世而下昏聵者爲之張目矣！而此一史實卻由於政治因素，遭
受長埋，則豈非文化之悲乎？

　　故如前述，清廷僅以四十日即攻破北京，卻以四十年之久，消滅南明義
旅。是以深通中國文化之滿人，知降將悍卒之易治，可以武力屈服之；而諸
遺老大儒，秉不貳之志節，爲民眾之精神領袖，眾多士人儒子，雖無甲兵之
才、方略之謀，然而登高一呼，應者雲集。是以無良將善才，此南明一線殘
喘之未能成功；而丹心赤誠，此則南明之未易遽定也。故清人於平定全國後，
深知讀書人之難治，於是文網高壓之、科名懷柔之，於均不能致之大儒，則
誘以故朝遺事，纂修故史，一時之間，南明遺烈遂銷聲匿跡矣。再者，遺民
不過三代，則百年以後，恐即其遺事亦無有知之者也，斯則真志士之大慟也，
亦史家之大痛也。

　　然而現實之政治力量，並不能任意改變史家嚴正之立場，中國史家之光
輝，即在於秉筆直書，無所隱匿。是以夷考其時，雖文網正密，喜談明史而
受禍者前後接踵；謝山仍夷然不顧，口詢手纂，積稿等身，且在當時崇博雅、
尚考據之時風中，其不趨時風，飄然世外而獨樹一幟。其曰「甬上師友源流，
自昔甲於吳越，年來耆老凋喪，無復高曾之規矩。經史溝澮，俱成斷港；間
有習爲聲韻者，亦不過街談巷語之伎倆，其中索然無有，而妄相誇大；其餘
則奉場屋之文爲鴻寶，展轉相師，一望茅葦，封己自足。」（〈范沖一穿中柱
文〉）可見其於時風不滿，不屑彼妄誇聲韻者、鴻寶場屋之文者，而立意於經
史有本之學之發揚，欲以此綱紀天人，推明大道。故於眾所不敢言，清人所

最忌諱之南明時代，謝山極力褒揚之、闡發之。此則謝山之特識與其情操也。

因此謝山撰《鮚埼亭集》，內容固不以南明史事為限，凡史論、論《水經注》、答諸生問，或表揚孝子、循吏、節婦……等，皆兼容並包；然其最大特色，終在於南明史事之保存及南明遺烈之發揚，以期於後世皆能頑廉懦立也，斯即《鮚埼亭集》之主要時代背景及其有功名教也。

二、《鮚埼亭集》保存文獻之史料價值

梨洲與謝山，蓋皆致力於以碑傳為史傳者也，均立意於為碑銘樹立一崇高標準，故謝山之於碑傳，絕不輕為，必其人「忠肝義膽，卓行奇節之士，大節可爭輝日月者」，始為之立傳。且其時，清人方得鼎祚，亟欲謀得正統地位，以鞏固政權，是以首要之務，即在於消滅漢人之民族意識、廓除反滿之情緒；而消滅之法，又首在於篡改歷史。所以圖書典籍之全面整理，不免於禁燬之、篡改之；「明史館」之開館，則摒南明於正統之外，使難逃大逆之名。則生乎百年之後，傳聞異辭，孰又能得其真相？昭垂永世之信史，又何由得見？

故全祖望雖生於明亡之後，大清之盛世，然鄉里故迹，猶有存者；耆碩野老，間有未亡；其族母張蒼水之女，更屢為道及前朝忠烈；其父祖尤惓惓於前朝遺事，則於博學多聞之謝山，殆所謂「捨我其誰？」苟不亟為表白，則更待於何氏？蓋「國有以一人存者，其人亡而國不可亡，故商亡而易暴之歌不亡，則商不亡；漢亡而出師之表不亡，則漢不亡；宋亡而正氣丹心之什不亡，則宋不亡。」〔註2〕是以殘明一線之繫，或在窮山、或在海隅，雖然落日狂濤，君臣相對於僅容旋身之小舟中，共圖國是，可謂至悲之極也；然而帝昰、帝昺不失為宋統，福、魯、唐、桂王亦不失為明統。則此忠臣義士之成仁取義，忠魂耿耿，亦所謂國以是而不亡者歟！

此即謝山之拳拳服膺，不能坐視萇弘碧血之遭長埋。其言曰「亡國之際，不可謂無人也；《明史》開局以來，忌諱沈淪。」（〈尚書前浙東兵道同安盧公祠堂碑文〉）即其慨嘆於故治壓迫，以忌諱故，竟使耿耿丹心，永世沈淪。故其言曰：

> 有此忠義，獨不得豫表揚之列，然則潛德之不彰者，恐尚多也。（〈跋宋史趙雄列傳〉）

〔註2〕謝山〈跋吳稚山歲寒集〉，謂其合累朝革命之際之仗節者，自孤竹兩公子始，合為一集，題曰《歲寒松柏》，其序首之言即如上引。

又曰：

> 嗚呼！忠義之名之難居也。以同心一德如五居子，累蹶累起，履虎
> 尾而不顧，白首同歸……亦幾遭不白之誣。彼其播弄皆出於反側小
> 人之手，百世而下猶令人欲食其肉。然而忠義之人，皇天后土，鑒
> 其心曲，所謂留吾血三年而化爲碧者，海枯石爛，不可磨滅！予作
> 五君子狀，發明沈屈，其庶足慰重泉之恨也夫。(〈王評事狀〉)

可見謝山一則傷痛以政治故，大德沈淪，不能彰顯於後世，乃子孫之羞也！
一則痛恨彼其反側小人，播弄史實，混淆真相，卻位居要津，高官厚祿；故
既發幽闡微，亦揭橥謭劣，期使史實大白於後世，亦所以鑑今戒後也。

　　且夫忠貞大節，乃人間之至倫也，此尤應積極豫於表揚之列者也。故謝
山嘆貞臣烈士卓節奇行之不得傳於後世、文獻之不足徵者，在《鮚埼亭集》
中，不一而足。如曰：

> 嗚呼！乙酉而後，吾浙東諸公，蓋亦厓山三丞相之流。……今已百
> 年，杞宋之文獻，日不足徵，而都督家門已絕，莫可搜索，恐遂無
> 知者。聊據所聞而述之，使因國之史有參考焉。(〈明故都督張公行
> 狀〉)

又曰：

> 人代累更，志乘脫落，徵文徵獻，漸以無稽。遊人過之，一望林薄，
> 纍纍然墟墓橫陳，芋區瓜疇，錯綜雜遝。……叩其爲誰氏之遺，亦
> 不知也，是亦掌故之羞也已。(〈碧谿魏文節公祠堂碑銘〉)

此外，又如：

> 忠臣義士之志，竭海水不足較其淺深者此也。百年以來，遺事凋殘，
> 公魂耿耿，諒猶在丹山赤水之間，而荒城埋骨之區，莫有知者，是
> 後死者之責也。(〈胡故兵部右侍郎兼都察院右僉都御史王公墓碑〉)

凡此皆其慨嘆文獻凋零脫落、遺事明昧舛誤，故立意搜討山海遺音，網羅舊
聞，以之綴補舊史者。亦如近人杜維運所言「歷史絕不能屬於勝利者的戰利
品，……天地的元氣，歷史的真精神，往往存在於失敗者與少數人間。」(《史
學方法論・十七章》)此即全氏一生奔走，務使彼英烈聲名永垂天壤之最佳註
腳也。

　　而謝山之所務力，且不僅於尋訪舊事、供國史取裁，並慰蹈海乘桴者之
英靈；其亦積極訪求遺文，曰「予於前輩之負大節者，樂觀其遺文，蓋欲從

其語言以想見其生平風格。」（〈姜貞文先生集序〉）彼其英烈之慷慨光明，固不僅在區區著述間，然於其所著述，正亦可以窺其精神者也，所謂「寒芒而正色，英爽與之俱！」（〈題陳秋濤相國墨蹟〉）是故謝山之論先烈遺集曰：

> 諸公之可死者，身也；其不可死者，心也，昭昭耿耿之心，旁魄於太虛，而栖泊於虞淵咸池之間。雖不死，而人未易足以知之；其所恃以爲人所見者，此耳。此即諸公昭昭耿耿之心也，而聽其消磨腐滅，夫豈竟晏然而已乎？（〈杲堂詩文續鈔序〉）

又曰：

> 兵火之際，忠義之翰墨，往往難得，其幸而存者，蓋百之一。……此廣陵散之僅存者，即令斷曲單詞，皆可起愛而起敬也。（〈穉山先生殘集序〉）

是謝山以爲忠義之翰墨，乃其元氣之所激盪，無論清吟、或是變徵，皆斯文未喪之一碩果也。故謝山務力於先烈遺集之搜訪，期能爲其耿耿忠心續一線之傳。亦如實齋之言「《史記》好俠，多寫刺客畸流，猶足令人輕生增氣；況天地間大節大義，綱常賴以扶持，世教賴以撐柱者乎！」（〈答甄秀才論修志第一書〉）故謝山以爲此所以扶持世道人心者，因此其於前輩詩文之殘篇斷帙，不啻飢渴之於甘美，露纂雪鈔，必使傳世而後心安。是以《鮚埼亭集》中，凡其序、跋、題書先烈遺集者，不可勝數。此其癡心繾綣，庶幾乎采微采芝之音，終得不湮沒而後已也。

　　實齋嘗曰「文章經世之業，立言亦期有補於世，否則古人著述已厭其多，豈容更易簡編，撐牀疊架爲哉！」（《文史通義‧與史餘村》）則謝山《鮚埼亭集》可當之無愧矣！固然明清之際不乏其他史著，如以萬季野爲主事、王鴻緒爲纂名之《明史》；然季野雖亦浙東名家，亦立意於表章氣節，唯究竟是官修，不能免於政治壓力，且其後又遭纂改，史實眞象益不可問。故如謝山跋「明大學士熊公行狀」，謂「《明史》所作公傳，皆本行狀，而乙酉以後起兵之事甚略，蓋有所諱而不敢言。」又如〈明婁秀才窆石志〉亦曰「桑海之際，吾鄉以書生見者最多奇節，如所云六狂生、五君子、三義士，皆布衣也，當時多以嫌諱弗敢傳。」此外，鼎革之交尚有許多隨筆類之野史，據梁啓超《中國近三百年學術史》有吳梅村之《鹿樵紀聞》，專記流寇始末；王船山之《永曆實錄》，記永曆帝十五年間事蹟，有記、有傳；此外戴耘野之《寇事編年》；黃梨洲之《行朝錄》；萬季野之《南疆逸史》；邵念魯之《東南紀事》、《西南

紀事》⋯⋯等，皆其中較有組織及價值者也。唯是《鮚埼亭集》一書，記魯王監國於舟山，以彈丸小島繫殘明一緒之事爲主，特詳於浙東一帶之抗清；而明清之際，浙東地區之抗清特別慘烈，死事尤爲悲壯，故讀《鮚埼亭集》每令人動容淚下，民族氣節油然而生。成敗利鈍皆天也，而此眾多志士之努力，回天固然乏望，卻猶揮戈不輟，則此視死如歸、求仁得仁之精神，眞所謂重於泰山者也。

是以清廷之於浙東，亦可謂深惡痛絕也。雖然東南半壁，浙、閩、粵、桂、滇⋯⋯一帶，各地皆有抗清之義旅，然而未若浙東地區之駢聚集中。前述杭州、紹興、餘姚、鄞縣、綿亙八百里之四明山、錢塘江至天目山，凡此各地皆高舉義旗，樹反清之旗幟，並且紀律嚴明，屯田而耕，自給自足，不擾民、不橫征於民；民心亦皆趨向之，訟事詣之、歲賦納之、耳目消息亦皆至之。〔註3〕無怪乎清廷在浙東江上事潰、陸上亦敗，清人底定全國後，卻單獨停止浙江之春秋貢士，謂其人心大逆，不令參加科試，且設觀風整俗吏以警飭之；又嘗假借江南奏銷案名目，牽連萬三千餘人，縉紳之家，幾無倖免。則浙東在清初反滿之激烈可以想知。故謝山嘆曰：

> 大兵之下江南也，望風而靡，所向幾不血刃。其最難下者，江西之贛州、江南之江陰涇縣、吾鄉之翁洲，即大兵亦皆以爲出於意外。贛州楊、萬兩督師，聯絡諸省援兵，猶足以支久；江陰涇縣則難矣，然尚與江湖聲息相近也；豈若吾翁洲之彈丸絕島哉！然而殘明一線，實寄於此，其關係至與厓山等。（〈翁洲劉將軍祠堂碑〉）

於此可以想見翁洲彈丸絕島，當日之浴血苦戰。浙東地區素來即理學發達，爲人文之淵藪，而其於維護殘明之犧牲，亦特別慘烈。故謝山所撰立之碑傳、墓誌銘大多爲浙東人物，其致力於浙東鄉先賢精神之表揚，不惟由於地域因素，實且深具文化意義。蓋浙東地區所表現之君臣大義、忠貞大節，及對後世之教化意義，也即浙東史學所深欲表揚之氣節，而亦謝山所足以代表浙東史學之精神者也。

中國史學中之義理包含事理之義理與道德之義理。事理之義理重在興亡成敗之因果關係；道德之義理重在善惡休咎之大義褒貶。〔註4〕浙東史學由理學而史學，尤重道德義理之發揚。孔子成《春秋》固然不能使後世無亂臣賊

〔註3〕以上事詳〈明故兵部右侍郎兼都察院右僉都御史王公墓碑〉一文。
〔註4〕詳見呂謙舉〈宋代史學的義理觀念〉，收在《中國史學史論文選集》。

子，然亂臣賊子亦不能全無所懼。〔註5〕因此以褒貶予奪寄託微言大義，為中國史學之特色，而歷代忠義之士亦深受此精神之激發，所謂「留取丹心照汗青」，故能在國家危亡、社會混亂之時，發揮激濁揚清之作用。則史之為義大矣哉！

雖近人之研究史學者，亦有主張歷史應能反映全民族、全社會之活動，故反對書法褒貶僅為帝王近臣一二人作傳者，如梁啟超提倡之新史學。然其亦曰：

> 吾非謂史之可以廢書法，顧吾以為書法者，當如……以悲壯淋漓之筆，寫古人之性行事業，使百世之下，聞其風者，贊歎舞蹈，頑廉懦立，刺激其精神血淚，以養成活氣之人物；而必不可妄學《春秋》，侈哀鉞於一字二字之間，使後之讀者，加注釋數千言，猶不能識其命意之所在。（《中國歷史研究法‧論書法》）

則是任公以為所謂書法者，當具有鼓舞人類性行、激發民族氣節，使夫頑廉而懦立之作用，不可妄馳騁於隱晦之文字遊戲中，諱莫如深，即應當具有明白之思想價值，使夫觀者聞風興起。故其討論明末遺民之反滿，亦謂「雖沒有團體，但確為時代精神所寄。單看張煌言、顧炎武等，還看不出全部的民族思想、社會潮流；把大大小小許多人都合起來作傳，他們這種活動的意義及價值立刻就可以看出來了。」（同前揭書，〈合傳及其做法〉）則全祖望所撰《鮚埼亭集》，雖非其所謂合傳，但確能符合此一要求，為所有大大小小之人物作傳，反映出社會之潮流、民族之思想，傳寫當時社會之真相，以展現此一抗清活動之意義及價值。是以梁啟超以《鮚埼亭集》為古今人文集中其所最愛讀之作品。

再者，史家在浩如煙海之史料中，如何取裁、熔鑄、陶冶成一家之言？如何具有傳世之意義、價值？蓋所謂歷史，乃所以會通過去與現在者也，使夫後世子孫在眾多前車之鑑中，汲取前人之智慧，獲得經驗，並傳衍文化於永世。而悠久之歷史文化，豐功偉績之歷史光榮，正所以團結、凝聚群眾，以形成其民族性者也；危急時，所以救亡圖存，板蕩時，所以慷慨赴義之力量也。因此歷史不僅在於記錄過去，亦且在於延續未來，所謂繼絕學、開太平之重責大任也，

此即亭林、梨洲、船山於恢復無望後，轉而從事文化事業之所以。而「對文化的掌握，必須從其精神與價值進入。」（龔鵬程，《思想與文化》第二章）

〔註5〕參看甲凱，《史學通論‧中國史學的肇端》，寓褒貶中所引皮錫瑞之言。

文化是群體生活之總和，然而記錄者必須汰其渣滓，存其精華，否則流水云云，豈非泛濫無歸，難究其竟。又，雖不可以任意予奪，但必要能使觀夫善者有所興，察夫惡者有所戒，方有其意義。因此史家載筆之時，心中已先有選擇與判斷存在，即所謂「史識」者也，是以全祖望《鮚埼亭集》之崇仁尙義、發揚節烈，即其個人獨特之意向性。故其於眾多史實中，擇取其所認爲值得傳世，能夠形成中國文化特質之精神思想者，而加以發揚光大之。

是故全祖望憂心潛德不彰，憂心文獻凋零，憂心轉盼百年而史實消磨於鼠牙魚腹之中，即皆由此一文化力量之推動也。此其所以累唏長嘆，所以秉燭以從也。而在眾多繁複紛紜之事變中，史家如何決定一件史實是否具有時代意義？是否值得載筆傳世？根據近人之研究，以爲應涉及三層次，即史料之考訂、史實之重建以及歷史解釋之提出。〔註6〕在漫汙之史料中，史家不能通盤接受，完全敍述人類一切之活動，而必須具有別識心裁，在眾多之選擇可能中，擇定一己意識上之反應，以形成其取捨標準。因此，透過選擇，以彰顯人物之特殊性，並經由爬梳史料，重建史實，到自成其一家之言，即章學誠所謂「貴其著述成家，不取方圓求備。」(《文史通義‧家書三》) 必如此，方能建立起史家一己之特色，亦即史家特識之所在也。

至於如何在眾多之選擇可能中，擇定自己意識上之反應？此即涉及以什麼做爲「筆削」之標準？蓋筆削之標準即在於史家認爲史事之重要性如何。如近人張蔭麟研究史學，依五種不同之標準判別史事之重要程度，其中一爲「文化價值標準」，一爲「訓誨功用標準」，所謂訓誨功用有兩種意義：一爲完善之模範，一爲成敗得失之鑑戒；而文化價值則是指眞與美之價值。〔註7〕全祖望續《宋元學案》，無疑符合所謂文化價值之標準，而具有高度之文化價值；《鮚埼亭集》所表揚之忠孝節義行爲，亦具某一層次上之美善價值，爲人類精神文明之表現。至於所謂「訓誨功用」之標準，全祖望本來即主張史學之鑑戒作用，其曰「使天下爲父兄者，弗爲敗行以貽子孫之戚。」又曰「殉國之大節，閔忠之古道，天荒地老，終於不朽。」(詳見前章) 即是肯定忠貞大節爲教化後世之完善模範，以及觀古鑑今之史學作用。

〔註 6〕 詳黃俊傑，《歷史與現實》，第一章〈歷史與現實——從歷史研究中問題意識的形成談起〉。

〔註 7〕 詳見張蔭麟，《中國古史綱‧自序》。他依以下五種標準來判定史事之重要性：一、「新異性的標準」；二、「實效的標準」；三、「文化價值標準」；四、「訓誨功用的標準」；五、「現狀淵源的標準」。

此外，影響史家之形成取捨標準者，尚有近人研究之所謂「問題意識」，〔註8〕以梨洲、船山為例，彼等在明亡之後，泣血山林以從事於史學、務力於名山事業，其心中皆有一共同關懷之問題意識，即何以明室覆亡、清人入關？以及如何以史為鑑？故有《明夷待訪錄》、《讀通鑑論》等檢討中國政治治亂得失、政治體系之作。而就謝山言，則其問題意識，無疑是「在清廷高壓下，如何保存先賢精神及文化遺產？」故謝山所從事之一切活動，皆可解釋為保存精神文化之努力，其《鮚埼亭集》固勿庸論，即其《宋元學案》、校注《水經》、箋注《困學紀聞》，及其金石、校勘……等，亦均屬於文化事業，皆以傳衍中國文化為目的。

因此實齋之言「夫立言於不朽之三，苟大義不在君父，推闡不為世教，則雖斐如貝錦，絢若朝霞，亦何取乎？」（《文史通義・與邵二雲論文》）故謝山撰《鮚埼亭集》，本於性靈之真，而歸趨於大道；期在經世，而立於時風之外；寧干時忤俗，不以繁瑣餖飣之補苴為務，以扶綱常、撐世教為其終極目標。此即全祖望之所選擇，即在眾多史事中，其所選擇最值得留傳後世之精神，所謂扶持天地之元氣者，而立意保存之。故《鮚埼亭集》特詳於浙東節烈精神之文獻保存並發揚，而此即為《鮚埼亭集》之最大價值也。

第二節 全祖望之史學析論

除了《鮚埼亭集》所特具之價值意義外，為史家者，在史德、史識之外，尚須具備史才、史學，即劉知幾和章學誠之所謂「才、學、識、德」者也，否則便無以成家。全祖望為浙東名家，承先啟後，其史學思想固有繼承前賢之理論部分，而其博學多識，亦有其自立於史學之所憑藉。在清初經世思想盛行、後來卻流於考證學風之洪流中，全氏以客觀態度、徵實精神之博學與謹慎，從事於史學撰述，並且寄託其經世理想於其中，故能成為清初與時風眾勢不同，卻卓然自立、自樹一格之史家，煥發出中國傳統史家之光輝。故本節偏重於探討《鮚埼亭集》所表現全祖望之史學識見、治史特色，以期了解在林立之眾多著作中，《鮚埼亭集》何以能流傳後世，並在清季民初中引起廣大之回響？甚至早年且有大學以其做為教本〔註9〕之所由也。

〔註8〕同註6。
〔註9〕新會陳援庵治史之暇，每喜讀《鮚埼亭集》，謝國楨謂「因為謝山先生選輯資

　　《鮚埼亭集》不以史學為限，凡經學、地學、詩賦、考證，亦間乎其中；唯本論文由浙東史學及於全祖望之史學，再及於《鮚埼亭集》，故不論集中其他學術，但就集中與史學相關者加以討論。《鮚埼亭集》一書，是全祖望史學思想之代表作，其中多為明清之交、鼎革之際諸忠臣義士之碑銘墓誌；或為明末清初功在學界及功在百姓者之傳記；或為高蹈隱逸、孝子節婦等有功名教者之行實，以及謝山與同道、弟子間討論掌故、證明史事，或移書當局倡其史論；間亦有其覽文有感，援筆記事者……等等，皆足以見出其所深具之史才、淵博之學問、卓越之識見。故以下就管窺所見，分立綱目，條述全祖望之史學特色及其治史之特長。

一、道德教化之史學觀

　　全祖望一生致力於文獻工作，又深受理學之陶冶，嘗言「理義以為雨露，名節以為風霜。」（〈紫清觀蓮花塘記〉）故其心中充滿希聖希賢之道德意識；其又深具史學之經世思想，欲以史學垂訓後世、觀古鑑今，此二者加以結合，遂衍生出充滿道德教化之史學來，其言曰：

> 大賢踪跡所至，其山川亦為生色。蓋其所存者神，故其所過者化，其化不泯，則其神長留。名德如尚書，百世之斗杓也，苟表章而出之，豈不足以廉頑而立懦哉！（〈竹洲晏尚書廟碑〉）

則其寓教化於史學之意，至顯明也，故欲藉史學以表揚賢德，對於負大德大節者，皆表而出之，使夫神而化之、頑廉懦立也。此所謂垂訓後世之道德教化史學也。

　　全祖望之史學，既有此道德教化之寓意，則其於歷史人物之裁量，往往察其是否合於理義道德？如其論巴西處士龔壯，龔壯父叔皆為李特所害，壯不報讐、誓不除服，遂欲假手李壽，使之叛君弒長；關於此事，全氏論曰：

> 偉哉！壯之行也。從來忠孝難以兩備，壯之盡孝而兼盡忠，是難能也；雖然，吾竊惜之，君子遭人倫之厄，不可以亂濟亂。……壯之

料的矜慎，寫出文章來徵引事實的詳確，清代學者是再沒有人及到他的。」又「全謝山先生用大量無可置疑的事實，用雄偉的姿態和描寫事物栩栩如生的筆墨，寫出頌揚英雄人物的文章。」所以民國三十五、六年間，陳氏於輔仁大學歷史系開設「史源學實習」課程，嘗以謝山《鮚埼亭集》為其教材。詳見甲凱《史學通論‧明清之際的史學發展》、謝國楨〈清代卓越的史學家全祖望〉，《清史論叢（二）》。

> 所以行其志者，不當假手於壽。夫壯欲報父叔之讎，而使壽滅絕倫
> 紀，盡屠薙其世父之骨肉以成之，是壯獨有其父叔之讎，而人不必
> 有也；壯欲為晉復岷峨之地，而使壽篡奪其君以成之，是壯獨有其
> 君，而人不必有也。如此，則天下之亂，將無已時。雖事會之來，
> 不無行權濟變之日，然陷人於惡，以成吾志則不可。……揆以聖賢
> 之義，終有所不安也。……導人之不孝，以成吾孝；導人之不忠，
> 以成吾忠，恐不可以為後世法。（〈龔壯論〉）

則是全氏雖壯龔氏之盡忠盡孝，然於其以亂濟亂，陷人不義以成己之義，則
嫌其於節有虧。蓋不愧屋漏為無忝，故謝山不取龔壯之所為，以為不足以為
後世法，此即謝山欲藉史學為後世勸懲，故凡一毫有悖於聖賢禮義便不苟取，
必其為不可易之耿介、而又忠孝至性，可以贊天地之化育者，始以為足資表
章也。

全氏由此一觀念治史，故其史學充滿垂訓後世之道德教化觀念，約略言
之，可以包含下列數點：

（一）以史教忠

謝山既如此看重史學之經世致用及教化作用，而其又以為忠孝至性，乃
人間之至倫、天地之元氣，歷百世而不可泯者也，故其所立傳，以忠臣義士
置於首位也。王深寧嘗以班固不紀殺身成仁之美，欲補撰〈西漢節義傳〉而
不果，但發其略於《困學紀聞》；何義門箋《困學紀聞》，則反言史臣表節義，
不在於立傳與否？於此，全氏譏之為「班史佞臣」，曰「果爾，則史臣所當立
傳者，是何等人也？」（〈西漢節義傳題詞〉）可見謝山以為史臣所最當立傳者，
在於節義人物。

因此，謝山對袁清容作志，於抗元者不立傳，以其嫌諱故，尚曰或有可原；
而於其反為降元者立傳稱述，且作〈哀幽蘭操〉以弔厓山降將吳浚，則謂其黨
於仕元之貳臣。曰「著書而以顛倒是非為事，將謂隻手可以障天耶？吾讀清容
之文，未嘗不愛其才，而心竊薄之。」（〈宋忠臣袁公祠堂碑銘〉）是對史家之妄
以己意操持清議，況又昧於君臣之義，不能教忠教孝，深致其鄙薄之意。

是以歐陽公以五代少全節之士，深為歎恨，且推原其故，以為由於白馬
清流之禍，士氣喪而人心壞；謝山則曰「吾以為是時天下崩裂，文獻脫落，
蓋亦或有其人，而世竟泯然未之知者。如唐自司空圖、韓偓……而外，尚有
如……皆不愧為唐之貞士，而史臣失載。」（〈遐迢山二廟碑〉）則是其歸咎於

史臣之失責，以爲世亂文獻凋零，而史臣不能汲汲摭拾、表章之，遂使節名湮沒故也，是以其嘗欲以之合爲一卷，以補歐公之憾。且曰：

> 志士之待表章者，可勝既乎！蓋天地間之正氣，一日或息，則人道亦幾乎絕。故雖荊榛蕭艾彌望之中，而必有一二芳草生乎其間，以撐拄之；然其得傳與否？則又必視其人之天幸爲如何。（同上）

是其以史家之第一要務爲表章節義，務使潛德彰顯於天下；而於奸諛，亦必誅之於既死，故其跋《汰存錄》，曰「黃先生指《幸存錄》爲『不幸存錄』，以其中多忠厚之言，不力詆小人也。」其下自註曰「錄中於浙黨、齊黨有恕詞，又梨洲最恨者馬士英，夏氏稍寬之。」則其以爲忠奸必分，是以於一時喪亂之士失其守者，謝山亦皆詳錄而不諱，曰「殆以爲百世之戒，雖或觸孝子慈孫之恨，而不恤也。」（〈跋明崇禎十七年進士錄〉）故其以發揚節義、教忠教孝，崇節操、勵風俗，以史學勸懲後世，爲史臣之所最當務也。

　　因此謝山於毛奇齡之〈辨忠臣不死節〉一文，力言其不可取，曰「異哉其立言也！忠孝不必盡死節，然不聞死節之非忠臣也。」（〈書毛檢討忠臣不死節辨後〉）其以爲毛氏爲求避禍，遂曰「古今忠臣原不死節」，此爲負君棄國、背師賣友，苟稍有人心者，必不肯爲之。故凡謝山所載籍者，必有益於世道人心者，因此其於清廷大興文字獄，高壓故朝遺事，一輒不遺餘力而致力保存之，一輒屢倡言道：

> 周之頑民，皆商之義士也；而田橫之客，至敢以鬼伯詈漢，易地以觀，其揆一矣！（〈明故張侍御哀辭〉）

又曰：

> 夫所以加恩於異代死節之臣者，以教忠耳！（〈王節愍公祠堂碑〉）

故鄞縣王節愍公死於甲申，清廷以爲忠而恤之，以其死於闖賊；至其子駕部死於丙戌，則竟以其逆而棄之，世亦多諱不敢言，由於抗清故也。謝山於此深不以爲然，其曰：

> 夫死忠一也。……駕部必不負故國，而後不負其父；必不負其父，而後不負聖朝。……伏念聖朝之脩《明史》，自丙戌以前死者皆得錄，則駕部固應登於節愍附傳。（同上）

戴名世以論南明史之不可棄，獲死，則謝山之爲此，亦可謂冒死進言矣。節愍父子再世死國，世所稀也，故謝山反對以其或死於闖賊、或死於清廷，而所遇遂有殊也，故曰「死忠一也。」死於甲申是忠，死於丙戌，不負故國亦

是忠。是以對於官修《明史》，凡死於丙戌後之抗清志士，皆不登錄，謝山力言其非，蓋此非史家嚴正之態度；且其以為加恩於異代死節之忠臣，正是教忠，故己之觸諱表揚南明節烈，實是教忠，是史家之天職也。則謝山之懇懇款款亦足令彼趨炎附勢者汗顏矣。

謝山既以不避忌諱、務力於表章節義，為史家不辭之天職、首要之務，故其論史皆以忠孝節義為取捨標準。如其於《晉史》之〈范喬列傳〉論劉向、揚雄才學優劣，喬以為劉向定一代之書、正群編之籍，非雄所及；於此謝山則以為向固優於雄，然喬之所以定其優劣者，則非也。其曰「向之優於雄者，在其忠貞大節，而不在區區著述之間。」「向以新都之禍，作五行傳；以王趙丁傅之禍，作列女傳，是皆所謂以經術經世務者。」（〈劉揚優劣論〉）五行之說固多駁雜；然向仕於成哀昏亂之世，心切維城之寄，力不能扶，欲人君建皇極以撫辰，故借此以為廟堂鑑戒，以傳經之學感悟其君。是以謝山以為其用心良苦，是以經術經世者也，其與揚雄之反覆事新，不可同日語矣，故謂向「所操甚偉！」此即謝山之論人也。

又，其論明高皇帝一朝事，以其殺戮無度，故不甚當於心，然謂其最有功綱常者，為「為宋追討叛臣蒲壽庚之徒，加其子孫以禁錮。此足大快人意！」（〈讀明高皇帝紀〉）雖然惡惡不應及於子孫，但謝山以此為「足以寒亂賊之膽，況又無所為而為。」謝山此論，一則具有以史為鑑、垂訓後世之意；一則顯出其痛恨持節不嚴之反覆叛臣，故於明高皇無所為而為，純為懲叛臣亂賊而罰，謂其大有功於綱常，謂其大快人意也。此其內在心中之道德教化意識，亦其所謂教忠也，史家所應務力摭拾者也。

此外，對於明莊烈帝自言己非亡國之君，雖謝山謂其昧於時務，吝於議和，百戰百敗而猶負氣若此，不能屈己之尊以接受清人之請和，以收保世滋大之益；然其論守將楊嗣昌、陳新甲之私下議款，則力責彼之不忠。其曰「議款原非得己，故在莊烈則可；在楊、陳則不可。楊、陳，中樞也，樞臣不能舉邊防而議款，則將焉用彼樞？」（〈明莊烈帝論〉）此謝山論史之公允。亦可見出為人臣者秉樞而用權、任重而道遠，死而後己，切不可圖一己之利而偷生畏死，以遺萬世之惡名。此所謂教忠也。

再者，史以教忠，故君臣之義，存在天地之間，不以死生之異途而遂於大節有虧，是以其論《左傳》之杜伯射宣王一事，曰：

宣王以非罪殺杜伯，固過矣；然杜伯遂為厲以射宣王，則是君臣之

> 義但在於人，而不在於鬼。爲此說者，欲以明杜伯之枉，而不知適
> 以成其罪。(《經史問答·三禮問目答全藻》)

於此可見謝山之嚴於君臣大義，以爲無所逃於天地之間，故不以陰陽歧途而
異之。

謝山既如此重視忠貞大節，以爲天地之至倫，故其論人，以爲但能有此
一節，則其人足以傳矣！其曰：

> 虹縣尉徐端益，不拜僞赦；堂吏張思聰，亦首建反正之議，雖其人
> 微，即此一節，已自足傳。(〈書宋史張邦昌傳後〉)

又如：

> 妙喜不附和議，爲忠；而璘爲孝。生平不喜作浮屠家言(指謝山)，
> 以其去人倫耳；若其有忠孝之節，則固不可以浮屠而泯之也。(〈阿
> 育王寺十二題考〉)

謝山生平甚反對釋道之去人倫，故其《宋元學案》屢斥雜於禪者，爲學之不
醇，是其嚴於儒、釋之辨；然而若其人有忠孝之大節，則謝山亦不以其爲釋
道中人，而竟泯之也。是又可以見出謝山之重視忠孝大節，以爲無與倫比也，
故雖其人之微，有此一節，爲足傳後世矣。

除此之外，對於風教有功之婦女輩，謝山亦不以其爲女流，而遂摒諸史
冊之外，其言曰：

> 明之滅也，熹、毅二后，亡國而不失陰教之正，有光前史；而臣僚
> 之母女妻妾姊妹，亦多并命；降及草野，烈婦尤多。風化之盛，未
> 有過於此者，以爲《明史》當詳列一傳，以表彰一朝之彤管者也。
> 又降而南中、吳中以及淮陽之歌妓，亦有人焉，此不可以其早歲之
> 失身，而隔之清流者也。(〈沈隱傳〉)

於此可知謝山之意，載籍但取其節，但視其於後世之風化爲何如耳。劉向嘗
有〈列女傳〉，謝山亦汲汲於節婦烈女之摭拾表章，且曰「流品何？常歸於晚
節。爲士夫者可以興矣！」(同上) 故但有此忠貞一節，能令人肅然敬者，輒
謝山不忍聽其湮沒也。此即謝山撰史之特識也，亦謝山之寓教化於史學，以
史學爲所以教忠也。

（二）崇尚氣節

浙東史學由理學而史學，故特重節義精神之發揚，此又以謝山爲最。謝
山既由內在心中之理學思想，衍生出道德教化之史學，自是特別崇尚氣節；

而既以史學爲所以教導忠貞大節者也，則其論人，自又以節操爲所去取。故
《鮚埼亭集》中之論人，每視其氣節爲何如耳，凡大節凜然，能使百世以下
觀者蕭然者，即謝山焚膏繼晷務力發揚者也。

謝山書〈宋樞密蔣文穆公端研記〉，有曰：

> 薦襧之墨，射羿之弓，至今讀之，有餘恫焉。……七百餘年，摩挲
> 故物（指端研），尚不免論及生平，君子可不愼歟！

故屬在君子，愼其操守，一失所守，則雖千百年猶不能免於議論，可不愼歟！
其又曰：

> 歷代當搶攘之際，乘時而起，所在多有；要當視其晚節爲何如？……
> 李克用之起事，其亦大不道之徒，而後此忠誠赫然，君子從而予之。
>
> （〈黃太傅廟陰碑〉）

此即前述所謂流品常歸晚節，晚節足取，前此之過，遂如日月之蝕；晚節塗
地，則遺臭萬年。洪承疇，其果眞殉於松山，則賜祭十三壇，名滿天下；而
降於清朝，開邊撫疆，開國之功位在第一，卻名列貳臣，萬民同罵，天壤之
別，足爲後世之戒。故富貴功名，過眼雲煙，此立德之所以爲可貴，亦全祖
望之所以取夫節義之士以表章之，並即全氏之所以甘於澹泊也。

因此，如鄺湛若歷仕唐王、桂王，清兵破廣州，其猶倚柱鼓琴，爲亂兵
所害，入《崇禎節義錄》中。然其少時，曾入阮大鋮之門，大鋮文集，湛若
且爲之序，稱門生焉，蓋湛若少時好聲樂，大鋮在留都，羅而致之也。於此
謝山故曰「湛若先生大節，不待言矣！……非後來大節，則湛若幾不免爲奄
人之徒，人所以貴晚詣也。」（〈跋鄺湛若嶠雅後〉）故知晚節足取，則前此微
疵不足議也；晚節之終不能保，則前此一生德業盡付流水。而此亦全祖望之
以氣節操守爲所去取，其所以崇重氣節也。

謝山如此重視氣節，故論危素之爲存國史不死，雖肯定其「出累朝實錄
於刀劍章皇之下，功亦不小。」（〈跋危學士雲林集〉）然亦引《閑中今古錄》，
謂明太祖徙元之舞象至南，使象舞，象伏地不馴，乃書牌曰「危素不如。」
故謝山曰「嗚呼！何辱如之！」又曰：

> 學士以國史不死，固昧於輕重之義……乃史局既開，並未聞有一人過
> 而問者，可以想見是時當宁眷睞之衰，黯然無色。……後世失身瓦裂
> 之徒，可爲殷鑒，而尚或援此爲例，可謂不自愛惜之甚者也。（同上）

是謝山雖亦嘉其不忍國史湮沒之志，然對其昧於輕重，仕於新朝，以致失身

瓦裂，仍鄙其大節之終不能持，且以爲堪爲後世殷鑒。則取捨之間，君子可不愼其所趨乎！

此外，其又論元遺山在金，以求修史故，不能不委蛇於元之貴臣，雖其修史卒以受阻罷，然其惓惓亦至矣，是謝山也頗爲遺山之志節辯；然其又曰：

> 要之，遺山祇成爲文章之士，後世之蒙面異姓，而託於國史以自脫
> 者，皆此等階之屬也。嗚呼！宗社亡矣，寧爲聖予、所南之介，不
> 可爲遺山之通，豈予之過爲責備哉！（〈跋遺山集〉）

則其雖對遺山之受詬，深致同情，然仍主於氣節去取之取捨標準，故曰寧爲聖予、所南之介，不可爲遺山之通。因此謝山對於唐陳拾遺呈身武后之朝，貢諛無所不至，明示其最不屑之意，譏以「丈夫之文，婦人之行，可爲浩嘆。」（〈唐陳拾遺畫像記〉）雖歎其才之高，而惜其一失足成千古恨。此皆可以見出謝山論人之嚴於氣節，苟其人持節不嚴，不足爲後世法，則雖有稀世之才，亦所不取。

因此謝山論歷史人物，一皆首重氣節，且不僅止於國變之不可奪其志節而已；即平日之閒居，亦須涵養風節，孟子所謂養氣者也。故其「楊文公論」，謂以寇萊公之雄視一時，何獨惓惓欲引楊文公以共事？經反覆其遺事，乃知文公之勁節鮮有其倫：宋眞宗時之群小，莫如王欽若，文公嘗與之同修冊府元龜，每至館，未嘗接席而坐；欽若去朝，百官皆以詩送，文公獨無有，欽若請之眞廟，傳宣索詩，文公竟不作；遣人求婚，亦拒之甚峻。故謝山曰「可謂浩然之氣直養無害者已。」又宋初之詞臣，皆以風節自見，而文公尤爲錚錚，故曰「乃若澶淵之役，百寮震慴，而萊公獨與文公飮博自如，其所養有素矣。」是謝山以爲有節之君子，萬事攖心而不可奪，浩然之氣沛然充塞，足爲百世之師。故謝山之於氣節之士，推崇備至，此其所以務力發揚，必欲使之光照史冊，使夫廉頑立懦者也。

又，謝山論陳同甫，謂當世學者皆詆其義利雙行、王霸雜用，然而謝山則曰「論學之疏，不足以貶同甫也。」「永嘉經制之學，其出入於漢唐之間，大略與同甫等，然止齋進退出處之節，則渺不可及矣！即以爭過宮言之，同甫不能無媿心，可謂一龍而一蛇者矣。」（〈陳同甫論〉）是謝山以爲其學雖有未醇，然而學術之疵，不害其爲人豪；眞正害其爲大儒者，乃其風節之不足尚也，故氣節之於人，當崇爲首要，一節之不足取，其餘不足論矣，可不愼乎！

　　觀乎上者，可知謝山之所期於士君子，大矣！必平日閒居，直養其浩然之氣，以風節自見，清廉自守，不附權勢，以其勁節爲中流之砥柱也；至於養之有素矣，則雖猝然臨之以變，搶攘之際，必能持其志節，大義凜然而以氣節扶持綱常也。此即謝山之所以崇尚氣節，以爲史臣所當務力攟拾發揚者也。

（三）以文明道

　　文也者，或有偏重於形式，如齊梁聲律說盛行，綺靡成風，追求形式上之唯美；或有偏重於道統，而以文從道出、學文害道爲說，如理學家之道統文學觀是；又或有提倡文質並重，如劉勰之文學觀以及韓、歐、蘇等主張文道兼營，二者並重者。

　　六朝時期，文學獲得獨立地位，無論詩文辭賦，均趨向聲律、形式、辭藻之美化，形成柔靡浮豔之文風，講求外在形貌，忽略文學之內容、情性；逮及唐朝，則發展出志於道、貫於道，宗經尊聖以助教化之文學理論，譬如韓愈爲道而學文，以文貫道，學道與好文，二者並重，使道統、文統緊緊連繫；又柳宗元亦主於明道，兼重道德之道與藝術之道；至於三蘇，雖標榜明道致用，亦有重文之傾向。時至宋朝道學家之屬，則建立起道統文學之權威，唯過度重視聖道與經學，遂至文學無用論及載道說之極端，尤其二程，否認藝術價值而提出學文害道之說，六朝淫風、西崑豔體，〔註10〕自不待言；連韓愈之學文亦罵爲倒學，杜甫之詩亦評爲無用閑言，視文學直如異端。朱熹更提出文自道出，豈有文反能貫道之理？故西崑體盛行之時，非華文不能干祿；道統文學極盛時期，則非尚性理，非通書、語錄不能入仕。

　　然而文學若脫離現實社會人生，專務形式技巧，缺乏性靈情感，固然缺乏價值；道統文學過度強調聖道，一味抹殺文學之藝術價值，亦失文學存在之意義，故唯文質並重、形式內容相調和，乃能行之久而傳之遠矣！是以全祖望深明史筆乃所以勸善懲惡，而以理寓乎其中，以教忠教孝、扶名教、立綱常，與現實人生相連繫；另方面亦深明言之無文、行之不遠，故亦不廢辭

〔註10〕宋初文壇在晚唐李商隱、段成式諸人駢儷文風之影響下，又形成追求辭藻，專求華美之形式主義，使韓、柳領導之古文運動，遭受阻礙。而西崑體即在此影響下所形成之形式主義文學流派。領袖人物是楊億、劉筠、錢惟演。彼等皆具文名，同入館閣，遂主盟文壇，一以李商隱爲宗，專取豔麗雕鏤駢儷之形式技巧，誇奇鬥豔，忽略思想內容，成爲臺閣體之典型，更迭唱和，一時從風。

章,是以阮元謂其兼具經學、史才、詞科之能。而以其文才超群故,時人頗多請誌碑銘傳記者,且《鮚埼亭集》中亦頗不乏詩賦之作,是以謝山亦所謂文道兼營者也;因此辭章善則人多愛其文,此《鮚埼亭集》之所以傳世,而深具教化意義,此又《鮚埼亭集》之所以具道德美善價值者。

乾嘉之際,士人或以時文干祿,或專營考據,大多悖離經世思想;謝山則泛觀博覽,學識淵博,下筆爲文,洋灑自得,既具辭章之美,又深受理學影響而欲以史學經世,寓道德教化於其中。是以其不似道統文學家,奄奄無生氣,唯以講經論道爲務,其爲能折衷者也;不過以文明道,畢竟是謝山道德教化史學之異於同時代其他各家一大特色,故以下又就此一特色,略加探討。

謝山不惟務力於表章忠義,且於彼等文集,亦汲汲摭拾之,前述其曰忠義之翰墨,即令斷曲單詞,皆可起愛而起敬也,即由於風格即人格故也。因此謝山對於文章,崇之甚高,絕不輕易爲文,其於慕名請託之應酬文字,概不輕爲,立意樹一崇高之標準,即以碑傳爲史傳。故謝山曰:

> 文章,天地之元氣。……儒者之爲文也,其養之當如嬰兒,其衛之當如處女。(〈文說〉)

是以其於揚子雲之美新,謂「貽笑千古,固文人之最甚者。」(同上)即於韓愈〈上宰相書〉、〈潮州謝上表〉、〈祭裴中丞文〉、〈京兆尹李實墓銘〉、〈放翁閱古泉〉、〈南園記〉、〈西山連醮青詞〉等,亦皆嘆爲「白圭之玷」。故謝山爲文極其謹嚴,嘗曰「見道之文,非聖人之徒亦不能也。」(〈廬陸學案〉序錄)故謝山之於文,立意以文見道,是其亦以聖人之徒自許,期在傳道後世也。

謝山既以文章爲所以見道,故不喜帖括時文,嘗屢述及此意,如「學問豈在帖括?」(〈端溪講堂條約〉)又如:

> 愚生平不喜帖括,雖以前能大家文字,多束高閣。……嗟呼!安得此
> 經術之文,立爲標榜,一洗時風眾勢之疲,使之復知宋人經義家法,
> 則白茅黃葦之漸除,將變學究爲秀才。(〈與李元音論左江樵易義帖〉)

是其以爲帖括時文不足以盡學問之無窮,且謂必經術之文,具經義家法者,爲能洗時風眾勢之疲者也。是以謝山區分文章爲見道之文、經世之文,等而下者爲詞章之文,又降乃爲場屋科舉之文,並謂「場屋科舉之文,本不可以文稱,特以其依託遺經而推之,而數百年來功名之徑所自出,愚者遂以爲天下文章莫大乎是。」(〈帖經小課題詞〉)故將時文列爲文章之末。是以方其主端溪學院時,以經史之學引導諸生,相約不爲世俗之文,文風果爲之一變,

「不特不肯爲場屋下劣之文，若并不欲僅以詞章見者。」（同上）蓋帖括時文，旨在干祿；詞章之文，至多僅以文人著稱；而謝山所期於文章者，蓋以之經世，以之明道、見道也。故其以見道之文、經世之文，推爲文章之首。

是以謝山論文曰：

> 予嘗謂文章不本於《六經》，雖其人才力足以凌屬一時，而總無醇古
> 之味，其言亦必雜於機變權術，至其虛憍恫喝之氣，末流或一折而
> 入於時文。（〈公是先生文鈔序〉）

是亦可見其於時文，貶之甚低，可謂甚不當於意也。且以爲文章必本於《六經》，方可免於機變權術、虛憍恫喝，或末流之折入於時文，此亦梨洲所謂學必原於經術，而後不爲蹈虛。蓋經術所以經世者也，因此以經術爲文章根柢，寓道德教化之經世理想於其中，此即謝山之所以爲文也。

故謝山之於《宋史》但夸王深寧辭業之盛，意以爲不然，其曰：

> 深寧之父亦師史獨善，以接陸學，而深寧紹其家訓，又從王子文以
> 接朱氏；從樓迂齋以接呂氏；又嘗與湯東澗遊，東澗亦兼治朱呂陸
> 之學者也，和齊斟酌，不名一師。《宋史》但夸其辭業之盛，予之微
> 嫌於深寧者，正以其辭科習氣未盡耳，若區區以其《玉海》之少作
> 爲足盡其底蘊，陋矣。（〈深寧學案〉序錄）

則其所取於深寧者，正在其兼治朱呂陸諸家，和齊斟酌、經術經世，故謂辭章之不足以盡其學底蘊，且以爲辭科習氣乃適足爲其學之累。此即謝山之欲以文章爲見道者也，故其所見如此。而此一藉史以垂訓，藉文以見道之精神，亦遂爲謝山在道德教化史學下之一特色。

二、治史特長

謝山之史學精神，主要是一種道德教化觀，故汲汲從事於表揚忠義，教忠教孝等以忠教忠、崇尚氣節、以文見道之史學工作，此謝山在一片考據時風中，其所以樹異於其他學者之處；亦在禁網之屬爪下，其所以展現出中國史家之光輝者也。此外，謝山之陶鑄成家，卓爾不群，更有其特識所在，故以下論述其治史特長，或其所繼承於前賢、而能發揚光大者也。

（一）富於史識

劉知幾論史有三長：才、學、識也，其曰「夫有學無才，猶愚賈操金，不能殖貨；有才無學，猶巧匠無楩柟斧斤，弗能成室；善惡必書，使驕君賊

臣知懼，此爲無可加者。」（《新唐書》本傳）史才，不待於後天；而博學多聞，則未可須臾放逸也；至於才學兼備，能知夫剪裁者，則賴於史識也。是故能知何者善可以爲法？何者惡可以爲鑑？何者可以懼驕君賊臣？何者可以資於載籍？此則有賴於史家之特識，亦其所以能成家者也。

謝山爲浙東名家，從事於實際之文獻工作，網羅遺文遺獻，撰述而成《鮚埼亭集》，其與實齋之專以史論稱者有異，故其所特具之識見，須於鮚埼亭集之碑銘傳記，尋其蛛絲之跡。以下就蠡測所得，試說明如下：

謝山之務力於摭拾南明遺事，嘉其明知不可而爲之志，如浙東以翁洲彈丸絕島而繫殘明之一線，然謝山謂之「其關係至與厓山等。」（〈翁洲劉將軍祠堂碑〉）不以其亡命喪師而誄過之，並且汲汲表章之、發揚之，此其不以成敗而論定功過也，故曰「徒以廟社之惑，頓忘其力之不足。」（〈明管江杜秀才窆石志〉）蓋成敗利鈍非人力所可爲也，事勢有其無可如何者，故忠臣義士求諒於天而已矣，何況「天心既去，雖以諸葛孔明、姜伯約之才之力，不能有濟，而何謂其餘者。」（〈明兵部尚書諡忠襄孫公神道碑銘〉）是以不以現實成敗論功過，但取其存留風範於青史，對後世之教化意義即足矣。

故謝山於《左傳》所載，萇弘合諸侯以城成周，而衛彪傒曰「萇弘其不沒乎？周語有之曰『天之所廢，不可支也。』」左氏言此以爲周人殺萇弘張本也；故全氏於此，深致其不以爲然之意，其曰：

> 有是哉！左氏之妄也，……使如其言，則是後世人臣，當國事將去，必當袖手旁觀，方有合於明哲保身之旨，而天地之崩裂，且將不顧矣。（〈萇弘論〉）

故全氏甚反對此一成敗論事之態度，明知事無可爲，卻義無反顧，濟危扶傾之耿耿忠節，即謝山之所動容輸心者。是以萇弘者，周室之忠臣也，將扶國命於既衰，安得以其事之敗而謂其咎自取也？因此謝山之於南明忠烈，正亦持此一態度，故無視於荊棘榛櫟而務力表揚之也。

此外，謝山於〈平原君論〉一文中，謂平原君受馮亭之邑，致喪命於長平，故太史公謂其利令智昏，不覩大體；對此則謝山曰「此成敗論人之言也。」其謂以秦之貪而無饜，即使趙人閉關不出，坐聽秦收十七城之邑，秦人瞰知趙之無能，亦必鼓戰勝之餘威，以席卷之，則當此之時，何必不爲馮亭所笑也？況馮亭以下邑之守，力所不支，猶且義不降秦；及其敗也，且以身殉，是其人亦志士也，復何憾於趙？故長平之敗，不在受馮亭，而在用趙括，且

固非平原之過也。蓋以平原知人之明，必其力爭之而不可得者也。故此亦謝
山論史之不以現實成敗定其功過，不因事敗而遂歸咎之也；反之，其能洞察
事理之固然，不隨俗而輕定休咎也。

　　此外，其於城濮之役，河神以孟諸之麋，索子玉之瓊弁玉纓一事，對此
妖夢，謝山曰「謂子玉當恐懼脩身，以敬共兵事，則可；謂其當媚河神以徼
福，則不可。」（《經史問答・三禮問目答全藻》）故以子玉之不與，為「猶滅
明之不以璧與蛟也。而謂其慢神以取敗，是皆淫祀〔註11〕之說誤之也。」（同
上）是其反對以成敗而論人也。

　　因此謝山之於唐中宗被廢，而史官猶書「帝在房州」，亦言其「以成敗論
人也。」（〈帝在房州史法論〉）蓋諸史不過因中宗後來復位，而遂帝之；實則
方其被廢，僅稱盧陵王，應書曰「盧陵王居房州」，方為昭垂後世之信史，不
得因其後來之復位，而前此之廢亦遂帝之，凡此皆是本末倒置、成敗論人之
誤也。

　　是以謝山論事不取現實成敗立論，其以為凡事但求盡其在我，至於事之
成敗，非我所能也，且從來成敗之難言也，「其敗者未必無嘉謀，而或坐失良
機；成者未必皆廟算，而或會逢其適。」（〈孫武子論〉）雖然其中亦不無人為
因素，然而天運如何，則難以期之，故成敗乃聽諸天耳！因此謝山反對撰史
者以現實成敗而輕下休咎。其曰：

> 回而夭，跖而壽，回若劣於跖矣；夷齊而餓，景公而有千駟，夷齊
> 若屈於景公矣；文謝而死，留王而顯，文謝若拙於留王矣，此一時
> 之禍福也；千百世之是非照然，華袞斧鉞，施於蓋棺以後，此一定
> 之禍福也。（〈原命〉）

蓋一時之成敗，未足以當夫千百世之是非公論。年壽有時而盡，榮樂止乎一
身；然而立名也者，千秋不朽之事，傳之無窮者也。故此即謝山不以現實與
世俗之成敗論人、論事、定功過之最佳詮釋也。

　　此外，謝山反對撰史者以死生之異途，而遂歧持節遺民於忠流之外。方
其讀《世說》時，於所載向長禽慶之語，未嘗不愛其高潔，以為是冥飛之孤
鳳，及考其軼事，並皆為不仕新室而逃者，故曰：

> 然後知其所謂「富不如貧，貴不如賤」，蓋皆有所託以長往，而非遺

〔註11〕《禮記・曲禮下》有曰「非其所祭而祭之，名曰淫祀，淫祀無福。」陳注：
　　　　淫祀，皆是不正之鬼。

世者流也。(〈移明史館帖子五〉)

以是而知高潔冥飛之孤鳳，留身有待，其抗志高蹈實與隱逸之逸民絕不相類。是以對於遺民者流，謝山曰：

> 側身憂患之中，九死不死，其所以不死者，蓋欲留身有待，而卒不克，故其詩曰「采薇硜硜，是爲末節；臣靡猶在，復興夏室。」……然此九死不死者，已足扶九鼎之一絲矣。(〈李杲堂先生軼事狀〉)

故流離國難而高蹈不仕新朝者，其與殉國志士雖死生異途，其志則同也；且彼荼苦艱貞、甘心於死灰槁木，或柴門謝客、以逃世網，亦已難矣！因此謝山對於忠義流輩未嘗概以一死期之。其曰：

> 士之報國，原各有分限，未嘗概以一死期也。東澗湯氏，謂淵明不事異代之節，與子房五世相韓之義同，既不爲狙擊震動之舉，又時無漢祖者，可託以行其志，故每寄情於首山易水之閒，可以深悲其遇。(〈移明史館帖子五〉)

故謝山以爲遺民無慚忠德，絕非遺世者流；且其清風遠韻，以視末世徇利苟得之徒如腐鼠，是其「有補於末俗，正在無用中得之也。」(《經史問答·大學中庸孟子問目答盧鎬》)則彼雖避世，其抗節不屈、隱晦以終老，以比心懷利祿之簞食壺漿迎新朝之徒、與夫失節士大夫之流，足爲暮鼓，足爲晨鐘矣！因此謝山謂其有補世俗人心，而與犧牲殞命之忠義流輩並無二致。

　　再者，改步之際，謝山以爲布衣之報國各有分限，苟以朝不坐、燕不與之身，則潔己不出，冠裳不改，亦足見先人矣；未嘗必要揮魯陽之戈，以返西崦之日，相從於濡首沒頂。是其以爲布衣報國、抗節遺民，爲可以無死者也，故謝山引吳稚山之言曰：

> 君子謀人之國，國亡則死之；謀人之軍，軍敗則死之。諸君子皆不柄用，未嘗與謀軍國事，易曰「介於石，不終日。」儉德避難，夫安得死之？守吾義焉耳。〔註12〕

且曰：

> 事去矣！是非其力所能及也，存吾志焉耳。志在恢復，環堵之中，不汙異命，居一室，是一室之恢復也；此身不死，此志不移，生一日，是一日之恢復也；尺地莫非其有，吾方寸之地終非其有也；一

〔註12〕吳稚山集累朝革命之際諸忠臣義士，編爲《歲寒松柏集》，並且從客問以寄其詞。上述所引，即稚山答客問之詞。

民莫非其臣，吾先朝之老終非其臣也。（同上）

故死節誠忠，然於彼未嘗受君命、未嘗與謀軍國之事者，輒未必期以一死也。彼之高蹈遠颺、不仕異姓，較之奉身鼠竄、反顏事仇、圖謀高爵厚祿者，已為公忠直亮矣！此即遺民節操之所以為可貴也。

是以謝山之論遺民行實，曰：

> 布衣報國，自有分限，但當就其出處之大者論之，必謂當窮餓而死，
> 不交一人，則持論太過，天下無完節矣。（〈春酒堂文集序〉）

又曰：

> 倘謂非殺身不可以言忠，則是伯夷、商容，亦尚有慙德也。（〈移明
> 史館帖子五〉）

故遺民者流，揮戈無望，無可如何，乃轉而潔己之身、勵己之操，是其與慷慨赴義者，雖或死、或生之殊途，而其趨則一。且其憂讒畏譏，鬱結淒楚之思，亦有不可自已者也。是以如梨洲之以孤臣之淚，無補故國之亡，轉而致力文化保存之偉業，則其功在儒林，所就更大。故謝山稱梨洲曰：

> 平生流離顛沛，為孤子、為遺臣，始終一節，一飯不忘君父；晚年
> 名德巋然，翹車所不能致，遂為前代之完人。其為躬行，又何歉焉！
> （〈甬上證人書院記〉）

則此遺民者流，何可外於忠義一輩？是以謝山〈移明史館帖子〉力言高蹈遺民不應入於〈隱逸傳〉，而應附入〈忠義傳〉。他批評撰史者或有不知彼實有所託而逃，而竟與遺世之逸民混而列之，遂使後世如陶潛、周續之、[註13]宗炳之流，[註14]俱被列為逸民；故謝山力言彼之各有其倫，不可同日而語也。其論曰：

> 向使諸君子遭逢盛世，固不甘以土室繩床終老；而滄海揚塵，新王
> 改步，獨以麻衣苴履，章皇草澤之間，則西臺之血，[註15]何必不
> 與萇弘同碧？[註16]晞髮白石之吟，何必不與采薇同哀？使必以一

〔註13〕周續之，通《五經》、《五緯》，號曰十經。既而入廬山，事沙門慧遠，與劉遺
　　　　人、陶淵明俱不應徵，謂之潯陽三隱。

〔註14〕宗柄，少有至性，善琴工畫，精玄理，每遊山水，往輒忘歸。元嘉中頻徵不
　　　　應，結廬於衡山。

〔註15〕宋末謝翱聞文天祥死節，悲不自禁，乃之嚴陵登西臺，設天祥主，酹奠號泣，
　　　　持如意擊石作楚歌以招魂，歌訖，竹石俱碎，因自為文以記之。清，陸世廉
　　　　撰《西臺記》戲曲，演文天祥、張世傑、謝翱事。

〔註16〕周萇弘忠烈殺身，死於蜀，藏其血三年，化為碧玉。今以碧血為形容殺身之

死一生，遂歧其人而二之，是論世者之無見也。（〈移明史館帖子五〉）
故世變淪胥，晦迹冥遁，而能以貞屬保其初衷者，與仗節死義之諸君，皆同
預於歲寒之松柏、風雨之雞鳴，不得以其死生異途，遂歧而二之。謝山又曰：

　　若概以忠義之例言之，則凡不仕二姓者，皆其人也。（同上）
因此，他主張以抗節不仕之遺民，列於〈忠義傳〉之後，使其苦心亮節，得
以表見於後世。是以如明太祖欲致擴廓〔註17〕而不可得，對擴廓之守節，歎
賞不置，以爲天下奇男子也，謝山曰「大哉王言！所以培一代忠臣義士之澤。」
（〈移明史館帖子六〉）故以壬午家難，〔註18〕諸臣之甘於駢首就戮、十族就
逮，以至甲申失守（流寇陷京），忠臣義士之悽惶殘山剩水，奉四藩而不替者，
謂皆由此一語所啓之也。是故謝山以爲孰能謂此持節遺民非忠義者流？孰得
言其不應入於忠義列傳一輩耶？

　　此外，謝山深受理學之陶冶，忠孝節義觀念深植心中，爲其不可自已者
也，因此他以傳衍聖學爲己任，對於釋道滅人倫，甚至部份學者之援佛入儒，
皆力張衛道旗幟，極致其不能苟同之意。是以《鮚埼亭集》、《宋元學案》中，
凡斥佛逐禪，嚴於儒、釋之辨者，屢屢可見。如曰：

　　生平不喜作浮屠家言，以其去人倫耳。（〈阿育王寺十二題考〉）
又曰：

　　儒者雖一物不足以嬰其心，而無一息不求盡其心之所當爲，正非二
　　氏之遺棄世事者比。（〈李甘谷五十序〉）
顯然謝山之於釋道遺棄世事、不尚人倫，以爲違背儒家禮教，蓋儒者己欲立
人而立人、己欲達人而達人，故獨善其身不足法，兼善天下方爲有益生民。
是以君臣之義、父子之親，以至夫婦、兄弟、朋輩之倫，謝山未嘗忘於心者
也，故其於天地間之人倫大節，皆極力發揚之，必使光顯天下而後已，甚至

　　　詞。
〔註17〕擴廓帖木兒，姓王，小字保保，平章察罕帖木兒之甥，養爲子，順帝賜名擴
　　　廓帖木兒。拜太尉，封河南王，總天下兵權。後爲順帝所忌，詔盡削官爵。
　　　明既滅元，順帝奔和林，太子嗣位，委以國事。嘗敗師於和林，明太祖屢招
　　　之，不應，稱爲天下奇男子。
〔註18〕明惠帝用齊泰、黃子澄之謀，欲削諸藩權；建文元年七月，燕王棣遂起兵南
　　　下反，指齊、黃爲奸人，藉清君側爲名，殺布政使張昺、都司諸貴，長史葛
　　　誠，指揮盧振、教授余逢辰死之。四年六月，燕兵犯金川門，左都督徐增壽
　　　謀內應，伏誅；谷王橞及李景隆叛納燕兵，都城陷，宮中火起，帝不知所終。
　　　故燕王於建文四年壬午入京師，自立爲帝，是爲明成組。此事變稱爲靖難。

履危蹈亡亦在所不顧也。故其於釋道之塵視世界，不能同流，而嚴於儒釋分際也。

然明亡之際，諸君子於回天無望後，或有託於釋道而逃者，則謝山以爲此非眞隱者流也，非滅絕人情者也，故不得視之爲禪。因此，如囊雲之披緇而逃，石奇方丈欲授以法，囊雲則每一歸家，故入令人之室；石奇聞曰是塵根之未斷也，乃止。世人多爲囊雲惜，謝山則曰：

> 世之愚者，妄以此爲囊雲惜，嗚呼！人知囊雲之披緇，爲有託而逃；豈知囊雲之辭鉢，亦有託而逃乎！前此之有託而逃，欲長留君臣之義於天地閒；後此之有託而逃，欲長留父子夫婦之義於天地閒，所以相成也。（〈囊雲先生雲樹記〉）〔註19〕

是謝山以釋氏之塵視六表爲滅絕人道，不足取也；至於爲存君臣大義於天地閒，而託禪逃者，則以爲尚有可原。故謝山又曰：

> 囊雲之望望然不屑列於此輩之伴侶也，君臣之義正焉，父子夫婦之義正焉，即朋友之義，亦於此正焉。（同上）

是以儒、釋之別正在於君臣之義，在於父子夫婦之義也。蓋如陽明之言：

> 佛氏不著相，其實著相；吾儒著相，其實不著相。佛怕父子累，卻逃了父子；怕君臣累，卻逃了君臣；怕夫婦累，卻逃了夫婦，都是著相，便須逃避。吾儒有個父子，還他以仁；有個君臣，還他以義；有個夫婦，還他以別，何嘗著父子、君臣、夫婦的相？（〈姚江學案〉）

故彼釋氏者流，爲務養心而離卻事物盡絕人情，視宇宙萬物爲幻相，山河大地爲見病，是不可以治天下。則其與謝山之發揚儒學，繼承儒統，爲天地立心，爲生民立極，爲往聖繼絕學，爲萬世開太平之終極目標，相去何異天壤！無怪乎謝山之扞衛儒道，反對釋氏者流也。

是以謝山之網羅遺文，撰述《鮚埼亭集》，素不喜浮屠家言，其跋〈四明尊者教行錄〉，嘗特爲說明：

> 予生平不喜佛書，而是編以有關梓里文獻，故收拾之。（〈跋四明尊者教行錄〉）

是其以爲有關梓里文獻，則不得不網羅之，故在其所必須摭取之列，非己之所好也。

此外，《宋元學案中》謝山亦屢致此意焉，如其立〈荊公新學略〉及〈蜀

〔註19〕此說在梨洲爲〈囊雲先生墓志〉，已發其義，謝山爲進一步申說而已。

學略〉，稱「學略」而不稱「學案」，即以其雜於禪也。又如論呂希哲，亦曰：

> 集益之功，至廣且大；然晚年又學佛，則申公學未醇之害也。要之
> 滎陽之可以爲後世師者，終得力於儒。（〈滎陽學案・序錄〉）

論呂本中，曰：

> 大東萊先生爲滎陽冢嫡。……自元祐後，諸名宿如元城、龜山、鷹
> 山、了翁、和靖，以及王信伯之徒，皆嘗從遊，多識前言往行，以
> 富其德；而溺於禪，則又家門之流弊乎！（〈紫微學案・序錄〉）

論陳淵，曰：

> 其力排王氏之學，不愧於師門（伊川、龜山）矣！惜其早侍了齋，
> 禪學深入之，而龜山亦未能免於此也，所以不得不輸正統於豫章。
> （〈默堂學案・序錄〉）

凡謝山之論，皆可見其厭惡學者雜禪，蓋謝山深感西竺之能張其軍，故盡力扞衛儒學；其所稱許者，皆粹然眞儒，不雜不染，而能躬行自致者也。如其稱道玉山，曰：

> 其本師爲橫浦，又嘗從紫微，然橫浦、紫微並佞佛，而玉山粹然一
> 出於正，斯其爲幹蠱之弟子也。（〈玉山學案・序錄〉）

於此亦可知謝山深受理學影響，蓋理學之初起，乃爲應佛學之來勢洶洶，襲捲中土，卻造成道德意識低落之負面影響也。因此，謝山繼承儒學傳統，體用兼備，編纂《宋元學案》，以闡明本體之學，復撰《鮚埼亭集》，嚴於儒釋之辨，以扞衛儒學。而此亦謝山之所以異於晚明理學末流，彼或援佛入儒、或論三教合一而流於異學不自知，故謝山亦可謂醇儒也，此亦謝山史學之一特色也。

是故謝山嚴儒、釋之辨，且以爲儒之所以爲儒，即在其積極進取以補裨世道人心，有異於佛家棄絕人事之追求精神解脫者也。因此謝山極具入世思想，嘗力勸好友厲樊榭、趙谷林出仕，謂非直一代之光，且是朋輩之幸也。而謝山之不仕亦非逃世也，係其性情不適宦海、且另有從事史學之理想。故其論曰：

> 天下之難得者才也。僅而生之，而或有人焉抑之，或又不能隨時知
> 進退得喪，急求表現，而反自小之，是非特其人之不幸也，天下之
> 不幸也。吾願操大鈞之柄者，其無以成見爲用，舍春容而陶鑄之；
> 而負瑰奇之器者，其無以一擲不中，遂蕉萃而喪其天年，其庶幾乎！
> （〈杜牧之論〉）

此誠謝山由衷之誠摯言也，其有感於天生異才卻每多困阨，憔悴以喪，此則天地間至痛也。蓋人之不能盡其才，所蘊不能盡暴於世，天下之不幸也。而於此，正亦可見謝山論述之充滿儒家進取、兼善精神，亦其所以異於佛家逃世者之比也。故其儒釋之辨，不僅以文詞見，更以其不可自已之情感見者也。

（二）謹於史法

謝山在道德教化之史學觀念下，特別注重歷史人物之氣節操守、行事準則；反之，對其人之盛衰榮枯，則不甚措意。蓋人生百年間，寵辱利達，此一時之褒貶也；是非昭然，則百代不易之褒貶也。是以謝山志在秉《春秋》史筆，以懼彼喪德敗行者也，故其撰史，特別重視史法，所謂史筆之褒貶也。並主於傳信傳疑，以為此乃史家之天職也，庸得屈於權勢而誣陷史實耶！是以秉筆直書，操史家斧鉞之權以褒貶百代，此則謝山之志也。

因此，謝山對於太史公喜就現實榮利之一節妄加扭合，遂以道德學問、節行位望實不相侔之人合傳，深致其非之之意。其曰：

> 史公生平習氣，喜道人盛衰榮枯之際，以自寫其不平，而不論史法。
> （〈諸史問目答董秉純〉）

故謝山以為史家應力求公允，不得以己之蹇於遇，感慨係之，遂影響千秋史筆，憑所去取，致失史學褒貶之教化意義及應有之客觀性。固然《史記》乃不朽之作，無論體例開創之功、敍事之生動、徵文訪獻之詳實……等等，皆無媿為國史上第一流史著，然而謝山之言，正亦足為諍友；且《史記》雖有小疵，不害其為大美。而謝山之所駁謬，正亦所以觀謝山特識之所在也。

如《史記》以竇嬰與田蚡合傳，謝山力言不可。其論曰：

> 是以竇嬰與田蚡合傳，三致意於枯菀盈虛之間，所見甚陋！凡太史公遇此等事，必竭力形容之，雖曰有感而言，然不知嬰蚡之相去遠矣。（〈讀魏其侯傳〉）

謝山以為漢之丞相自高、惠以至武、昭，其中剛方有守，可以臨大節者，祇四人：王陵、申屠嘉、周亞夫及竇嬰也，故謂當以亞夫與嬰合，而嬰不應與蚡合。蓋亞夫與嬰並以討七國有名，其功同；並以爭廢太子見疏，其大節同；並皆不得其死，其晚景亦同。故但敍其討七國、爭太子、崇儒術，以見其長；而於其末，略述其為蚡所陷以死。至於田蚡，謝山謂特豎子耳，無一可稱，晚又有交通淮南之大逆，故只合黜在〈外戚傳〉中。《史記》強合竇、田為一傳，謝山故曰然則嬰豈可與蚡同傳哉？

此外，《史記》以爰、晁合傳，全氏亦謂有失史法。其意以爲晁錯雖以急切更張，蒙謗殺身，然而其料七國，則固無誤也；至於爰盎，則直是小人之尤，其欲以私怨殺晁錯，而使漢戕三公以謝過於逆藩。即令七國之師可罷，勢將使諸王成爲唐末之藩鎮悍將；再者，奉使而不能締約，抱頭鼠竄，辱國之甚也；又巧詆絳侯、面折申屠嘉相，欲掀大臣而奪之位，是小人之尤者也。因此謝山以爲晁錯固功罪不相掩，各應據實以書；爰盎則只當附見於晁錯傳中，其豈有足當於合傳之德者乎？以其同爭七國事而遂合之，是史公之失史法也。

又，《史記》以張、馮爲一傳，汲、鄭爲一傳，謝山亦以爲不然。其謂汲長孺在漢時無倫輩，鄭莊固不敢望，況莊有引桑宏羊之罪；張釋之是名臣，而亦非汲之儕，馮則並非張之比也。故謂史公以張晚年不用於景帝，馮亦老困，故合之；汲、鄭亦以其失勢後之寂寞合之，是「大抵《史記》習氣，但就一節扭合。」（〈諸史問目答董秉純〉）故謝山以爲史公過於牽就現勢之榮枯，以所謂志得伸否爲立論所據，不能顧及立身大節、道德學問等君子之所本也。然君子但修其天爵，人爵則聽乎天，枯菀、時也；窮達，命也，不可強而致之也，故其主張撰史者應著重道德教化之褒貶，不應以其寵辱利達而定予奪也，此謝山所謂史法也。

又關於謚號一事，謝山以爲諸臣之以罪或死或奔，而業已爲之置後，遂循後人所請而得良謚，此則謬矣！是以如晉之狐鞫居而謚曰簡，卻犨而謚曰成，欒盈而謚曰懷，齊之崔杼而謚曰武，衛之寧喜而謚曰悼……等，謝山論以：

> 則其爵已竆，其族已絕，誰爲賜之？豈其遺臣故吏，妄爲立議，當時因而傳之，而左氏亦遂從而載之。則是出於亂臣之徒之口，而竟以登於史乎？（〈左氏謚說〉）

是大夫之有罪者，餘黨竊爲立謚，而史臣又遂據以相稱，然則可乎？史者，所以昭炯戒也，今乃以亂臣賊子之私謚，公然登之史冊，而傳於無窮，則寧非史氏之失史法耶？

再者，自來未有以因國死事之臣，而入於易姓之史者；有之自晉書嵇康始，深寧嘗以嵇中散義不仕晉，甘以身殉，而反使晉書有其傳，謂是中散之恥也。謝山於此三致意焉！曰「斯言足以扶宇宙之元氣。」（〈移明史館帖子六〉）是以謝山亦力言抗志不屈、持節之高蹈遺民，應附傳於〈忠義傳〉之後，如《五代史》中有〈唐六臣傳〉、《宋史》中有〈周三臣傳〉，而不應以之列爲

〈隱逸〉，入於易代史中。是以對於傅氏《明書》附〈元遺臣傳〉於其中，謝山頗稱許之，曰「傅氏之書譾劣，不爲著述家所稱，其補元臣亦未備；要其所見則佳耳！」（同上）則此亦謝山以爲史家應有之史法也。

　　此外，前述謝山嘗論不應以中宗之終能復位，而於其被廢時，亦遂稱之爲帝，且謂此乃成敗論人也，此亦謝山之謹於史法者也。其「帝在房州史法論」中，論曰唐沈既濟以爲中宗既廢之後，每年仍應書曰「帝在房州」；范淳夫用其例，曰「《春秋》『公在乾侯』〔註20〕之比也。」程沙隨則曰「何不以敬王之例書『居』」，謝山以爲此二者皆非。其論曰：

> 敬王與子朝爭位，敬王當立，不勝，而居於翟泉耳，固非有廢敬王而錮之者也，非中宗所可比也；即昭公雖爲季氏所逐，然季氏未嘗敢顯言廢之也，亦非中宗所可比也。蓋敬王雖出，而依然王也，昭公雖逐，而猶然公也，《春秋》據其實而稱之；若中宗，則降黜矣，諸公不過因其後來復位，而遂帝之。

故成敗論人，乃罔顧史法也。謝山又取譬於夷羿篡夏，少康始生，而史家即以少康繫年，並謂削去羿奡之足快人意也；〔註21〕謝山謂此爲不明《春秋》之旨，乃取前古之帝王而擅操廢立之權，是大亂之道也。其言曰：

> 史以紀實，非其實者，非史也。今夫亂臣賊子，棄時竊據，天地之所無如何也；《春秋》之旨，能誅之，不能削之。惟據其實，則可誅之；若削之，則是天地之所不能，而書生能之，無是理也。（同上）

因此，從實而書之，褒貶大義即寓於其中矣；妄操史筆，以刪削史實，且自附於《春秋》之旨，謝山以爲甚矣其昧也。是以對諸史之於中宗既廢之後、未復之前，從而帝之，力言其不可。故其主張於中宗之廢也，應書曰「皇太后廢皇帝爲盧陵王」；於武則天之稱制，則書曰「皇太后自稱皇帝」；是後每年則書曰「盧陵王居房州」，隱寓翟泉、乾侯之義，而仍不泯其降封之實，必如此然後可以謂之信史也。

　　是以如司馬溫公之《通鑑》，於前王、後王之會，皆以後來者爲定，唐高祖武德元年，則正月便不稱隋煬帝義寧三年；唐玄宗先天元年，正月便不稱睿宗景雲三年；梁太祖開平元年，正月便不稱唐哀宗天祐四年，謝山以爲史

〔註20〕乾侯，地名，晉邑；乾音干，言其地水常涸也。《春秋》昭公二十八年曰「公如晉，次于乾侯。」杜預注《左傳》曰「齊侯卑公，故適晉。」

〔註21〕謝山自注曰「康節《皇極經世》之說」。

家記載，固求簡捷，然皆以後來爲定，則於義有未當。其曰：

> 大抵前王後王之會，祇應據實書之，不當以特筆進退其間。倘必以後統制，則次第之間，或以君而蓋於其臣，父而蓋於其子，祖而蓋於其孫，兄而蓋於其弟，則非惇典庸禮之旨也。又況所標於上者，已是新主之年，所列於下者，尚屬前世之事，於名於實，均似有所不合。（〈與陳時夏外翰論通鑑前後君年號帖〉）

是其既不足以傳寫當時之政治實況，且於謝山所深欲發揚之禮教觀念，亦均有悖，故謝山不附溫公也。其後謝山見朱子《綱目》凡例，有云漢建安二十五年十月，魏始稱帝，改元黃初，而《通鑑》是年之首，即標魏黃初，故論「凡若此類，非惟失於事實，而於君臣父子之教，所害尤大。」（同上）乃知前人已有先其言之者，唯《綱目》雖多所改正，至於中歲改元、無關事義者，則仍依通鑑之舊。謝山以爲一書當有定例，有以前爲主者、有以後爲主者，確實失於紊亂，故其《古今通史年表》概以前統後，而分注後來之年號於其下。以爲如此始能據實傳寫，且既無僭禮之虞，亦無妨害名教之慮也。故謂雖與溫公大左，然亦不敢以其爲大儒，而遂苟同附和也。

因此，謝山由理學而衍出道德教化之史學觀，復由此而衍出重視褒貶大義、傳實傳信之史法。故反對以節行位望不相侔之人，合爲一傳；反對因國死事之臣，入於易姓史中，主張另立〈遺臣〉或〈遺民〉傳；復力言史家應慎用諡號；至於前後王交會之時，則應據實書之，不應以後王統前王也，此其秉經世垂訓之理想，以秉筆直書爲史家崇高之職志，故知我罪我，其在斯也！其在俟諸百世也！爲史家而豈可不謹於史法耶？

（三）長於史論

謝山《鮚埼亭集》寓經世理想於其中，教忠教孝、表章忠義外，復兼重著作義例，並且暢發史論於其中。其以博學多識之明，於諸多往事陳迹中，不僅能知其然，復能知其所以然；其洞察事理、析事精審，發爲史論，洋洋灑灑，覽其文，覺理之至然也，又有發前人所未發者。此外，謝山之暢發史論，非爲逞口舌之利也；其以翔實之考徵、洞識之卓見，皆其中有不可抑遏者，始載之於筆，見之於文，不同於其他縱橫家流。然《鮚埼亭集》究非以史論爲主，是以謝山之史論，除卷二十九有〈孫武子論〉、〈平原君論〉、〈四皓論〉、〈劉揚優劣論〉……等約十文之外，其餘均散見於各篇中，故以下謹就蛛絲之尋，略述如下。

　　前述謝山非不仕者也；他亦嘗應鄉試、充選貢、赴詞科之選，並成進士，入庶常館，惟以生性耿介，不適宦海之夤緣求進，遂於三十三歲辭歸故里，自後不出，終生務力學術，以表揚節士義行為職志。故其於至友厲樊榭，嘗力勸其應制科之選，其曰：

> 乃聞樊榭有不欲應辟之意，愚竊以為不然。穀梁子曰「心志既通，而名譽不聞，友之罪也；名譽既聞，而有司不舉，有司之罪也。」今樊榭為有司所物色，非己有所求而得之也，而欲伏而不見以為高，非中庸也。（〈與厲樊榭勸應制科書〉）

又，〈與趙谷林兄弟書〉亦曰：

> 今倘以賢兄弟當其選，堪為是科生色。小山堂之牙籤，伐山網海，足以補天祿、石渠之闕；〔註22〕而以西湖觴詠詩才，出而和其聲，以鳴國家之盛。……是直一代之光，非僅吾黨之幸也。

則顯然謝山並非隱者之流，亦未嘗反對出仕；他之不仕係勘透宦海浮沉，自以耿直之性，不適官場酬酢，因此謝山非妄夸不仕以為高也。是以其於世論多責莊定山之仕為晚節之玷，頗不以為然，其曰：

> 殆非也。孝宗在位，非不可仕之時，定山非竟不筮仕之人，必謂當以不仕為高，聖賢中庸之道不然也。（〈莊定山論〉）

故仕與不仕，須因人、因事而異，非竟以其人之不仕，而遂以為高也；否則徒夸不仕以為高，則亦不免於終南捷徑之譏也。故如許文正、劉文靖，北方兩大儒也，文正仕元，文靖則否；論者或議文正之仕元，或詆文靖之〈渡江賦〉有幸宋亡之意，於此謝山亦自有識見，其曰：

> 許文正與文靖，皆元人也，其仕元又何害？論者乃以夷夏之說繩之，是不知天作之君之義也。豈有身為元人，而自附於宋者？真妄言也。
> （〈書劉文靖公渡江賦後〉）

其以兩先生皆非宋人，仕元無害。至於文靖之不仕，亦非以不仕為高，乃其以元之開創規範言之，不足以有為，以為非行道之時，故不出。蓋其意立人之朝，即當行道，而不僅以明道止；不能行道，僅思明道，則不如居田閒而明道之為愈也。且其〈詠四皓詩〉，託興於四皓輔漢惠而終不能安漢，以見己

〔註22〕天祿閣、石渠閣，皆漢時藏書閣名。時揚雄校書天祿閣中；石渠閣則為蕭何所造，其下礱石，為渠以導水，若今御溝，因為閣名，藏入關所得秦之圖籍。成帝時又於此藏秘書焉。

之不當留也。是以文靖之不仕，謝山言其本不因宋；雖其嘗議揚雄，羨管寧、陶潛，然而與諸人故國故君之分者，實不同也。

至於文靖之〈渡江賦〉，謝山則謂諸公但讀其賦，未嘗取其集考之，是未之深思也。蓋渡江之舉，宋曲而元直，文靖傷宋爲奸臣所誤，以至此也。然哀之，既非幸其亡、亦無存宋之意，所謂置身事外而言者也；且其集中亦多哀金詩作，以其先世皆臣事於金故也，是以，「凡此，皆文靖置身事外，平情論事之作，存之幸之，俱無預也。」（同上）故謝山以爲文靖生於元代，見宋金相繼而亡，而元又不足爲輔，於是南悲臨安、北悵蔡州，雖曾勉受集賢之命，終敝屣去之；此其情實也，勿庸爲過情之論也。此即謝山之能泛觀博覽，周詳考覈，衡情而論，故能見人所不能見者也。

此外，其〈孫武子論〉載及蘇軾嘗以孫武之用兵不能必克，與書所言遠甚，疑書之不足信也；全氏謂此具論世之識，然尙有未盡者。蓋孫武之爲世人共稱者，莫如以軍令斬吳王寵姬事，以示紀律之嚴；然其於夫槩之擅出，不能禁之，雖幸而得捷，而師律已紊，且使其翹然而有自喜之心，卒之首償於秦者，亦夫槩也，而竊歸自立之禍起。故謝山論曰：

> 夫始則擅發，而武不能禁；繼則竊歸，而武不及知。古所謂大將之師，其進如風，其止如山者，不如是矣。……況當兩軍對壘，而軍法乃爾，吾不知孫子斬姬之刃果安在也？（〈孫武子論〉）

此外，其軍掃境以出，不虞於越之乘虛，貪前進而忘後患也；而決漳水以灌紀南，決赤湖水以灌郢，棄生靈於不顧，以博一日之勝，謝山故責以猇突之徒也。又，以子蒲、子虎之非名將，孫子遇之，輒累北焉；再者，《左氏春秋》內外傳紀吳事頗詳，卻絕不一及孫子，即《越絕書》出於漢世，亦不甚及於孫子，謝山以上論補蘇子及水心之言，而疑其人其事皆縱橫之僞者也。

此外，謝山嘗論劉揚優劣，謂劉向心切維城之寄，而力不能扶，故以傳經之學感悟其君；唯五行之說駁雜不醇，是以後世學者，頗執成說以律之，然則謝山曰：

> 生其後者，執成說以律之，何其固也？故子嘗謂洪範之說，因事進規，其志存乎彌縫匡救；其視孟子與齊王說詩，斷章取義，將順而挹之於善者實同。（〈劉揚優劣論〉）

是其以爲事有經有權，猶聖人之處事，有體有用也。故劉向以忠貞大節，建言君前，雖其說駁雜，非儒者之醇；然其用心之苦，亦同於孟子斷章取義以

說詩，意在順而掖之，致君堯舜之意也。故善體其意，則無過責之論也。

因此，如明正德間大臣王晉溪之才偉矣，用陽明以定宸濠之難；唯明人論晉溪，褒譏各半，以其人之兼機數也。謝山則論曰：

> 其人雖兼機數，然三代以後，盤根錯節，亦非有機數不成者，必墨守迁腐道學之言以格之，此愚人也。明人論晉溪，褒譏各半，非知晉溪者。晉溪爲敬軒再傳弟子，其太公即敬軒弟子也。然則晉溪之心術，何嘗不粹？特事有經有權，則所以處之者，亦有體有用。（〈跋明王晉溪尚書傳〉）

故謝山之論人，能就大節立言，至於小節，則未嘗不能權宜變通之。所謂拘小節者不能行大威；又所謂人有厚德，無問其小節，而有大譽，無疵其小故也。於此亦正可知謝山雖著重道德教化，然並非墨守迁腐道學之言者也。

此外，謝山又嘗暢發其論於〈移明史館帖子〉，如其論藝文一門，以爲不當僅收本朝典籍，必綜彙歷代之所有，蓋古今四部存亡之所由見焉！

謝山以爲古人之於藝文，不以重複繁冗爲嫌，此由於世道降而人心壞，雖在翰墨，亦思舞詐，以聳一時之觀聽，故曰：

> 天下圖籍至繁，豈無逸出於山林草澤之間？而必以內府所藏核之，防作僞也。（〈移明史館帖子一〉）

又曰：

> 《漢志》所有，至隋而佚其半；《隋志》所有，至唐而佚其半。其卷數或較前志而少，則書之闕可知；或校前志而多，即未必僞，要其書之擾改失眞可知。（同上）

此即由於人莫不欲伸己之說，以黜人之說；甚至藉以謀利，有所爲而爲，以致僞書紛出，令人不敢遽信。因此漢以《七略》爲本，隋以《七志》、《七錄》，唐以《開元書目》，宋以《崇文》、《中興》兩書目者，即所以核其眞僞也。是以謝山對於《明藝文志稿》僅收有明一代之書，憂夫年運而往，贗本乘之，而徵文徵獻不足，後輩之無識者，將有相驚以爲是羽陵、酉陽中物者也。〔註23〕

故謝山於藝文一門主張廣搜博羅，其曰：

〔註23〕羽陵：江總，〈皇太子太學講碑〉有「羽陵蠹迹，嵩山落簡，外史所掌，廣內所司。」

酉陽：山名。在湖南省沅陵縣西北，一名小酉山。小酉山上石穴，中有書千卷，相傳秦人於此而學，因留之。後梁元帝有賦訪酉陽之逸典。

> 班氏於《春秋》諸傳，以騶氏之無師、夾氏之無書，尚登諸冊，恐
> 古學之失傳也；〈師曠〉六篇顯然為後人因託，不敢輕去，闕所疑也。
> （同上）

即以為往史之不敢任意去取者，正恐失傳於後世也。故雖己之未見、己之所疑，猶以之登於史冊，即以志慎也。蓋此內府史志，以為核覈天下圖籍者也，因此寧闕所疑，不敢失之闕略也，亦謝山之謂「不以重覆繁冗為嫌」也。是以其於橫雲山人所撰《明藝文志稿》，不僅弗及唐宋以前，即於遼金元諸卷帙亦從而去之，力言其失之太簡。其論曰：

> 古人宏雅不群之才，大都以述舊聞、補逸事為尚；今姑弗及於唐宋
> 以前，而即以完顏、蒙古兩朝，其登天祿入石渠者，不知幾何！棄
> 而不錄，得毋為諸史家所笑也？（同上）

以故，謝山又曰：

> 班氏而後，言藝文者莫善於隋，歐公《唐志》亦佳；紊亂而無章者，
> 無若宋也。軼唐宋而侔漢隋，是在史局諸公為之。（同上）

故謝山主於綜彙歷代所有，述舊補逸，力侔漢隋。必如此，方可無憾於藝文一門。否則徒務簡淨，無補於疏通證明、匡繆補遺，則將焉用彼藝文志為？

抑有進者，謝山以為除著錄書目之外，並應略及典籍大意，甚至覆審刪正之人，亦為詳載，並於別集之下詳其邑里、紀其行事，務使後世讀是書者，得有所據，並以補列傳之所不備。則是典則遺文藉此不墜，然則豈僅以書目傳而已！〔註24〕

總上可知，謝山之於歷史人物考覈周詳，不以妄夸不仕為高，深明君臣之義；不輕信古史所載，能詳細搜證；又深知事有經、權，反對迂腐之論以格人；復主張〈藝文志〉不當以斷代為，必要綜彙歷代所有，以防疏漏貽誤。凡其所發為史論，皆汪洋恣肆，覺理之至然也，此正謝山之博學多識有以致之，亦其所以能自立時風之外，致力文獻而功在史學者也；固然謝山史論，不僅如此，略如上述，以見其一斑。

（四）善於史裁

謝山博學多聞，又富於識見，於紛綸錯雜之往事，往往能綜會條貫之，

〔註24〕謝山此意，即後世藏書家所謂「解題」者也，清私人藏書家，頗多留意及之
　　者；宋晁公武《郡齋讀書志》、陳振孫《直齋書錄解題》，並皆嘗為此。故謝
　　山此論非其創見，係於前人基礎上立論，以為《明史・藝文志》當如此也。

以其善於史裁、知夫取捨，故撰史能具客觀態度、徵實精神也。謝山治史重視表譜，以做爲往史綱紀；又重視詩史作用，以證補史事；重視金石碑銘，以正誤訂謬，故其治史謹愼，多所取材，以資考證。是以《鮚埼亭集》不僅傳南明浙東節烈也，亦所以傳一代之信史也。

謝山重視表譜，其以爲表者，正所以補列傳之不足。太史公易編年爲紀傳，以本紀、世家總全史之大綱；然謝山以爲上自群雄割裂、合幷之歲時，下至百官策拜、罷免之事跡，皆紛綸雜糅，即善會通者亦不能偏舉其要，故主張輔之以「表」。其謂：

> 立乎百世之下，執遺文墜簡，以觀往事，蛛絲馬綫，正於原委棼錯之中求其要領，然苟得一表，以標舉之，則展卷歷歷在目矣！（〈移明史館帖子三〉）

又曰：

> 興廢傳襲瑣屑之跡，雖有列傳可考，而眉目非表不著；又其中有交推而旁見者，尤必於表觀之。（同上）

是故表固有足以兼志者，而志不可以去表也。蓋史而無表，則列傳不得不多，傳愈多而事愈繁，甲乙混者有之，前後更迭者有之，錯出複見者亦遂多矣。故表者，正所以綱舉目張、條分縷析者也。如謝山所言：

> 列傳所載更繁，甲乙互混，前後迭移，大略以表正之；或者名薄功微，行事既不少概見，姓氏又莫可附麗，即籍本表以當附傳；即其有傳者，功罪事實，傳中之所未備，亦多於表見之。（〈讀史通表序〉）

故凡因革離合之間，有遺漏而未舉者，皆藉表以明之，則事無鉅細，皆可靡遺矣。

是以表之爲用大矣哉！所以提綱挈領也，所以件附事繫也。如班氏〈百官公卿表〉，勳階資格一一詳列，復備及其人之遷除；又如《新唐書‧方鎭表》，所以補〈地理志〉之不備；而功臣諸王外戚恩澤諸表等，封爵之籍所賴以不泯者，故亦載入馬氏〈封建考〉中。再者，秦楚之際、漢魏隋唐之交，瞬息萬變之事勢，不以月計之，何能瞭然？故謝山謂曰「茫茫桑海，季漢月表之不作，志士之埋沒，蓋亦多矣。」（〈忍辱道人些詞〉）然而列朝史例，不必相沿，因其時事而作也。謝山之所謂：

> 史之有表，歷代不必相沿，要隨其時之所有而作，如東漢之〈宦者侯表〉、唐之〈方鎭年表〉、遼之〈外戚世表〉，此皆歷代所無，而本

史必不可少者也。(〈移明史館帖子三〉)

故視時事所需,取夫有關一代掌故者,爲具於表,使夫始末簡略,條理明晰,亦足爲全史去蕪文也。

是以謝山初讀《二十一史》,即取諸表諦視,以得其義蘊所在,並謂表者,「固全史之經緯,如肉貫串,非徒取充口耳。」(〈讀史通表序〉)因此謝山極重視史表,嘗取萬斯同所增補之《歷代史表》,續葺其闕漏者,訂正其訛謬者,並疏證、審核之,以成《讀史通表》,意以充讀史者之目錄。

此外,歐陽公表宰相世系,謝山稱曰「唐有〈宰相世系表〉,則雖瑣瑣任子皆得附名汗簡。」(〈跋宋史趙雄列傳〉)又曰「故國之有世臣,非徒喬木之謂。」〔註25〕是謝山以爲故國喬木不可不亟爲封殖,蓋國有危難,其爲中流之砥柱也。故其撰《讀史通表》既峻,即又別作《歷朝人物世表》二十卷,合二千餘年之王侯將相卿尹牧守,凡累世有見於史者,即牽連志其人代,而儒林文苑,亦附見焉。故讀者披覽之下,世家興替,歷歷目前;一代世運,亦隨之而見,此不得謂非謝山之深具識見也。且謝山又以史表之例,運用於宋元學術史,使師承源流、續傳、學侶、講友、同調等錯綜關係,部列分明(已見於第二章),以創垂完善之學術體裁,故謝山亦在於不朽者也。

謝山如此重視史表,故其〈移明史館帖子〉三、四,皆專論史表之重要,力言《明史》應撰作〈屬國表〉及〈部族表〉。蓋屬國之爲中國重甚矣,而其興廢傳遞、旁推交通,種種原委之棼錯,皆必於史表以觀之。如漢武謀通西域,以斷匈奴右臂,於是而有夜郎、昆明之師,其後三十六國既附,漠北衰弱;及新莽之世,匈奴又振,西域復阻;再如匈奴之內徙、鮮卑之北據,皆爲六朝之累;又唐之突厥、吐番、回紇,都爲國患。……凡此林立之屬國、邊患,莫不爲中土之憂,防秋無一歲之寧。而有明一代,初則王保保未靖,頻勞出塞之師;繼則土木之狩、陽和之困,九重旰食,不一而足;又朝鮮之易姓、交阯之頻失、倭人之內犯,亦皆東南大事;此外,緬甸、日本、安南,甚至鄭和下西洋後來貢之屬國,凡此種種紛錯之往事,謝山以爲皆有待於史表而後明。

至於諸國,乃所以識其大者;諸部,則所以識其小者,故又有立部族表之必要。如南中諸郡拒命,諸葛不敢北征;山越爲梗,孫吳爲之旰食;而有

<hr />

〔註25〕《孟子・梁惠王下》曰「所謂故國者,非謂有喬木之謂也;有世臣之謂也。」文中謝山〈歷朝人物世表序〉之言,由此而來。

明三百年，史冊所書洞主、酋長之事，頗與諸國等；此外勤王殉節，如秦良
玉、〔註26〕龍在田輩，〔註27〕亦多有之，而皆前史所希聞也。是以謝山主張
仿《遼史》於〈屬國〉之外別立〈部族〉一表，取前人所著西南土司簿錄諸
種，以爲稿本，使始末簡略，俱繫於表，則雖不能詳，亦顛末完具，足爲《明
史》增重矣。

　　史表之外，謝山復注意及譜牒之學。六朝重門第，親表支系、族姓之學
普徧受到重視，故晉有〈中表實錄〉、齊有〈永元中表簿〉、梁有〈親表譜〉，……
而學士大夫，亦各有家、傳家譜、世錄、世傳等，天子即以之定流品，士人
以之通婚姻也。至於三唐以後，科舉盛行，於是世人不尚譜牒，歐陽公《新
唐書》雖有〈宰相世系表〉，然清門鉅族之不爲宰相者，則時有所遺；其後之
各史，則狃於積習，又廢棄不錄，重以中原喪亂，遂使譜牒散亡。故後世子
孫或有過譽其父祖者；不肖者流，更有謬託賢哲、或私鬻宗譜者，皆在於以
偽亂眞也。斯則譜牒不傳之憾，故謝山撰《歷朝人物世表》，曰：

> 讀者披覽之下，若者家聲世接，若者種惡代傳，若者隕宗，若者幹
> 蠱，是亦《春秋》之意已。（〈歷朝人物世表序〉）

蓋謝山以爲國家一代盛衰之運及學業氣數，均寓於世家興替傳遞之迹，豈能
任意忽之？而令其湮沒不傳耶！

　　謝山重視譜牒，因此既撰《歷朝人物世表》後，復仿前人之例，作《古
今親表錄》以輔之。其中以締姻帝室、預於戚里者，列之於首；次則以國事
有關之內外大臣；再推而及於儒林文苑，祖系分明，昭穆親疏秩然有序。此
外，謝山又撰《四明族望表》，凡各姓之來鄞，始於何時？以及其節行位望、
學術源流、詩文世業，均爲載及（已見於第二章）。謝山此篇出，實齋復鼓吹
之，於是譜牒之學再受重視，同光後之各地方志，遂多有氏族表矣，不僅於
徵文考獻大有裨益，而亦謝山所謂以備國史他日之參稽也。

　　再者，詩以言志，所謂亡國之音哀以思；蓋其深哀託寄，以身之所涉歷，
淒楚鬱結，有不自知其然者也。是以亡國之際，詩可補史也。梨洲〈萬履安

〔註26〕秦良玉，明忠州人，石砫宣撫使馬千乘妻。饒膽智，善騎射，兼通詞翰。萬
　　　　曆間，千乘從征播州，良玉爲男子裝，別統精銳，裹糧自隨。千乘死，遂代
　　　　領其眾，以討奢崇明功，授都督僉事，爲總兵管。崇禎時，屢破流賊，賊不
　　　　敢犯其境。
〔註27〕龍在田，明石屏州士官舍人。天啓初，平安效良等亂有功，後屢率所部擊賊，
　　　　官都督同知。沙定洲變走大理，說孫可望攻破之。入於勝朝殉節諸臣錄。

先生詩序〉云：

> 今之稱杜詩者，以爲詩史，亦信然矣。然註杜者但見以史證詩，未
> 聞以詩補史之闕；雖曰詩史，史固無藉乎詩也。逮夫流極之運，東
> 觀蘭台但記事功，……史於是而亡矣；猶幸野制遙傳，苦語難銷，
> 此耿耿者，明滅於爛紙昏墨之餘，九原可作，地起泥香，庸詎知史
> 亡而後詩作乎！（《南雷文定》）

是梨洲意在以詩補史也，因此近代學者謂黃宗羲之論詩，正面開出詩史之新
意義，進一步提出以詩補史之闕，而非僅僅以詩爲所以證史者也。〔註28〕故
詩而有史之性質，即詩即史也。

全氏學術深受梨洲影響，故其論時，亦頗主於以補史闕之說。其以爲故
國遺民之詩集，皆舊史所關，不可聽其湮沒也。其言有曰：

> 故國遺民最佚群，並有清吟成變徵，祇愁闋篋泯前聞，百年星火歸
> 喬木。（〈秋日之浮石周氏訪立之輯公殷靖諸先生遺文〉）

是其憂夫故國遺音爲闋篋所泯，致使故國遺事之不得聞也，因此到處訪求諸
薦紳、布衣之詩集，即若片詞隻字亦珍若珙璧。其續編李杲堂之《甬上耆舊
詩》，且有詩曰：

> 碧血恨猶舊，蒼宮怨未荒，百年埋井渫，此日朗星芒。軼事徵山海，
> 廋詞託漢唐，重泉應一笑，魂魄慶重光。（〈題杲堂内稿後時其仲孫
> 世法方擬開雕〉）

是其以爲詩集所關，皆山海舊聞，所謂託詞漢唐者也，然而竟遭百年沉埋，
是以亟爲出之，使之朗耀日星也。而謝山之搜訪詩集遺文，殊爲不易，時值
文網正密之時，諸家子孫多悶其集不肯出，謝山有詩曰：

> 昨我搜羅遍里社，殘編叢說證榆枌。……五百年來大掌故，潛伏令
> 我魂夢殷。（〈芍庭爲予至青山求元人葉編修家乘抄其遺文歸……贈
> 以七古〉）

然而其努力，畢竟有足慰者，其曰：

> 桑田軼事紛綸出，枌社遺文子細查，所思拾殘猶有待，敢言一攬盡
> 天葩。（〈張二靜淵讀予所續甬上耆舊詩而曰諸公原集雖付之一炬可
> 矣予皇恐未敢當也〉）

故桑海之際，諸君子之崎嶇山海，而其表見於詩文者，或意氣風發，所謂「英

〔註28〕詳龔鵬程，《詩史本色與妙悟‧論詩史》。

爽與之俱」（〈題陳秋濤相國墨蹟〉）；或流落江隅，所謂「剩此灰劫餘」（同上）。如謝山序張蒼水遺集，以爲是「日星河嶽所鍾，三百年元氣所萃也。」該集嘗爲清人投於火中而不可燬，因此謝山曰「存其集者祝融吳回，所以呵護十九年之心氣，夫孰非天之所爲哉！」又敘述道「風帆浪楫，窮餓零丁，而司隸威儀，一綫未絕，遺臣故吏，相與唱和於其間。」（〈張尚書集序〉）故所以志殘明餘緒也。是以如元之亡也，渡海乞援之事，見於九靈之詩，而鐵崖之樂府、鶴年席帽之痛哭，皆金版之出地也；至於明室之亡，從亡之士、章皇草澤之民，更不無危苦之詞，如石齋、次野、霞丹、希聲、蒼水、密之、履安……等，皆故國之鏗爾詩史也。〔註29〕

　　此外，謝山復編有《句餘土音》，亦志在補志乘也。雖謝山處太平盛世，未若前賢所謂亡國之際，以詩補史闕者也，然亦有感於鄉先輩之遺事散失，因而標舉鄉里故跡以觸詠之。其曰：

> 雖未能該備，然頗有補志乘之所未及者，其敢謂得與斯文？亦聊以志枌社之掌故。（〈句餘土音序〉）

是以其觸詠賦詩，志在以補史事之缺也，其傳於後世，亦有補於史闕者也。故此雖謝山受啓於前賢，然亦其務力躬行，而非徒以文字見者，是亦謝山有功於史界、有功於文獻之一端也。

　　至於金石碑銘一類文字，明清之際亦頗受士人重視，如亭林出遊，每至窮村絕谷，皆求碑碣觀之。方謝山登天一閣泛覽群書時，發現其中有一架蛛網塵封而乏人問津者，發視之，則碑銘也；故知《天一閣書目》所載僅及雕本、寫本耳，並未及於碑銘，蓋范氏子弟亦未嘗知之也。其間雖天一閣亦嘗有黃梨洲、徐健菴、萬季野、馮南畇……等大儒讀書其中，亦皆不及碑銘也，故謝山理而出之，編爲碑目一通，附之書目後，是爲《天一閣碑目》。其曰：

> 殘編斷簡，亦有足以補史氏之闕。……乃聽其日湮月腐於封閉之中，良可惜也。（〈天一閣碑目記〉）

謝山意金石碑銘雖斷簡殘篇、或殘碑斷碣，然亦足與紀傳校其闕謬也；非徒以詞翰之工，供區區取玩研席耳。故謝山又曰：

> 蒐金石之遺文，足以證史傳；訪池臺亭榭之舊事，足以補志乘。（〈厲太鴻湖船錄序〉）

〔註29〕以上元、明之際，堪稱故國詩史者，乃參考梨洲《南雷文定·萬履安先生詩序》。

因此，對於山巔水滋之碑，半與高岸深谷共消沉剝落；或幸而完者，又不免為市利之徒礱其石以求售於人，謝山至感慨嘆，因籲有好事者為之收藏，當不可不亟於從事也。

是以《鮚埼亭集》卷卅七、卅八，皆謝山所為碑跋，其以為金石碑銘之足補史事缺失者也，其曰：

> 自唐以後六史，篇目雖多，文獻不足。今采其稗野之作，金石之記，
> 皆足以資考索。(〈鈔永樂大典記〉)

故以下就《鮚埼亭集》中，謝山以為金石文字之有足資考證者、或有足以補遺正謬者，撮要條舉如下：

〈漢魯靈光殿釣魚池甎跋〉有曰：

> 公重摹本在曲阜孔廟中前殿東壁，其曰「五鳳二年，魯卅四年。」
> 足見漢世藩侯之禮，奉朝廷正朔，仍各自紀元之證。

是謝山以漢魯靈光殿釣魚甎上所刻文字，證論漢世藩侯在奉朝廷正朔外，猶各自行其紀元也。

〈葉歙州神道碑跋〉有曰：

> 古人之文，無稱其子者；閒有之，不過數語，元人始濫觴，如歐陽
> 圭齋為許圭塘父碑，洋洋滿紙，說者以為昧於文章之體。今觀是碑，
> 則唐人已開其先。

是此碑之足資正史考證，並補史事缺失也。

〈宋廣平神道碑跋〉謂：

> 魯公為廣平作神道碑，并書。其人其碑，皆第一流也，而前此未之
> 得見；明嘉靖中從泥土出，震川見而喜之，以為有足補新舊二史之
> 遺者。其旁有神道碑側記，亦魯公作，以補碑文之所未備，此即古
> 人「碑陰」之體，潘王金石例，未及著此名目也。

此碑不僅足補正史之遺，其體例更有前人所未見者，則是碑之出，真所謂能證補者也。

〈大觀御製八行八刑碑文跋〉有曰：

> 八行之選，《宋史》取士一法也，當取之以證〈選舉志〉。

則是碑足備正史之考證也。

〈林泉雅會圖跋二〉有曰：

> 天啓三年，林泉詩社勒石，公年八十，為席長；而杲堂以為泰昌改

> 元公已卒，贈光祿，可謂紕繆之甚者。今鄞志皆本之；向非石本之
> 存，何以訂此譌乎！

則是碑之足訂方志誤謬，所謂正謬者也。

上述皆全氏以金石碑銘爲正史補闕訂譌也；雖然，亦須謹愼從事矣，豈
敢妄騁議論？其又曰：

> 從來金石之學，足補史傳，然非博求其是，則翻多誤者；即令欲正
> 前人之誤，而不能得其所以誤，亦未足以折之也。（〈跋歐曾兩集古
> 錄桂陽周府君碑〉）

此即謝山求博、求愼之一貫爲學態度，博學多聞，實事求是是也。又謝山深
通經史之學，故凡《鮚埼亭集》、《經史問答》中，其所考證、補遺、訂誤者，
皆所在多有。

謝山既主金石碑銘可以證補史事，故其亦立意於以碑傳爲史傳。前嘗言
及梨洲與謝山均以碑傳爲史傳者也；而碑銘文字之素爲人所詬病者，即在其
應酬也，故彼等皆刻意爲碑銘行述立一崇高標準。因此《鮚埼亭集》內雖多
碑傳文字，然其所取材，皆忠孝節義者，類多關乎士風與文運；重以謝山博
學、謹愼之態度，故是集亦爲治南明史之重要史料，亦謝山之所謂以金石碑
銘證補史事者歟！

在清初考證風氣中，謝山雖不事於繁瑣餖飣之補苴工作，然亦深受清初
徵實學風影響，治史亦主力求覈實之態度，其言如：

> 事固以從其實爲可信也。（〈凱風説示李桐〉）

> 不覈其實，則徒使其書之不足取信於世。（〈辨大夫種非鄞產〉）

> 郢書燕説，不幸而傳，則文獻之禍也已。（〈周篔堂事辨誣〉）

凡此皆可見其實事求是之史學精神，深恐一言之失，以貽後世之誤，並且徒
使其書之不足取信於後世也。是以謝山治史極爲謹嚴，皆多方考索，力求徵
信，其曰：

> 予不敢有溢詞，亦不敢沒其實也。（〈吏部侍郎兼翰林掌院學士巡撫
> 江蘇思蓼邵公神道碑銘〉）

此即謝山撰作史傳之嚴於覈實態度，必使無隱無逸；苟有一毫隱曲，即必表
暴於世而後已，故能發明幽隱。

謝山以此謹嚴態度治史，故於文獻不足之處，不敢輕下斷言，其曰：

> 夫古今文獻之失所證者，闕之可也；必求其人以實之，則有不免於

後世之抔彈者。(〈與徐徵君惠山論春秋指掌圖帖子〉)

故其所載筆，愼之至也！如其爲錢忠介撰第二神道碑銘，不僅詳節其文集中事跡，並且合以家傳及諸野史之異同，以參伍考稽；爲華亭張肯堂撰神道碑銘，亦博考唐、魯二王野乘，參之《明史》，並折衷於其孫茂滋之所述，而論定其異同。凡所立言，概皆不離於此，即其所言「漢人所謂治一經必合《五經》而訓詁者。」(〈尚書問目答董秉純〉)故其不僅博覽群籍，多學而識，並且廣徵博證，務期傳信史於後世。

謝山嘗舉前人之言曰「彭仲謀流寇志譌錯，十五出於傳聞，是君子之過；鄒流漪則有心淆亂黑白，是小人之過。」(〈明太常寺卿晉秩右副都御史繭菴林公逸事狀〉)因此其於毛西河心術不醇而致不實之處，極力批判。其曰：

> 其中有造僞典故以欺人者；有造爲師承以示人有本者；有則人之誤
> 已經辨正，而尚襲其誤而不知者；有信口臆說者；有不考古而妄言
> 者；有前人之言本有出，而妄斥爲無稽者；有因一言之誤，而誣其
> 終身者；有貿然引證而不知其非者；有改古書以就己者。(〈蕭山毛
> 檢討別傳〉)

蓋君子之過，出於無意，尚有可原；而小人之過，出於有意造僞，則無可逭者，此實齋之所以倡言「史德」者也。是以謝山嘗撰爲《蕭山毛氏糾謬》十卷，以駁斥其誤謬處。另外，其於所知而傳聞有誤者，亦皆力爲訂正之，其曰：

> 世無歐陽公，孰爲王彥章核實者乎？作糾謬。(〈節愍趙先生傳糾
> 謬〉)

此即謝山之主於實事求是，唯恐一言之失，遂致枌社千古之誤，不可不愼也！

然而謝山雖爲之糾謬，彈駁前人，卻非誇示己之博學，而正欲爲其功臣也；故謝山亦復期於海內博雅君子，亦能正其闕謬也。如其箋《困學紀聞》，有曰：

> 胡身之謂小顏釋班史，彈射數十家無完膚；而三劉所以正小顏者，
> 正復不少。是書雖經三箋，然闕如者尚多有之，又安知海內博物君
> 子，不有如三劉者乎！予曰望之矣！(〈困學紀聞三箋序〉)

是其亦虛心於就教也，於己之不愼致誤處，未圖規避，如其曰：

> 予初作〈剡源九曲辭〉亦循傳聞之說，貽誤藝苑；山靈有知，當爲
> 齒冷。因是正之，以補失言之羞。(〈公棠辨〉)

此即謝山之覈實態度，不諱言前人之過，亦不諱言己之過；只問是非，不問誰氏所作。如謝山之於梨洲推崇備至，然梨洲亦不能全無謬謬，故謝山曰：

> 梨洲於書無所不通，而解經尤能闢前輩傳注之訛；然亦有失之荒唐者，如指浙東之握登山、歷山、姚江、姚邱，以爲舜居東夷之注，是乃前世地志笑柄，反謂顧野王餘姚舜後支庶所封語爲妄。（〈跋黃梨洲孟子解〉）

於此可見謝山之求是精神。蓋一言之失，無害於全體之善，何必斷斷於護一二言之短，而反失其求眞求實之精神。此即謝山所謂正前人之失，正所以爲其功臣者也。

謝山以此態度治史，故其於明末以來諸史雜亂舛錯，各家亦未能詳覈其實，頗致慨焉！其曰：

> 明末紀述，自甲申以後，螢光爝火，其時著述者捉影補風，爲失益多；兼之各家秉筆，不無所左右袒，雖正人君子亦有不免者，後學讀之，如棼絲之不可理。（〈與史雪汀論行朝錄書〉）

再者，其於《明史》之諱言南明遺烈事，尤其不以爲然，其言如：

> 公乙酉以後之事，見於碑誄者，皆互有缺略。聖祖修《明史》，史臣爲公立傳，據諸家之言，亦不詳也。（〈忠介錢公神道第二碑銘〉）

又如〈爲明故相膠州高公立祠議與紹守杜君〉，言：

> 是皆《明史》及諸野乘所未及者。

此皆謝山或嘆《明史》立傳之缺略，或感《明史》蒐羅之不廣，或傷節士生平之湮滅；且以爲朝廷縱能去大內之籍，亦不能杜名山之藏及諸遺老之史筆成塚，因此致力發明幽隱，而參稽考核，凡文集、家乘、諸野史，甚至通人等，皆在其考徵之列也。然而能否寫出客觀翔實之信史？與應否堅守客觀徵實之態度，則二事也；因此謝山謂夏彝仲之《幸存錄》出，梨洲著《汰存錄》以訂之。以夏氏之身仕歷朝，耳聞目見，猶有謬妄，不能免於餘論；且梨洲所著之行朝錄，亦頗有遺錯者，故謝山嘆曰「史事之難，一至於此。」（〈與史雪汀論行朝錄書〉）是以謝山亦不能免於後世譏彈也，然其所望於諸君子者，正在如三劉之正小顏也，且謂予所日望之矣，此其治史之態度也。

而謝山之徵實，不僅在於治史之態度，更在於力求故實之考信。因此其於歷史人物與史事之或有穿鑿、或有假託、或有誤謬、或有遺闕……等，皆主於訂其謬、補其闕，如宋靖康金人犯京，高登與陳東上書乞斬六賊，又力

言金人之不可和，卻卒以忤秦檜而死；朱子嘗爲請於朝，又與留衛公言，始
得贈卹，然而《宋史》竟未有立傳，謝山故曰：

> 《宋史》不爲立傳，誣善失實，一至於此。（〈跋宋史胡舜陟列傳〉）

是其以爲史臣不僅未善盡職責，獎善褒忠，而且竟然誣善失實，無乃不可乎！
因此其得永樂寧波府志，題詞曰：

> 生平不喜袁清容志，謂其黨仕元之匪人，沒前宋之遺事；得此書以
> 補之，眞大快事也。（〈永樂寧波府志題詞〉）

是其樂得遺書以補史闕，而於清容之不能持實、湮沒史事，是編正足以坐之，
故謝山亦亟致其非之之意。

再者，謝山之〈讀胡氏資治通鑑注〉亦曰：

> 梅磵是注，世人宗之，罕敢議者。顧宛溪始摘其數條，而未盡中其
> 失也；予細讀之，則不止宛溪所舉而已。……竊思一一彈駁，勒爲
> 糾謬一書，病廢不果。……安得稽古之士成予志乎！〔註30〕

於此皆可以見出其糾謬之意，蓋力求審愼，免貽後世之誤也。

因此，謝山對於古籍所稱引，亦未敢以其時代之古，而遂遽然輕信也。
如其以爲孫武並未如傳聞之善戰也，核以同時載籍，如《左氏春秋》內外傳、
《越絕書》等，又多未嘗言及之，故以爲是太史公誤信七國人所傳聞（史論
部份已詳於前），而謂「故水心疑吳原未嘗有此人；而其書其事，皆縱橫家之
所僞爲者。」（〈孫武子論〉）謝山以爲此正可以補《七略》之遺，破千古之惑；
而於此亦可以見謝山之博徵，能解後世之所疑惑者。

此外，秦取六國之地，《國策》言張儀一出，趙以河間爲獻，燕以常山之
尾五城爲獻，齊以魚鹽地三百里爲獻；謝山則謂秦所取必其鄰界，而後乃得
有之，河間、常山，西隅之秦何從得有？況齊海右之地乎？以秦之察，何愚
若此？又《國策》累言文信侯欲取趙河間以廣其封；然文信封於河南，在韓、
周之交，何從得通道於河間？故謝山論《國策》曰：

> 非不識地理之言乎？……吾不知作策者，何以東西南北之不諳，而
> 爲此謬語也？（〈諸史問目答郭景兆〉）

是以謝山以爲《國策》不若《左傳》所志多實事，二百四十年典章在焉！其
曰：

〔註30〕謝山雖欲彈駁其錯處，然亦言「梅磵注之佳者實多，予之欲糾之者，正欲爲
其功臣。」謂其雖或有致誤，然無害其爲善也。

《國策》所志多浮言，大抵一從一橫，皆有蹊逕，前後因襲。（同上）

故誠如謝山所言，不覈其實，徒使其書之不足取信後世也；則史家所筆之於書者，能不慎乎！然亦正如梅磵所言「人若不自覺，前人之注之失，吾知之；吾注之失，吾不能知也。」〔註31〕自知之爲難，謝山嘆爲知言！故謝山正亦欲得功臣，以彈駁其所誤謬，以使事事各從其實，傳千秋信史於後世也。

　　總上，《鮚埼亭集》具體體現謝山之道德意識、教化觀念及其理學思想，是以能植人倫、扶綱常，有助於風教，而使理義於人，猶雨露之均霑也；此外，謝山以徵實之史家精神、覈實之撰作態度、傳信史於後世之史學理想，使《鮚埼亭集》之價值大爲提高；再者，謝山之識見、博學及其議論，更於集中充分展露：其意氣風發、馳騁古今，而又實事求是；其態度謹嚴，嚴於史法，以立千秋大義之褒貶；其明察事理、具洞見卓識，不以現實成敗論定功過，不以死生異途歧別忠義與遺民；其承繼道統、發揚儒學，力爭儒、釋分際，期在弓裘不替也；其訂謬、補闕，重視金石碑銘、重視詩史作用，以補史闕、以正史誤。……凡此林林總總，俱於集中鏊然可尋，而一代史家之風範，於斯畢見矣！然則《鮚埼亭集》豈僅止於插架之牙籤？其爲案頭之備索矣！

第三節　全祖望之史學影響

　　清代浙東史學，自黃宗羲開其蠶叢，經萬斯同、全祖望而發揚光大之。全祖望除續纂《宋元學案》，定一代學術史外，其主要史學思想，薈萃於《鮚埼亭集一》書，已如上述；是集多載浙東地區人物，地近則易覈，重以《鮚埼亭集》之拾遺補闕，備國史他日取材之目的，更使是集能爲續史，無愧於金匱石室，所謂風雨名山不朽之業也。因此本節復就謝山史學之於後世影響，略加探討。〔註32〕

　　謝山撰《鮚埼亭集》，致力於先賢節烈精神之表揚，其所載及多偏於浙東一隅；固然南明抗清多集結於江浙一帶山海之區，然其爲鄉里前賢存留往史之志，亦昭然若揭，故後世或有以浙東地志視之者。前此，所謂「志」者，

〔註31〕此言見於謝山所撰〈讀胡氏資治通鑑注〉所引胡氏之言。
〔註32〕所謂影響，固似嫌籠統，閉門造車，出而合轍，未嘗不可；然苟立於前人基礎之上，或前人已先言及，而前修未密、後出轉精，輒謂之影響，又未嘗不可也。

僅指圖經而言，謝山則曰「地志之佳者，正以其能爲舊史拾遺。」（〈答九沙
先生問史樞密兄弟遺事帖子〉）又曰「聊以備《明史》世表之參稽，則未必無
補也。」（〈箕仲錢公些詞〉）此外其亦屢言及「他年補史者，其視我碑銘。」
（〈明故權兵部尚書兼翰林院侍講學士鄞張公神道碑銘〉）或「以爲他日國史
底本。」（〈陸桴亭先生傳〉）是其力主平日必須留意鄉邦文獻保存，以備他日
編纂國史之所參稽，而此也即方志所以撰作之由，並爲《鮚埼亭集》之重要
著作緣由。

　　梁啓超嘗曰「史之縮本則地志也。清之盛時，各省府州縣皆以修志相尙，
其志多出碩學之手。……其書有別裁、有斷制，其討論體例見於各家文集者
甚周備。欲知清代史學家之特色，當於此求之。」（《清代學術概論・十四》）
可知清代在方志編纂上，頗能超越以往地志爲地理圖經所囿之觀念，進而獲
致相當成績，並爲後人研究往史，保留最珍貴、最可信之直接材料。而且盛
清之時，史學籠罩在一片考據聲中，於舊籍之整理上，固然其參覈考校，有
不可磨滅之功績；然以之言史著，則嫌不足，是以有清一代史家之特色，要
於志中尋之，而志除具有地理侷限外，實即史之縮本也。

　　實齋出，極力提倡方志之學，並爲方志樹一崇高之新標準。我國由於幅
員遼闊，風俗習尙各異，重以山川險阻，各地發展之不相侔者甚夥；而疇昔
正史，皆著重於一家一姓之帝王世系描寫，或與中央組織有關之大吏及設施
記載，鮮少有能及於社會狀況之實錄、百姓生活之反映，更少爲地方留下詳
盡完整之歷史記載。此實不足以傳寫過去社會之眞相，而各地方志亦益顯其
珍貴處。

　　唯過去方志爲圖經觀念所囿，且多成於俗吏之手，雖其中亦間有精心撰
述者，但究竟不爲學者所重，故其通患每在蕪雜。因此實齋之貢獻首在於改
造方志觀念，其以方志乃《周官》小史及外史之遺、目的在於供國史取材，
則非深通史法者不能從事之，故其言曰「丈夫生不爲史臣，亦當從名公巨卿，
執筆充書記，而因得論列當世，以文章見用於時，如纂修志乘，亦其中之一
事也。」（《方志略例・答甄秀才論修志第一書》）是其極力提昇方志之價值，
並說明方志之眞正意義，使方志由地理圖經一躍而得其所歸，得被正視爲國
史之底本、供國史之所取材，而使學者能夠眞正重視斯業。

　　實齋〈答甄秀才論修志第一書〉，曰「志之爲體，當詳於史；而今之志乘
所載，百不及一。此無他，搜羅采輯，一時之耳目難周；掌故備藏，平日之

專司無主也。」蓋文字之不及備載，著錄之闕而不詳，苟不及時采訪，時間
一逝則故老凋零，一代文獻將永漸滅矣！故實齋主張「凡政教典故，堂行事
實，六曹案牘，一切皆令關會日錄真迹，彙冊存庫，異日開局纂修，取材甚
富。」力言文獻必須及時蒐羅，詳為著錄，否則日後便放失難稽；其不若地
理沿革，取資載籍，載籍俱在，人人可得而考之，後人且猶得正前人之失，
故其論史特重文獻。——而此亦謝山之所以廣修枌社掌故也。蓋浙東史家中，
謝山特重精神之發揚，從事於實際之文獻工作；實齋則擅長史論，縱橫捭闔，
闡發其思想意蘊。

　　至於志為國史之縮本，是以其包羅廣泛，舉凡圖經、政記、人物傳記、
風土民俗、古蹟、譜牒、藝文等，皆薈萃包羅之；因此實齋之論方志，擴大
其範圍，不復以圖經拘限之，而謂修志應分立「志、掌故、文徵」三書，「倣
紀傳、正史之體而作志；倣律令、典例之體而作掌故；倣文選、文苑之體而
作文徵。」（〈方志立三書議〉）以此三書相輔而行，則一方之文獻綜會得之矣。
實齋之論修志，並將方志由地理沿革提昇成為以人物活動為重心，因此特重
垂教後世之善惡懲創，其謂「史志之書，有裨風教者，原因傳述忠孝節義，
凜凜烈烈，有聲有色，使百世而下，怯者勇生，貪者廉立。《史記》好俠，多
寫刺客畸流，猶足令人輕生增氣；況天地間大節大義，綱常賴以扶持，世教
賴以撐柱者乎！……竊謂邑志，搜羅不過數十年，采訪不過數百里，聞見自
有真據，宜加意采輯，廣為傳述，使觀者有所興起。」（〈答甄秀才論修志第
一書〉）故其對於歷來方志之連篇累牘於騁文筆、考典故、誇博雅，而於孝子
忠臣、義夫節婦，反寥寥數筆而已，深致其不滿。是以其立意取窮鄉僻壤畸
行奇節者，為之立傳，以備采風之觀覽，以庶乎善善欲長之意。——而此亦
謝山之於前輩負大節者，唯恐其潛德不彰，故廣為蒐羅，使忠義者皆得豫於
表揚之列，其曰「千百年而下，讀之者應為張目」（〈跋吳稚山歲寒集〉），即
欲以助風教也。其又曰「生乎百年之後，以言舊事，所見異詞，所聞異詞，
所傳聞又異辭，不及今考正之，將何所待哉？」（〈崇明沈公神道碑銘〉）是其
汲汲於保存文獻，亦與實齋之主張立專長、責以及時網羅，概皆同意也，並
皆強調及時為之，以免文獻之長埋也。

　　又方志之包羅既多，各家著作之內容每有不同，亦有未作全志，而僅摘
取志中應有之一篇以為專門研究者，譬如梁任公曰「全謝山之《四明族望表》，
實《鄞縣志》中主要之創作，前此各方志無表族望者，謝山此篇出，章實齋

復大鼓吹之，同光後之方志多有此門矣。」（《中國近三百年學術史‧七》）謝山爲此《族望表》，凡各姓之來鄞者，始於何時？以及節行位望、學術源流、詩文世業，均爲載及，而爲後來《鄞志》之所取材。又如「文徵」列爲方志三書之一，此議雖倡自實齋，而其發源甚早，逮及清儒始好爲大規模之網羅遺佚，然亦多先著手於鄉邦文獻，如謝山所續補李杲堂之《甬上耆舊詩》屬之，至中葉以後，踵作滋繁，故實齋之立文徵，實亦謝山徵文徵獻之意也。

再者，任公《中國近三百年學術史》謂愛鄉土之觀念，爲促進人群團結進展之要素，故利用恭敬桑梓之心理，示之以鄉邦先輩之人格及學藝，往往具有鼓舞濬發鄉邦後學之作用，是以地方學風之養成，實爲學界堅實之基礎也。故全謝山之極力提倡浙東史學，李穆堂之極力提倡江右學派，皆直接影響於其鄉里後輩，再進而影響及於全國者也。是以實齋之提倡方志學，與謝山之從事於實際文獻工作，一著重於理論建設，一致力於文獻精神，二者實相得而益彰，相輔而相成者也。

另外，與實齋同時且相契之邵二雲，亦浙東重要史家也。二雲爲邵念魯從孫，自幼即飫聞姚江梨洲之教，浸漬於浙東學風；篤治經學，沈潛諸史，學亦浩涵無際；與實齋遊，時相切磋討論。「四庫館」開，其與戴東原同任編校，二雲博洽群史，故史部諸籍皆屬之撰寫提要；二雲考其編撰、論列得失，卓具識見，其學之流傳後世亦可謂遠矣。二雲爲學，雖未直接受謝山影響，然浙東學風之浸漬涵養，謝山不可謂之無功。尤其二雲入四庫館，除撰寫諸史提要外，對於久爲學者輕視且已散佚之《舊五代史》，更藉《永樂大典》之遺文，完成輯集之業，使與《舊唐書》並入《廿四史》中，於是數百年湮沒之作，得以重見天日。──而自《永樂大典》完成輯佚之業，則不得不推功于謝山。

《永樂大典》中稀見古書賴以保存者不少；惟自康熙移貯翰林院後，蛛網塵封，無人過問者數十年；及雍乾之交，李穆堂、全謝山發現其中秘籍甚多，相約鈔輯，自後學者始認識大典價值，紛紛就大典以輯集遺文，輯佚風氣遂開。雖然謝山、穆堂均貧士，不得僱寫工，謝山復以放歸故，所成就者不多，然全、李之卓識，創始之功，在於不沒也。

且夫乾隆三十八年，朱笥河奏請開四庫館，任公謂讀其原摺可知「從《永樂大典》裏頭纂輯佚書，是乾隆開四庫館最初的動機。」又謂「這種工作實由謝山和李穆堂最先發起。……這件事於謝山學術雖無甚關係，於清朝掌故

卻很有關係。」(《中國近三百年學術史‧八》)是以謝山此一鈔輯工作,在無心插柳之非刻意爲之情況下,卻影響後世學術甚鉅,啓發有清一代輯佚工作,且及於四庫之開館,則其於鄉後輩邵二雲之學術,遂亦不得謂之無預矣。

此外,定海黃氏父子——黃儆居、黃以周,爲浙東史學之殿軍,其學雖不脫時風,故稍近於考證;然其踐履篤實、破除門戶精神、致力於史乘之爲學態度,亦多與浙東前賢相契,鄉習之濡染隱然可迹。故浙東史學自梨洲表揚忠烈、編纂學術史,季野纂修《明史》以來,念魯繼之以發揚光大;謝山復肆力於保存文獻、網羅遺佚;以迄於實齋之致力史論、提倡方志;再及於二雲之入館爲四庫群史撰寫提要、輯集佚書,浙東一帶、甬句學者之薰陶涵養,皆有脈絡可尋,故形成一堅實之地方學風,而爲清代學界一奇葩也。

至於清末,政權日亂、威權日墜,學術亦遂生變;清季由於革命頻仍,民族意識高張,中有一人焉,曰餘杭章炳麟,少受學於俞樾,治小學極謹嚴,亦浙東人也,梁任公《清代學術概論》論其「受全祖望、章學誠影響頗深,大究心明清間掌故,排滿之信念日烈。」(〈廿七〉)其學術亦以史學爲依歸,復提倡種族革命,故蔚爲民族主義史學。章氏自幼即治史學,而於明清間史事及明季遺民著述,尤潛心焉,是以民族主義思想油然而生,嘗曰「余年十三四,始讀蔣氏《東華錄》,見呂留良、曾靜事,悵然不怡,輒言以清代明,寧與張、李也。弱冠,覯全祖望文,所述南田臺灣諸事甚詳,益奮然欲爲浙父老雪恥。」(《檢論‧光復軍志序》)故其民族主義思想初即緣讀史而來,而此一藉讀史以培養民族氣節之方法,遂爲清末革命學者所一致推崇;於是顧炎武、黃宗羲、王夫之等明末遺老及明季諸野史相繼行世,而重爲學者所人人奉手,《鮚埼亭集》亦望重一時。故梁啓超曰「若問我對於古今人文集最愛讀某家?我必舉《鮚埼亭集》爲第一部了。」(《中國近三百年學術史‧八》)殆亦如沈彤所云「讀《鮚埼亭集》能令人傲,然亦能令人壯。」(〈偶示諸生詩〉自註)而此一流風所及,遂成爲推翻滿清之民族革命所用以振奮人心一大利器也。

是故浙東雖僻於海隅一角,然人文薈萃,鄉習濡染形成堅實之地方學風,並進而影響及全國各地。而浙東史學在清朝沉沉無生氣之一片考據聲中,獨樹一幟,大放異彩,其表章氣節,有助風教,影響深遠並逮及清末,革命志士猶多受其鼓舞;其網羅文獻故籍、及時徵存史料,大有功於史著撰寫;其提倡方志之學,更形成清代史學特色,供國史之披沙揀金,又能強化鄉土觀

念。凡此皆浙東史學自立時風之外，而發揮史家正義之無畏精神，表現出史學之光輝者也。全祖望以盛世之民，述亡國之痛，爲浙東史學承先啓後之重要史家，無論史著、史纂、史考，一身而兼治之；其立身制行，固窮守節；護惜後進，並有兼善之志，則崇爲大儒，不亦宜乎！謂之昭垂史冊，亦非過譽也！

第五章 結 論

　　清初史學發達，究其所以發達原因，或由於學者傷亡國之痛，對前此之學術頻加檢討，感於理學注重本體修養、範身修心之思考方式，易流入空疏學風，而脫離國計民生，於是上承孔孟「外王」精神，務期發揮學術之經世要旨；其次，由於道器觀念轉變，重智主義興起，學者重視客觀領域之知識活動；再次，由於清廷之高壓統治，蓄意消除漢人「華夷之辨」之民族意識，遂激起漢人文化危機感，而紛紛致力於史學工作，由此以促成有清一代史學之興盛，而此也即全祖望史學形成之背景。

　　再者，浙東史學淵源於理學，理學家躬行自致、義無反顧之精神，充分表現於其史學中，是以形成浙東史學崇當代、重文獻、表章氣節、貴專家著述之史學特色；迥異於稽古尚博、糾謬發覆之浙西歷史考據學；更在清初務博綜、尚考證之學風中，卓然自立。此亦遂成為全祖望史學之基本精神，故全氏在浙東前賢之導揚先路下，孜孜矻矻，致力於南明血淚之發揚，終其生務力於發幽闡微，表揚忠烈。

　　然而全氏之生，距明亡將及百年，且正值清廷廣施虜爪，禁絕前朝遺事之際，有志於明史而遇害之史家不知凡幾；而全氏仍惓惓獨旌忠義，殷勤於故國文獻，其不因前人之覆亡，而稍改其志向焉。至於其所以致之者，可就下列數方面以言之。

　　就保存文獻之志言：全氏學問淵博，而寄情於鄉邦文獻，深恐遺聞遺獻凋零，且又傳聞異辭，後世將有考史難之嘆。故其以勤學與博學，推尋桑海遺事，務力於及時網羅，以存留當代躬歷之史。

　　就家風之影響言：全氏先世或碩德大節、或清風遠韻，要之，均不負於

道統，故其戒在子弟，亦寧願守貧，而不願貽穢舊史。是以謝山亦審其所趨，自居清流，以祖述先德為志，而弗敢有墜門風也。

就前賢之濬發言：南明死義之忠烈，屬籍浙東者不可勝數；而浙東前賢如梨洲、季野、念魯等，更是致力於南明忠烈、卓節奇行之表章。此外，錢牧齋、湯斌、潘耒、戴名世等，亦或有功於史學建設、或有功於明史發揚，則在諸多前賢之精神揚厲下，謝山亦一往不顧而篤志於前朝遺事之發揚。

就理學之涵養言：謝山深契於理學忠孝節義觀念；其以為忠孝者，乃人間之至倫，歷百世而不可泯者也，是以務力於史學經世，以為天地植綱常，為宇宙扶名教。是故其於南明遺烈，務力摭拾，汲汲發揚，期在能立懦而廉頑也。

總上，即全氏一往直前，無視斧鉞之誅，終生致力於文獻保存、先烈節義精神發揚之所由也。由此並使全祖望成為最能表現浙東史學之精神者也。

全氏一生貧病困蹇，以用世之才，卻隱約孤廬中；雖嘗成進士，入庶常館，以個性耿介故，不願夤緣求進、委蛇塵俗，屢拒時相之召，因此遭黜，故其勘透宦海，辭歸故里，終身不仕，致力於學術。

全氏雖窮老田野，卻澹泊明志，以承墜緒為志，撰成《鮚埼亭集》，發揚《春秋》大義；復編纂《宋元學案》、《甬上耆舊詩》、《句餘土音》等；此外，《困學紀聞三箋》、《七校水經注》，以及撰為《經史問答》、《漢書地理志稽疑》、《讀易別錄》……等，皆可見其通貫經史、學識淹博，不愧一代名儒也。

再者，全氏雖處荒江之濱，卻有兼善之志；嘗主蕺山、端溪兩書院，講經論道、提攜後進，不遺餘力。其課諸生以正趨向、勵課程、習詞章、戒習氣，使諸生知所束身敦行、遙承道統。此其以浙東踐履篤實之學風、嚴峻不苟之人格，導後進以樸實狷介之風氣，功在後學也。

而謝山之以史學名，以一代文獻學者盛稱，由其《鮚埼亭集》也；是集包羅廣泛，要以死事南明之浙東忠烈為主。明亡之際，浙東死義慘烈，足以震蕩人心；然此奇節偉行，卻以清廷忌諱而遭長埋，謝山傷此大節不傳，是以立意搜討，尋幽訪佚、參稽考核，以襃忠節也。

至於謝山之勒成史著，其於浩如煙海之史料中，擇定其意識上以為足資鑑戒後世、具道德教化者，陶鑄成史，故集中其所立傳，特重其人之理義名節，以此為取捨標準，並由此形成其道德教化之史學觀，表現出謝山以忠教忠、表章氣節、以文明道之治史特色。

又，謝山之治史特長，自其集中鈎稽得之，有如下列：

（一）富於史識。謝山治史，不以現實成敗論定功過，故於南明一線以繫殘明之事，雖無改於身死國滅，仍嘉其明知不可而爲之精神，爲存忠義風範於青史。

又，其不以死生異途而歧持節遺民與忠義爲二。蓋抗志高蹈、不事二姓之遺民，有所託而逃，絕不同於遺世者流；而其清風遠韻，更足補末俗之徇利苟得，豈可以之外於忠義流輩乎？

（二）謹於史法。謝山重視史學鑑戒後世之教化意義，注重史筆褒貶，反對以寵辱利達等現實盛衰枯宛，定其休咎予奪。蓋世俗榮辱，一時之褒貶也；千古之是非昭然，則百代不易之褒貶也。故其特重道德學問、節行位望之秉筆直書，以傳信傳疑。

（三）長於史論。謝山以其博學多聞、淵深識見，發爲史論，皆析事精審、洞察事理；覽其文，覺理之至然也，又能發人之所未發。

（四）善於史裁。史以紀實，故以徵信翔實之態度，傳千秋不朽之信史，乃謝山史學之標的，是以其治史善於史裁。其又重視表譜，以之會通紛綸雜糅之事變，以明興衰傳遞之迹，並補列傳之所不足。其又善於運用詩史及金石碑銘，以補史闕、以訂訛謬。

此外，《鮚埼亭集》所褒忠者，多駢集於浙東地區，且謝山志在以備國史他日參稽，故其以徵實謹愼之態度，客觀求是之精神，廣爲搜證，知所取捨，因此《鮚埼亭集》能補明亡浙東忠義之史闕，能爲續史，足使桑梓生色也。謝山又嘗撰《四明族望表》，爲《鄞志》之所本，因此復影響及後世方志學之受重視，是以實齋登高一呼，方志學遂爲清代史學所不容忽視者也。而謝山之獎勵氣節，其影響且及於後世之種族革命。至於其所續纂之《宋元學案》，更爲我國學術史上重要不朽名著，則宜乎其所成就在於不朽也。

以是而知全祖望不愧爲浙東史學承先啓後之重要史家，其卓然自立於時風眾勢中，獨樹一幟而不與俗浮沉，實深具史才者也。全祖望誠清初重要史家，唯歷來以之做爲研究對象之專章，至爲尟見；本文之所探究亦僅如深山一木，實未能盡發其蘊，是則俟諸大雅君子，爲所至盼！

重要參考書目

一、專 書

（一）全祖望專書

1. 《鮚埼亭集》，〔清〕全祖望，台北華世，民國 66 年 3 月。
2. 《宋元學案》，〔清〕黃宗羲撰、全祖望補訂，台北中華，民國 55 年台一版。

（二）史學要籍及相關論著

1. 《明儒學案》，〔清〕黃宗羲，台北中華，民國 55 年台一版。
2. 《水經注釋》，〔清〕趙一清，台北廣文，民國 61 年 8 月。
3. 《廿二史考異》，〔清〕錢大昕，台北樂天，民國 61 年。
4. 《十七史商榷》，〔清〕王鳴盛，台北樂天，民國 61 年。
5. 《文史通義》，〔清〕章學誠，台北華世，民國 69 年 9 月。
6. 《中國近三百年學術史》，〔清〕梁啓超，台北中華（飲冰室專集第四冊），民國 67 年 4 月台二版。
7. 《清代學術概論》，〔清〕梁啓超，台北中華（飲冰室專集第六冊），民國 67 年 4 月台二版。
8. 《中國歷史研究法》，〔清〕梁啓超，台北里仁，民國 73 年 10 月。
9. 《清乾嘉時代之史學與史家》，杜維運，台大文史叢刊，民國 51 年 10 月。
10. 《明清史論集》，李光濤，臺灣商務，民國 60 年 4 月。
11. 《明清黨社運動考》，謝國楨，台北漢苑，民國 64 年 6 月台一版。
12. 《明代之建國及其興亡》，鄧明炎，台北天山，民國 65 年 6 月。
13. 《南明史談》，毛一波，臺灣商務，民國 66 年 11 月二版。

14. 《黃梨洲及其史學》，張高評，高雄師範學院國研所，民國 67 年 4 月。

15. 《趙翼史學研究》，黃兆強，新亞研究所碩士論文，民國 68 年。

16. 《章實齋的史學》，吳天任，臺灣商務，民國 68 年 4 月。

17. 《明史研究專刊（二）》，吳智和編，明史研究小組，民國 68 年 9 月。

18. 《中國史學史論文選集》，杜維運、黃進興編，台北華世，民國 68 年 10 月二版。

19. 《明代史》，孟森，國立編譯館中華叢書編委會，民國 68 年 12 月三版。

20. 《史學方法論文選集》，杜維運、黃俊傑編，台北華世，民國 69 年 10 月增訂一版。

21. 《歷史與現實》，黃俊傑，台中漢新，民國 72 年 5 月。

22. 《晚明流寇》，李文治，台北食貨，民國 72 年 8 月。

23. 《清代史學與史家》，杜維運，台北東大，民國 73 年 8 月。

24. 《明清史抉奧》，楊啟樵，台北明文，民國 74 年 1 月。

25. 《史學方法論》，杜維運，台北三民，民國 74 年 3 月七版。

26. 《中國史學史》，金靜庵，台北鼎文，民國 74 年 4 月五版。

27. 《清代傳記叢刊》，周駿富輯，台北明文，民國 74 年 5 月。

28. 《史學通論》，甲凱，台北學生，民國 74 年 9 月。

29. 《歷史與思想》，余英時，台北聯經，民國 74 年十版。

30. 《明清之際儒家思想的變遷與發展》，林聰舜，台師大國研所博士論文，民國 74 年。

31. 《中國近三百年學術史》，錢穆，臺灣商務，76 年 3 月台九版。

32. 《浙東學派史學研究》，徐光仁，中山大學碩士論文，年度不詳。

（三）子集類專書及近人論著

1. 《王陽明傳習錄》，〔明〕王守仁，台北正中，民國 43 年 8 月。

2. 《戴南山文鈔》，〔清〕戴名世，台北新興，民國 45 年 3 月。

3. 《日知錄》，〔清〕顧炎武，臺灣商務，民國 45 年。

4. 《十駕齋養新錄》，〔清〕錢大昕，臺灣商務，民國 45 年。

5. 《四存編》，〔清〕顏元，台北世界，民國 48 年重印本。

6. 《越縵堂讀書記》，李慈銘，台北世界，民國 50 年 9 月。

7. 《南雷文定》，〔清〕黃宗羲，臺灣商務，民國 59 年 4 月一版。

8. 《檢論》，〔清〕章太炎，台北廣文，民國 59 年 12 月。

9. 《章氏遺書》，〔清〕章學誠，台北漢聲，民國 62 年。

10. 《戴震文集》，〔清〕戴震，台北華正，民國 63 年 10 月台一版。

11. 《湯子遺書》，〔清〕湯斌，台北學生，民國 63 年 5 月景印。

12. 《初學集》，〔清〕錢謙益，臺灣商務（四部叢刊本），民國 68 年台一版。

13. 《有學集》，〔清〕錢謙益，臺灣商務（四部叢刊本），民國 68 年台一版。

14. 《胡適手稿》，胡適，台北南港中央研究院胡適紀念館，民國 58 年。

15. 《張蔭麟先生文集》，張蔭麟，台北九思，民國 66 年。

16. 《論戴震與章學誠》，余英時，台北華世，民國 69 年 1 月。

17. 《清人文集別錄》，張舜徽，台北明文，民國 71 年 2 月。

18. 《思想與文化》，龔鵬程，台北業強，民國 75 年 4 月。

19. 《詩史本色與妙悟》，龔鵬程，台北學生，民國 75 年 4 月。

二、期刊論文

1. 〈全祖望傳〉，劉光漢，《國粹學報》一卷十一期，1905 年。

2. 〈全謝山先生著述考〉，蔣天樞，《國立北平圖書館館刊》七卷一號，1933 年。

3. 〈清乾隆朝文字獄簡表〉，許霽英，《人文月刊》八卷四期，民國 26 年。

4. 〈鮚埼亭集謝三賓考〉，柴德賡，《輔仁學誌》十二卷，民國 32 年 12 月。

5. 〈全謝山與胡稚威〉，柴德賡，《輔仁學誌》十五卷，民國 36 年 12 月。

6. 〈錢大昕之史學〉，杜維運，《學術季刊》二卷三期，1954 年 3 月。

7. 〈趙一清與全祖望辨別經注的通則〉，胡適，《國立中央研究院院刊》第一輯，民國 43 年 6 月。

8. 〈全祖望之史學〉，杜維運，《中央日報》，民國 47 年 9 月 22 日。

9. 〈談清代考據學的一些特點〉，王瑤，《文學遺產選集（三）》，1960 年 5 月。

10. 〈鮚埼亭集中宋史史料考釋舉例〉，程光裕，《大陸雜誌》廿一卷五期，民國 49 年 9 月。

11. 〈記中央研究院歷史語言研究所藏鮚埼亭集評校本〉，王寶先，《圖書館學報》三期，1961 年。

12. 〈清代思想史引言〉，林尹，《師大學報》七期，民國 51 年 6 月。

13. 〈論南明弘光朝之黨禍〉，趙令揚，《香港中文大學聯合書院學報》四期，1965 年。

14. 〈全祖望及其教育思想〉，費海璣，《東方雜誌》復刊一卷六期，民國 56 年 12 月。

15. 〈章實齋史學淵源〉，蘇慶彬，《新亞學報》八卷二期，民國 57 年。

16. 〈全祖望行誼考〉，費海璣，《中華文化復興月刊》二卷十二期，民國 58

年 12 月。

17. 〈全祖望先生行誼考〉，謝愛之，《幼師月刊》卅一卷一期，民國 59 年 1 月。

18. 〈清代卓越的史學家全祖望〉，謝國楨，《清史論叢（二）》，1970 年 8 月。

19. 〈錢竹汀學述〉，錢穆，《故宮文獻》二卷二期，民國 60 年 3 月。

20. 〈黃梨洲的明儒學案、全謝山的宋元學案〉，錢穆，《文藝復興月刊》卅期，民國 61 年 6 月。

21. 〈錢大昕的學術淵源與要旨〉，何佑森，《故宮文獻》三卷四期，民國 61 年 9 月。

22. 〈全謝山之風骨與學術〉，甲凱，《中央月刊》五卷二期，民國 61 年 12 月。

23. 〈全謝山端溪講學及其影響〉，王萬福，《史學彙刊》五期，民國 62 年 3 月。

24. 〈由鮚埼亭集看全謝山之史學〉，甲凱，《中國歷史學會史學集刊》五期，民國 62 年 5 月。

25. 〈全祖望的學術思想〉，夏長樸，《女師專學報》四期，民國 63 年 3 月。

26. 〈黃梨洲與浙東學術〉，何佑森，《書目季刊》七卷四期，民國 63 年 3 月。

27. 〈明清之交滄桑錄〉，陳應龍，《藝文誌》一一○期，民國 63 年 11 月。

28. 〈戴震與清代之考證學風〉，余英時，《新亞學報》十一卷下，民國 64 年 9 月。

29. 〈梨洲學術思想概論〉，楊申吉，《師大國研所集刊》十九號，民國 64 年。

30. 〈章學誠與浙東史學〉，包修良，《中國史研究》，1981 年 1 月。

31. 〈萬季野的史學背景〉，曹光明，《書目季刊》十五卷三期，70 年 12 月。

32. 〈黃宗羲明儒學案著成因緣與其體例性質略探〉，陳錦忠，《東海大學歷史學報》六期，民國 71 年。

33. 〈清代考據學家兼思想家戴震〉，孫欽善，《文史知識》，1984 年 2 月。

34. 〈書全祖望答諸生問思復堂集帖后〉，何冠彪，《清史論叢（六）》，1985 年 6 月。

35. 〈全祖望和宋元學案〉，包修良、呂建楚，《史學月刊》，1986 年 2 月。

36. 〈論黃宗羲全祖望的學術傾向〉，盧鍾鋒，《史學史研究（一）》，1986 年 3 月。

37. 〈宋元時期理學的論爭與宋元學案的理學觀〉，盧鍾鋒，《文史哲》，1986 年 3 月。

38. 〈論宋元學案的編纂體例、特點和歷史地位〉，盧鍾鋒，《史學史研究》，1986 年。

附錄：獨立於時風衆勢外的全祖望史學精神

一、前　言

歷經明末動亂，清初相對呈現安定；在清廷的強勢統治下，此時無論政治、經濟、社會、學術……各方面都已逐漸收編，儒者便有緬懷故國的情懷，也只能發爲學術反思、儒學改革了。譬如咎理學以亡國大罪 —— 顧炎武（1613～1682）撰爲《日知錄》、《天下郡國利病書》，曰「以一人而易天下，其流風至於百有餘年之久者，古有之矣！王宜甫（衍）之清談，王介甫（安石）之新說，其在於今則王伯安（守仁）之良知是也。」「不習六藝之文，不考百王之典，不綜當代之務……以明心見性之空言，代修己治人之實學，股肱惰而萬事荒，爪牙亡而四國亂，神州蕩覆，宗社丘墟。」〔註1〕黃宗羲（1610～1695）也撰爲《明夷待訪錄》、《南雷文定》等，責「明人講學，襲語錄之糟粕，不以《六經》爲根柢，束書不觀而從事於遊談。」「天崩地解，落然無與吾事，猶且說同道異，自附於所謂道學者。」〔註2〕另外在清廷一方面採密佈文網、阻止士人非議朝政的文化高壓，一方面又大規模纂修叢書、類書等，以實現「以道統爲治統後盾」的「崇儒重道」基本國策下，〔註3〕部分儒者也

〔註1〕 上詳顧炎武：〈朱子晚年定論〉、〈夫子之言性與天道〉，《日知錄集釋》（台北：國泰文化事業公司，1980），卷18、7，頁439、154。

〔註2〕 分詳黃宗羲：〈留別海昌同學序〉，《南雷文定》（台北：商務印書館，1970），前集卷1，頁16；全祖望：〈梨洲先生神道碑文〉轉引，《鮚埼亭集》（台北，華世出版社，1977，以下凡出自該著，只書篇名），卷11，頁136。

〔註3〕 康熙曾明言「道統在是，治統亦在是。」（《康熙帝御製文集》，台北，學生書局，1966，第一集，卷19，頁7）乾隆也曾說「治統源於道統。」（《大清高宗純乾隆皇帝實錄（三）》，台北，華聯出版社，1964，卷128，乾隆五年庚申

採取消極的不合作態度。例如黃宗羲雖自任以一代文獻卻拒絕受命明史館，僅由弟子萬斯同銜師命而出，以布衣修《明史》；而也有自放山林，隱遯如王夫之（1619～1692）者。要之，對於已經鋪天蓋地、穩如泰山的清政權，儒者只能望而興嘆，徒發遺民悲慨了。

不過儘管政權上無力對抗，苦心積思以保全文化的努力卻未嘗稍懈。黃宗羲出身浙東餘姚；浙東地區在明覆亡以後的南明政權一線之傳中，敢於拔虎鬚、批逆鱗，追隨南明小朝廷對清廷所採取的軍事對抗，為正史外驚泣鬼神之一章。然而面對如此地臥榻之上竟有他人擾夢，包括拒命抗清與南明書寫，清廷都格外憤怒且必要消滅之。不過曾經親隨魯王從亡海上，又曾經結寨浙江四明山扶明滅清的黃宗羲並沒有因此卻步，反之，軍事行動失敗以後，梨洲一部部徵存文獻、表章忠烈，轉向保存明文化的著作相繼出現了——《南雷文定》、《明夷待訪錄》以外，《明文案》、《明文海》、《南雷文約》、《海外慟哭記》、《隆武紀年》、《魯紀年》、《永曆紀年》……等皆寓一代文獻於其中；《明儒學案》、《宋元學案》，尤其有功於宋明學術史。如此自任以國史的氣節情操，震撼了生晚梨洲近百年的同鄉後勁全祖望（號謝山，1705～1755），雖然來不及參與那個大時代，文化事業卻是永不言遲的。也因此雖然由於時代隔閡，蒐羅資料的困難度更以倍計，謝山卻堅定地踏著梨洲曾經走過的足跡——梨洲嘗悲「二十年來，乘桴之事，若滅若沒；停筆追思，不知流涕之覆面也。」謝山也嘆「此非予表而出之，其誰更表而出之？」〔註4〕同樣地都以奮不顧身的南明書寫來徵存文獻。全祖望不但撰成保存桑海遺聞、發明幽隱的《鮚埼亭集》，又續成梨洲所致力而未及完成的《宋元學案》。

梨洲、南雷，皆四明山峰也，梨洲以南雷名其集；謝山、鮚埼，亦皆浙江山名，鮚埼山下有鮚埼亭，〔註5〕謝山也以名其集，則彼盤旋鬱結胸中的鄉土深情已不言可喻；而南明書寫，更是必須以豁出生命、無視於刀鋸鼎鑊的勇氣始能承擔的史學纂述。謝山生在康熙四十四年、卒於乾隆二十年，時當清帝國承平之世暨文化宰制之最高峰，莊廷鑨明史獄、戴名世文集獄、查嗣

冬十月己酉條，頁1938）
〔註 4〕黃宗羲：〈錢忠介公傳〉，《南雷文定・後集》，卷4，61～62；全祖望：〈提督貴州學政翰林院編修九沙萬公神道碑銘〉，頁198。
〔註 5〕鮚埼山，在浙江省奉化縣東南，山下有鮚埼亭。宋嘉泰中曾置鮚埼塞。據《漢書・地理志》，會稽郡鄞縣有鮚埼亭。注曰「鮚，蚌也，長一寸，廣二分；埼，曲岸也。其中多鮚，故以名亭。」

廷試題獄、陸生枏論史獄、謝濟世著書案……層出不窮；而對於當年曾經激烈抗清的浙江地區，清廷更怒斥爲風俗澆漓、人懷不逞，一度停止其會試，箝制尤勝各方。那麼在此「偶表前朝，輒罹殺身之殃」的嚴密網羅下，全祖望究竟如何展現其不徇流俗、表章氣節的史學精神？亦本文之所欲表述，由黃宗羲開山領導，萬斯同（1638～1702）、全祖望、章學誠（1738～1801）、邵晉涵（1743～1796）等人繼之於後的浙東史學特色。

　　一九八八年，筆者嘗撰就《全祖望之史學研究》以爲碩士論文，其中關於全祖望與《鮚埼亭集》、清初之史學背景與史學研究等，均有一比較全面之論述；斯文之作，則擷取幾歷二十年而仍縈繞在胸的、全祖望獨立於時風眾勢外的史學特色以爲專論。所論爲何？曰：全祖望深情的浙東意識；《鮚埼亭集》忠義存心、表章氣節的書寫及意識結構；浙東史學獨立於考據時風外的崇文獻、重當代、貴專家精神；全祖望續修《宋元學案》所展現的學術史視野以及他對學術史所別具的識見。也即主要著眼於全祖望獨立不群、特立於時風的史學精神。

二、全祖望繾綣情深的浙東意識

　　《鮚埼亭集》主要記魯王監國於舟山，以彈丸小島，繫殘明一緒之事。其書特詳於浙東一帶死事悲壯的慘烈抗清過程，讀之令人動容淚下。清廷之於浙東，殆亦可謂深惡痛絕矣！雖然東南半壁如浙、閩、粵、桂、滇……等各地皆有抗清義旅，但都不及浙東地區來得駢聚集中——自杭州經紹興、餘姚到鄞縣，以及綿亙八百里山寨鱗次的四明山、從錢塘江到天目山枵腹枕戈的百餘民寨等，到處都樹反清之旗幟，義旗林立。且其軍隊紀律嚴明，屯田而耕，自給自足，不擾民，不橫征於民；四明四面二百八十峰，民心亦皆向之，訟事詣之，歲賦納之，耳目消息至之。無怪乎清廷於全國底定後，憤以「人心大逆」停止浙江春秋貢士，並設觀風整俗吏以訓之，〔註6〕又嘗假借江南奏銷案名目，牽連萬三千餘人，縉紳之家，幾無倖免。關於浙東死事之壯烈，試舉《鮚埼亭集》一例，已足見當日駭神奪目之悲壯淋漓於一斑，〈明太傅吏部尚書文淵閣大學士華亭張公神道碑銘〉曰：

> 順治八年辛卯九月，大兵破翁州，大傅閣部留守華亭張公，闔門死之。

〔註6〕以上事詳全祖望：〈明故兵部右侍郎兼都察院右僉都御史王公墓碑〉、〈署湖北承宣布政司使武威孫公誄〉，頁 690、739。

大兵入其家，至所謂雪交亭下，見遺骸二十有七，有懸梁間者；亦有
絕環而墜者。其中珥貂束帶佩玉者，則公也。廡下亦有冠服儼然者，
則公之門下儀部吳江蘇君兆人也。有以兵死者，則諸部將也；亦有浮
尸水面者。大兵爲之驚愕卻步，歎息遷延而退，命扃其門。〔註7〕

明亡，梨洲師事的蕺山（劉宗周，1578～1645）絕粒殉國，九死瀕亡的梨洲
則在認清孤臣無力回天事實後，體會到政治途徑以外另一條更有力的文化途
徑，曰「乾坤未毀，所賴吾黨清議猶有存者。……余老矣！可不及其未死，
披髮白日乎？」〔註8〕出身浙江鄞縣的全祖望，對於鄉先賢這樣追隨南明小朝
廷、死生以之的精神，是深感驕傲的。他認爲「惟忠與孝，歷百世而不可泯。」
「忠孝者，天地之元氣旁魄而不朽者也。」故《鮚埼亭集》屢屢述及「桑海
之際，吾鄉號稱節義之區。」「吾鄉當改步之時，足稱忠義之區。其幸而不死
者，皆無媿於古之逸民。」「昔日夷齊以餓死，今日夷齊以飽死。只有吾鄉夷
齊猶昔日，何怪枵腹死今日。」〔註9〕惓惓之情，溢於言表！是故對於桑梓故
里這樣「與有榮焉！」的累唏長嘆、深情不可自拔，也就是構成全祖望撰作
《鮚埼亭集》的潛藏心理、深層結構。他並曾與同人定約，每歲要「殷勤雞
黍展微忱」，以爲領導南明烈士抗清的故兵部尚書張煌言設祭（其女爲謝山族
母）。〔註10〕故謝山自述著作緣由，謂其所拳拳服膺而不能坐視的，就是故鄉
先賢之莨弘碧血遭到後世長埋，他屢次述及：

嗚呼！故國喬木，日以陵夷，而遺文與之俱剝落。徵文徵獻，將於
何所？此予之所以累唏長歎而不能自已也。

嗚呼！乙酉而後，吾浙東諸公，蓋亦厓山三丞相之流。……今已百
年，杞宋之文獻，日不足徵，而都督家門已絕，莫可搜索，恐遂無
知者，聊據所聞而述之，使因國之史有參考焉。

〔註7〕全祖望：〈明太傅吏部尚書文淵閣大學士華亭張公神道碑銘〉，頁121。
〔註8〕黃宗羲：〈翰林院庶吉士子一魏先生墓誌銘〉，《南雷文定・前集》，卷6，頁
　　　89。
〔註9〕以上分詳全祖望：〈祭甲申三忠記〉、〈明妻秀才空石志〉、〈貞愍李先生傳〉、〈朋
　　　鶴草堂集序〉、〈錢蟄菴徵君述〉，頁995、722、341、997、799。
〔註10〕謝山詩賦曾題曰〈予約同人每歲爲蒼水先生設祭，今年將有渡江之行，先期
　　　舉之〉（《鮚埼亭詩集》，頁1480）。另據〈明故權兵部尚書兼翰林院侍講學士
　　　鄞張公神道碑銘〉，曰「世祖章皇帝之下江南也，浙東拒命，雖一歲遽定，而
　　　山海之間告警者尚累年。吾寧（波）之首事者，爲錢（忠介）沈（荃期）二
　　　公，其間相繼殉節者四十餘人。而最後死者，爲尚書張公（煌言）。」（頁111）

> 忠臣義士之志，竭海水不足較其淺深者此也。百年以來，遺事凋殘，
> 公魂耿耿，諒猶在丹山赤水之間，而荒城埋骨之區，莫有知者，是
> 後死者之責也。〔註11〕

謝山深懼由於忌諱沉淪致使潛德不彰；他認為人代累更，志乘脫落，徵文徵
獻漸以無稽，是掌故之羞也，因此立意搜討山海遺事，網羅舊聞，以補綴舊
史。故定海北郊墳起壘壘的殉難臣民萬八千餘，以及梨洲、謝山等人之南明
書寫，亦屢受到史學家標榜為歷史真精神之所寄，如近世史學者杜維運便據
此以論「歷史決不能屬於勝利者的戰利品。」「天地的元氣，歷史的真精神，
往往存在於失敗者與少數人間。」〔註12〕而除了尋訪舊事以供國史取裁，並
慰乘桴蹈海者之英靈以外；謝山還積極訪求遺文，曰「予於前輩之負大節者，
樂觀其遺文，蓋欲從其語言以想見其生平風格。」〔註13〕他嘗賦詩嘆息「諸
公之作竟沉埋，長虹不克振死灰。」又自述「我嘗求之二十年，魂祈夢祝有
無間」、「祇愁閟篋泯前聞」的「癡心長繾綣。」他甚至曾因訪求遺文不獲，
有感於「洛社耆英多聚散，浦江人物幾興衰。」歸途上深覺「十里西風動八
哀。」〔註14〕因此，熱烈澎湃的浙東意識，就是構成全祖望網羅浙東遺軼、
表章浙東忠烈、徵存浙東文獻，也即《鮚埼亭集》全書主旨之深層心理與情
感結構。

三、《鮚埼亭集》忠義存心之書寫及意識結構

　　《鮚埼亭集》嘗借言《歲寒集》「國有以一人存者，其人亡而國不可亡，故
商亡而〈易暴〉之歌不亡，則商不亡；漢亡而〈出師〉之表不亡，則漢不亡；
宋亡而〈正氣〉丹心之什不亡，則宋不亡。千百年而下而讀之者應為張目。」
〔註15〕以論新王改步之際，板蕩忠貞，國以一人存者——譬諸浙東義旅足與日

〔註11〕〈雪交亭集序〉、〈明故都督張公行狀〉、〈胡故兵部右侍郎兼都察院右僉都御
　　　　史王公墓碑〉，頁999、794、689。

〔註12〕杜維運：〈史學上的純真精神〉，《史學方法論》（台北：三民書局，1985），頁
　　　　281。

〔註13〕全祖望：〈姜貞文先生集序〉，頁399。

〔註14〕全祖望：〈中秋前一日得林評事荔堂《朋鶴草堂集》、《正氣錄》二書，狂喜，
　　　　從湖上戴月歸，得詩一首〉、〈秋日之浮石周氏訪立之、轀公、般靖諸先生遺
　　　　文多散逸者，其殘斷篇帙後人又閟之不肯盡出，即賦七律四首曉之〉，《鮚埼
　　　　亭詩集》，頁1507、1508。

〔註15〕全祖望：〈跋吳稚山歲寒集〉，頁1108～1109。

月爭輝之大節、忠肝義膽之奇行,即皆天地元氣所以不朽者也;然而載籍闕略,所見乎史者,唯大兵南下,所向皆披靡。謝山痛夫豈果無撐拒大局者乎?豈遂無人物?果無見危授命、志圖恢復,如諸軍之從亡海上、風帆浪楫者乎?——曰:此蓋由於「《明史》開局以來,忌諱沈淪」,導致潛德不彰者所在多有,故謝山曰「乙酉而後,吾浙東諸公,蓋亦厓山三丞相之流」也。〔註16〕雖然萬斯同亦浙東名家,布衣參史局而義不食清祿;但是《明史》畢竟官修,又有王鴻緒(1645~1723)、張廷玉(1672~1755)等人總任其事,改竄其文,故謝山終難免有如下之嘆:他說「《明史》所作公傳,皆本行狀,而乙酉以後起兵之事甚略,蓋有所諱而不敢言。」又說「桑海之際,吾鄉以書生見者,最多奇節,如所云六狂生、五君子、三義士,皆布衣也,當時多以嫌諱弗敢傳。」〔註17〕因此《鮚埼亭集》就是謝山庶幾史實不至消磨於鼠牙魚腹之中、〈采薇〉之音得不爲忌諱所湮沒,亦其所自任「以補史闕」之憑藉也。

　　謝山嘆「古今賢愚,總隨大化以俱盡!」唯有「殉國之大節,閔忠之古道,天荒地老,終於不朽!」他曾轉述南明義師在城陷殉節前所描述的守城慘狀,曰「吾兵猶利,足以一戰;但枵腹枕戈,勢焉能久?城中望援,以刻爲歲。南向望草飛塵起,謂此援兵來也。聞風聲鶴唳,謂此援兵來也。如此又有日矣!而卒寂然。吾惟以一死待之而已!」〔註18〕悲夫!揆諸當時,天下已定,海隅窮山,負隅之抗,非果有恢復之望;天柱不可一木撐,地維不可一絲擎,豈不知不可?亦聊抒其丹誠而已!清廷僅以四十日即攻破北京,卻費時四十年始消滅南明義旅;〔註19〕然而如此奇節卓行,後世卻未能言之。

〔註16〕　全祖望:〈尚書前浙東兵道同安盧公祠堂碑文〉、〈明故都督張公行狀〉,頁847、794。

〔註17〕　全祖望:〈明大學士熊公行狀跋〉、〈明妻秀才㝹石志〉,頁1083、721。

〔註18〕　全祖望:〈楊氏葬錄序〉、〈明翰林院簡討兼兵科給事中箕仲錢公些詞〉,頁989、103。

〔註19〕　福王弘光政府首先成立於南京,唯權臣阮大鋮、馬士英把持朝政,未及一年,有「揚州十日」、「嘉定三屠」之劫,弘光朝亡。清師於是渡江。鄭芝龍兄弟與從子鄭彩率閩軍數十萬,在福州擁立唐王,年號隆武。此時魯王亦監國於浙江,張蒼水、錢忠介、孫嘉績……等人輔佐之。然義師前仆後繼,隆武帝后遇害;浙東江上軍潰,魯王乘桴浮於海。南明最後一朝爲桂王永曆政府,瞿式耜佐之。永曆十五年桂王君臣轉戰滇西,爲緬人所執,獻給吳三桂,帝死。唯鄭成功奉永曆朔不輟,雄據金門、廈門,縱橫海上,又與張蒼水兩軍聯合而有「鎮江之捷」,得四府、三州、二十四縣,下游維揚、蘇常各地皆待時而降,東南半壁震動,清廷稱爲「窺江之役」。功敗後成功退取臺灣長期抗

因此空山投骨、重泉相隨的先烈昭昭耿耿之心，也就是全祖望所欲汲汲表章者也。實齋嘗曰「《史記》好俠，多寫刺客畸流，猶足令人輕生增氣；況天地間大節大義，綱常賴以扶持，世教賴以撐柱者乎！」〔註20〕若謝山般凜然直書的史筆及史學精神，也即梁啓超（1783～1929）《新史學》所論「以悲壯淋漓之筆，寫古人之性行事業，使百世之下，聞其風者，贊歎舞蹈，頑廉懦立，刺激其精神血淚，以養成活氣之人物。」〔註21〕因此梁啓超一生中所最愛讀的古今人文集，就是《鮚埼亭集》。〔註22〕

　　謝山有云「理義以爲雨露，名節以爲風霜。」〔註23〕——忠義氣節就是全祖望對於歷史人物的判準，亦其撰史所自我秉持的理念與態度；《鮚埼亭集》就是以發揚史學之鑑戒作用和經世教化爲其書寫及意識結構，凡所立碑銘、傳、表、記等，皆忠臣義士、奇行負大節者。歐陽脩（1007～1072）曾以五代少全節之士爲嘆，並謂由於「白馬清流」之禍導致士氣喪而人心壞；〔註24〕謝山則以爲「是時天下崩裂，文獻脫落，蓋亦或有其人，而世竟泯然未之知者。如……，皆不媿爲唐之貞士，而史臣失載。」〔註25〕是以謝山之所深懼，就是大節大義卻以嫌諱故弗敢傳，聽其消磨腐滅，世莫之知者。王應麟（1223～1296）曾以班固（32～92）不敍殺身成仁之美，欲補撰西漢節義傳未果，僅發其略於《困學紀聞》；何焯（1661～1722）箋《困學紀聞》則曰「史臣表節義亦不在立傳與否？」故謝山譏以「頗爲班史佞臣！」論曰「果爾，則史臣所當立傳者，是何等人也？」〔註26〕因此對於譬如鄞縣王節愍公之死於甲

　　　　清。其後，鄭經嗣立，猶奉南明正朔，至康熙二十二年清將施琅入臺，鄭克塽降爲止。總此，南明抗清長達四十年，奉永曆朔至三十七年（1683）。
〔註20〕章學誠：〈答甄秀才論修志第一書〉，《方志略例》（收在《新編本文史通義》，台北：華世出版社，1980），頁477。
〔註21〕梁啓超：〈論書法〉，《新史學》（收在《中國歷史研究法》，台北，里仁書局，1984），頁36。
〔註22〕梁啓超說「若問我對於古今人文集最愛讀某家？我必舉《鮚埼亭集》爲第一部了。」（《中國近三百年學術史》，收在《飲冰室專集》冊4，台北，中華書局，1978，頁91）。
〔註23〕全祖望：〈紫清觀蓮花塘記〉，頁900。
〔註24〕歐陽脩《新五代史》有稱「白馬之禍」者：唐末，梁王欲以嬖吏張廷範爲太常卿，唐宰相裴樞諫以「太常卿唐常以清流爲之。」致招來清流眾臣賜死於白馬驛之禍。（詳見《新五代史》，收在《二十四史》，北京，中華書局，1997，頁102）
〔註25〕全祖望：〈遏追山二廟碑〉，頁282。
〔註26〕全祖望：〈西漢節義傳題詞〉，頁400。

申闖賊，清廷以爲忠而恤之；其子駕部以死於丙戌抗清故，遂以爲逆而棄之，世亦多諱不敢言，謝山則亟言其非。謝山以爲節愍父子再世死國，世所稀也，故爲極力發明沉屈，勿使文網忌諱掩其大德。其曰：

> 夫死忠一也。……駕部必不負故國，而後不負其父，必不負其父，而後不負聖朝。……伏念聖朝之脩《明史》，自丙戌以前死者皆得錄，則駕部固應登於節愍附傳。

他甚至採取一種迂迴的方式做爲掩護，委婉進言：

> 夫所以加恩於異代死節之臣者，以教忠耳！

> 周之頑民，皆商之義士也。……易地以觀，其揆一矣！死者可生，生者可媿！〔註27〕

於時，戴名世（1653～1713）以《南山集》多述南明史且語多悖逆，「法至寸磔，族皆棄世。」〔註28〕謝山此爲則亦可謂冒死進言矣！緣於官修《明史》對死丙戌後之抗清者皆不登錄，故謝山秉史家嚴正態度，爲爭史學正義，有時雖刀鋸在前、斧鉞在後，亦有所不顧也。

因此《鮚埼亭集》中謝山極嚴於忠奸之辨，嘗謂「忠義者聖賢家法，其氣浩然長留天地間。」他復發揮《春秋》以懼亂臣賊子的精神，「誅奸諛於既死」，並且自述「予之詳錄而不諱也，殆以爲百世之戒。雖或觸孝子慈孫之恨，而不恤也。」要之，務使「天下爲父兄者，弗爲敗行，以貽子孫之戚。」〔註29〕書中列敍二文，可參較以見謝山發幽闡微、鑑今戒後之史學理念。他敍寫甬句一帶的節義之士，桑海波沉、家門蕩盡，然其子弟仍堅守先人氣節、忠義家風、不求榮顯，曰：

> 三旬九食，十年一冠，故國公相家之子弟，豈敢望繡衣肉食？而零丁寒餓，出門輒礙，不得不委蛇於塵俗之中，寓清於濁，寓醒於醉。
> 皇天后土，可以諒其艱貞之志！

反之，當易姓間不能仗節的臣子，其後世子孫就只能神色黯然、自慚形穢，「絕口不敢白其家門之事，而但力爲君子以蓋之，是則可悲也已」了。載曰：

> 丙戌而後，吾鄉所最不齒者，無如故太僕謝三賓，其反覆無行，構

〔註27〕上引分見全祖望：〈王節愍公祠堂碑〉、〈明故張侍御哀詞〉，頁846、106。
〔註28〕全祖望：〈江浙兩大獄〉，頁962。
〔註29〕以上分見全祖望：〈梅花嶺記〉、〈跋明崇禎十七年進士錄〉、〈七賢傳〉，頁923、1067～1068、820。

殺故國忠義之士無算。……有四孫，曰……，皆善讀書，聞其大父
之事，黯然神傷。自是遇故國忠義子弟，則深墨其色，曲躬自卑，
不敢均茵，以示屈抑。〔註30〕

不過謝山也非昧於現實、徒務名教標榜，他並未概以一死或窮餓終老期之遺
民。其時戴震（1723～1777）亦曾公開批判理學名教：「其責以理也，不難舉
曠世之高節，著於義而罪之。」是以「凡有所責於人，反躬而靜思之，人以
此責於我，能盡之乎？」〔註31〕故謝山認為臨難而能勵死節者，固歲寒之松
柏也；然亦有未嘗受命，未嘗與謀軍國之事者，輒未必期以一死。則彼抗節
不仕之遺民，「獨以麻衣菅履，章皇草澤之間，則西臺之血，何必不與萇弘同
碧？晞髮白石之吟，何必不與〈采薇〉同哀？」是故「倘謂非殺身不可以言
忠，則是伯夷、商容，亦尚有慙德也。」〔註32〕其論曰：

布衣報國，自有分限，但當就其出處之大者論之，必謂當窮餓而死，
不交一人，則持論太過，天下無完節矣。〔註33〕

何況，事有非人力所能及之者，未必皆要揮魯陽之戈，以返西崦之日，以相
從於濡首沒頂。因此謝山又據《歲寒集》吳鍾巒之言以論：

事去矣！是非其力所能及也。存吾志焉耳！志在恢復，環堵之中，
不汙異命，居一室，是一室之恢復也；此身不死，此志不移，生一
日，是一日之恢復也。尺地莫非其有，吾方寸之地，終非其有也；
一民莫非其臣，吾先朝之老，終非其臣也。〔註34〕

故當此之時，「見危授命，是天下第一等事。……避世深山，亦天下第一等事。」
其能抗志高蹈、苦心亮節，以較偷生事仇、奉身鼠竄、高爵厚祿者，已為公
忠直亮矣！因此謝山曾經移書以致《明史》館，力言「若概以忠義之例言之，
則凡不仕二姓者，皆其人也。」並主張「忠義列傳，宜列抗節不仕者於後。」
〔註35〕其不徇流俗之膽識、史裁，可見一斑也。

戴名世論史嘗曰「夫史者，所以紀政治典章因革損益之故，與夫事之成
敗得失、人之邪正，用以彰善癉惡，而為法戒於萬世。」潘耒（1646～1708），

〔註30〕以上事詳〈贈錢公子二池展墓閩中序〉、〈七賢傳〉，頁412、821。
〔註31〕戴震：〈理十〉、〈理二〉，《孟子字義疏證》（台北：廣文書局，1978），頁7、2。
〔註32〕全祖望：〈移明史館帖子五〉，頁1299。
〔註33〕全祖望：〈春酒堂文集序〉，頁999。
〔註34〕全祖望：〈明禮部尚書仍兼通政使武進吳公事狀〉，頁769。
〔註35〕全祖望：〈移明史館帖子五〉、〈移明史館帖子六〉，頁1300。

其兄潘檉章（1628～1662）也以纂史死，但他仍不改史家正義地說「史家大端，在善善惡惡，所謂誅奸諛於既死，發潛德之幽光者，其權至重。」〔註36〕那麼浙東史學家若此履虎尾而不顧的精神，亦可謂史家氣節之具體實現了。浙東史論家章學誠嘗論曰「文章經世之業，立言亦期有補於世，否則古人著述已厭其多，豈容更益簡編，撐牀疊架為哉！」「夫立言於不朽之三，苟大義不在君父，推闡不為世教，則雖斐如貝錦，絢若朝霞，亦何取乎？」〔註37〕謝山除躬行實踐外，也論曰「所貴乎聖賢者，植天經、扶地義。」其過澤山書院嘗有感而發，曰「顏何人哉？希之則是。吾願過斯堂者，其勿自棄也！」〔註38〕是以謝山所刻刻存心的，就是以史教忠、表章氣節，凡所撰文，一皆以明道教化也。要之，謝山以其深具的史學特長——謹於史法、善於史裁、長於史論、富於史識，〔註39〕撰為《鮚埼亭集》，以期於闡人倫、勵風俗也；至於個人利害，未遑顧也。

四、崇文獻、重當代、貴專家之浙東史學精神

記注、撰述、考據、衡評，皆史學也；《鮚埼亭集》兼記注與撰述之長，而深具徵實考據與衡論基礎。孔子論「學」、「思」，未嘗有所偏廢；盛清，則就學術風趨言，正當考據學如日中天的鼎盛時期，即史學也多走向歷史考據學，然其言言有據、每有立論輒援引群藉的考據風尚，對「學」的重視程度是遠超過「思」的。所以後來的焦循（1763～1820）對此學風批評曰「所患習為虛聲，不能深造而有得。……（古學未興）前之弊，患乎不學；後之弊，患乎不思。」〔註40〕不過清前中葉屬於非主流學派的浙東史學，卻能在一片務博、尚考據的學風中，在在表現出與之不類的史學趨向來。譬如謝山雖也重徵實精神，講求客觀證據，並強調歷史真實之追求——其曰「不覈其實，則徒使其書之不足取信於世。」「一言之失，遂貽粉社千古之誤。」「郢書燕

〔註36〕戴名世：〈史論〉，《戴南山文鈔》（台北：新興書局，1956），卷 1，頁 3；潘耒：〈修明史議〉，《遂初堂文集》（收在《續修四庫全書》冊 1417，上海：上海古籍出版社，2003），頁 441。

〔註37〕章學誠：〈與史餘村〉、〈與邵二雲論文〉，《文史通義》，頁 322、315。

〔註38〕全祖望：〈與友人絕交書〉、〈澤山書院記〉，頁 1374、877。

〔註39〕論詳拙著：《全祖望之史學研究》（台灣：高雄師範大學國文研究所碩士論文，1988），頁 149～184。。

〔註40〕焦循：〈與劉端臨教諭書〉，《雕菰集》（台北：鼎文書局，1980），卷 13，頁 215。

說，不幸而傳，則文獻之禍也已！」〔註41〕並且著有《經史問答》、《七校水經注》、《困學紀聞三箋》、《漢書地理志稽疑》……等根基在豐碩考據成果上的著作，即《鮚埼亭集》中也不乏辨誣、糾謬之作，他更自述凡所撰論必參伍考稽，「文於參稽頗詳審。」〔註42〕但是他並未把史學重心放在考證古籍上。他自任以一代文獻之傳，嘗謂「後死者之不能廣其傳，於誰是問？則予之罪也。」〔註43〕因此在一片尚博、稽古的史學風趨中，謝山始終堅持當代文獻之保存與專家著述之從事。固然著述者亦不能無藉乎纂類記注之學，猶旨酒之不離乎糟粕也，是以博聞強識、輯逸搜遺，亦未容輕議；但是博而不約，便無以成家，便未足以當夫學也，是故浙東史學能在時儒普遍「重考據、輕義理」的考證風氣中顯其卓然不群，以此之故也。故謝山論學曰：

> 夫藏書必期於讀書；然所謂讀書者，將僅充漁獵之資耶？抑將以穿
> 穴而自得耶？夫誠研精得所依歸，而後不負讀書。〔註44〕

他認為學貴博而能約——讀書貴在「自得」，也即「得所依歸」；泛觀博覽以後，更重要的，還要自成一家。對此，章學誠也曾論以「學必求其心得，業必貴於專精。」因此對於時儒所稱博雅君子，實則「疲精勞神於經傳子史，而終身無得於學者」，實齋喻為「是猶指秬黍以謂酒也。」「但知聚銅，不解鑄釜。」他認為學者「貴其著述成家，不取方圓求備。」〔註45〕是以貴約的專家著述精神，正是清初浙東之學從理學走向史學所重視並要求的精神內涵，實齋並提出「浙東貴專家，浙西尚博雅」的學風大分。〔註46〕因此對照後人對於考據學「其學徵實不誣，及其弊也瑣」的繁瑣餖飣評價，〔註47〕則浙東史學在一片籠罩學界的經史考證聲中，就是以其能傳一代文獻的專家精神，卓然立於時。

「史學所以經世，固非空言著述也。」實齋指出《春秋》之可貴處就在其能「切合當時人事。」故謂「整輯排比，謂之史纂；參互搜討，謂之史考；

〔註41〕 全祖望：〈辨大夫種非鄞產〉、〈周嬺堂事辨誣〉，頁441、452。

〔註42〕 全祖望：〈明故兵部尚書兼東閣大學士贈太保吏部尚書諡忠介錢公神道第二碑銘〉，頁94～95。

〔註43〕 全祖望：〈稚山先生殘集序〉，頁984。

〔註44〕 全祖望：〈叢書樓書目序〉，頁408。

〔註45〕 章學誠：〈家書二〉、〈博約中、下〉、〈與邵二雲書〉，《文史通義》，頁50、52、366、319。

〔註46〕 章學誠：〈浙東學術〉，《文史通義》，頁53。

〔註47〕 《四庫全書總目‧經部總敘》（台北：藝文印書館，1979），卷1，頁62。

皆非史學。」梁啓超也說「以經學考證之法，移以治史，只能謂之考證學，殆不可謂之史學。」〔註48〕是故浙東史家如黃宗羲、全祖望之撰爲《南雷文定》、《鮚埼亭集》，旨在決斷去取、各自成家，並皆「即事言理」地落實在具體人事上，爲秉筆直書、表章氣節之史裁、史法，以備他日國史之取材，正所謂「言性命者必究於史」，亦史學經世精神之充分展現。故梁啓超盛讚「黃宗羲、萬斯同以一代文獻自任，實爲史學嫡派。……乾隆以後，傳此派者，全祖望最著。」〔註49〕謝山弟子董秉純也稱謝山之作，「皆枌榆掌故、舊史所關，無一不有補於文獻。」〔註50〕謝山論史學，強調吾人生當今日所最急務者，便是對於當身之史的保存，曰：

> 予讀諸家所作公傳，其事多不核。……生乎百年之後，以言舊事，所見異詞，所聞異詞，所傳聞又異詞，不及今改正之，將何所待哉？
> 〔註51〕

因此對於《明史》諱言南明遺烈，坐令文獻散逸、史實失載，謝山不以爲然地極致其慨，曰：

> 明末紀述，自甲申以後，螢光爝火，其時著述者捉影捕風，爲失益多。兼之各家秉筆，不無所左右袒，雖正人君子亦有不免者，後學讀之，如棼絲之不可理。
>
> 乙酉以後之事，見於碑誄者，皆互有缺略。聖祖修《明史》，史臣爲公（錢忠介公）立傳，據諸家之言，亦不詳也。〔註52〕

所以爲了保存文獻，謝山多方薈萃地網羅山海遺聞，惟恐有遺；即於金石碑碣，也認爲雖殘碑斷碣，卻非徒以詞翰之工供取玩研席耳！皆足以與紀傳、校闕謬也，故曰「殘編斷簡，亦有足以補史氏之闕。」「蒐金石之遺文，足以證史傳；訪池臺亭榭之舊事，足以補志乘。」〔註53〕因此《鮚埼亭集》全書所撰金石碑跋、廟碑、祠堂碑、碑銘等，篇帙浩繁，網羅極富。此外謝山又

〔註48〕分見章學誠：〈浙東學術〉，頁54；梁啓超：《清代學術概論・十四》（收在氏著：《飲冰室專集》冊六），頁40。

〔註49〕梁啓超：《清代學術概論・十四》，頁39。

〔註50〕董秉純：《鮚埼亭集外編・題詞》，頁647。

〔註51〕全祖望：〈明戶部右侍郎都察院右僉都御史贈戶部尚書崇明沈公神道碑銘〉，頁688。

〔註52〕全祖望：〈與史雪汀論行朝錄書〉、〈明故兵部尚書兼東閣大學士贈太保吏部尚書謚忠介錢公神道第二碑銘〉，頁1315～1316、94。

〔註53〕全祖望：〈天一閣碑目記〉、〈屬太鴻湖船錄序〉，頁888、1016。

以鄉詩社盛極，然「鄉先輩之遺事缺多」，因此纂輯同社諸公觴詠詩賦爲《句餘土音》，「以志其爲里社之言也。」亦以補志乘之缺也。曰：

> 雖未能該備，然頗有補志乘之所未及者，其敢謂得與於斯文？亦聊
>
> 以志枌社之掌故，亦未必無助乎爾！〔註54〕

再者，謝山對於家乘、年譜、親表族譜等各種譜牒之學，也都未嘗輕忽之。其論年譜，曰「別爲一家！要以巨公魁儒事蹟繁多，大而國史，小而家傳墓文，容不能無舛繆，所藉年譜以正之。」〔註55〕故謝山於既撰《歷朝人物世表》後，又以「中原喪亂，譜牒遺軼」，爰爲收拾遺佚，仿前人之例撰爲《歷朝人物親表錄》。此外，他也曾撰《四明族望表》，凡各姓來鄞，始於何時？其節行位望、學術源流、詩文世業等，均爲之載及。謝山此篇既出，實齋復鼓吹之，於是譜牒之學再受重視，同光以後各地方志，遂多載有氏族表矣！

五、續修《宋元學案》——別具史識之學術史視野及纂輯

　　梁啓超論專史之作有橫斷與縱斷，中國向來重視以時代爲界域的橫斷專史，卻罕有縱斷專史，勉強地說，《通典》、《資治通鑑》等可算是縱斷的政治史，而學術史一門則在清代終於有了比較完備的發展。〔註56〕清代，學術史一門，繼朱熹《伊洛淵源錄》、周汝登《聖學宗傳》、孫奇逢《理學宗傳》、熊賜履《學統》等意欲爲理學和理學家做總結的著述之後，《明儒學案》與《宋元學案》兩部學案體的學術史著作，更系統論述了宋明理學發展的全過程，堪稱清初總結性學術史之集大成，梁啓超至譽爲「清代史學之光！」而全祖望之續修《宋元學案》，也不無自豪地說朱熹《伊洛淵源錄》是「晦翁未成之書。」「愚從五百年之後，爬梳而得其一二，稍足爲朱陸門牆補亡拾佚，以正《宋史》之謬。」〔註57〕學案體學術史是以人物爲綱，因人立傳，言行並載地廣擇博採其言論及著述旨要，著重在爲傳主確立道統傳承的歷史統緒，並客觀呈現出各學派的學術特色來，是一種重在記言、並體現學統傳承關係的學術史形式。從歷史編纂學的角度看，它比先前的傳統學術史，更具有完備

〔註54〕全祖望：〈句餘土音序〉，頁 1009。

〔註55〕全祖望：〈愚山施先生年譜序〉，頁 409。

〔註56〕梁啓超：《中國近二百年學術史》，頁 296。

〔註57〕分見梁啓超：《清代學術概論》，頁 40；全祖望：〈周許諸儒學案〉序錄，《宋元學案》（台北：正中書局，1976），頁 353；〈奉荅臨川先生序三湯學統源流札子〉，頁 431。

的型態和嚴密的體例結構。《宋元學案》是黃宗羲繼《明儒學案》完成以後所復致力纂輯的心血之作，未成而卒，後來在私淑全祖望的續修之下得以完成。

謝山著述經營之專且久者，無過於修補《宋元學案》，從乾隆十一年到十九年，直至謝山死前一年，其所補撰的書稿皆未曾暫離。全書雖由梨洲所創始，其後梨洲之子黃百家也曾秉遺命而致力爲之，但百家旋卒，故完成之功應歸諸謝山。後來謝山也在草創方就後遽歸道山，致稿本散落，直到道光年間由王梓材、馮雲濠加以整編，全書始得以面世刊行。謝山對於該著用力極深，嘗賦詩曰「黃竹門牆尺五天，瓣香此日尙依然。千秋兀自綿薪火，三逕勞君盼渡船。酌酒消寒欣永日，挑燈講學憶當年。《宋元學案》多宗旨，肯令遺書嘆失傳？」又自述「予續南雷宋儒學案，旁搜不遺餘力，蓋有六百年來儒林所不及知，而予表而出之者。」〔註58〕則謝山勤懇的希賢之心，和他立異於同時代史學家所獨具學術史視野的眼光，並其功在儒林，概皆可見。

謝山不徒對於《鮚埼亭集》具有「他年補史者，其視我碑銘」的自許與自視；〔註59〕其對於《宋元學案》，也同樣有著補苴《宋史》的史學雄心在——曰「微特學案所關，他日有重修《宋史》者，亦將有所采也。」〔註60〕謝山之有志於補《宋史》之缺，其存心由來已久矣！他亟不滿《宋史》對於南渡師儒之載籍闕略，「俱不能詳其事，以爲後世勸懲，不知其所排纂者爲何事也？」「有此忠義，獨不得豫表揚之列，然則潛德之不彰者，恐尙多也。」他自述「某少讀《宋史》，歉其自建炎南遷，荒謬滿紙，欲得臨川書以爲藍本，或更爲拾遺補闕於其間。茌苒風塵，此志未遂。」〔註61〕是以謝山之續修《宋元學案》，移治史之法以從事學術史之纂輯，「合理學、氣節、文章而一之，使學者曉然於九流百家之可以返於一貫。」〔註62〕絕非僅爲賡續梨洲之舊而已。

謝山之於史學，看重「表」之爲用大矣哉！〔註63〕以爲提綱挈領、件附

〔註58〕 全祖望：〈仲春仲丁之半浦陪祭梨洲先生〉（《鮚埼亭詩集》）、〈蕺山相韓舊塾記〉，頁 1510、386。

〔註59〕 全祖望：〈明故權兵部尚書兼翰林院侍講學士鄞張公神道碑銘〉，頁 120。

〔註60〕 〈廣平定川學案〉，《宋元學案》（台北：河洛圖書出版社，1975），卷 76，頁 127。

〔註61〕 全祖望：〈答臨川先生問湯氏宋史帖子〉、〈跋宋史趙雄列傳〉、〈答趙微軍谷林問南宋雷樞密遺事帖子〉，頁 1306、1056、1307。

〔註62〕 全祖望：〈二老閣藏書記〉，頁 885。

〔註63〕 清儒頗強調史表之重要性，如萬斯同有《歷代史表》、洪飴孫有《三國職官表》、

事繫者也，「與正史相輔而行」者也。是以他讀《二十一史》，即先取諸表諦視之，稱爲「固全史之經緯，如肉貫串，非徒取充口耳。」他讚美班氏〈百官公卿表〉，「勛階資格，一一詳列，而後備及其人之遷除，是表中有志也。」嘆乎「唐有〈宰相世系表〉，則雖瑣瑣任子，皆得附名汗簡；而宋之脫略至此，不可謂非不幸矣！」〔註64〕是以他總論「表」曰：

夫立乎百世之下，執遺文墜簡，以觀往事，蛛絲馬綫，正於原委棼錯

之中求其要領；然苟得一表，以標舉之，則展卷歷歷在目矣！〔註65〕

因此謝山除續葺、補闕萬斯同的《歷代史表》，撰爲《讀史通表》以外，他又別作《歷朝人物世表》、《歷朝人物親表錄》，以充讀史者之目錄——謝山便是以這樣的史學理念以治《宋元學案》的。所以他在《宋元學案》每學案的案首，仿史書表志之例創設了〈學案傳授表〉，以具體呈現出各學派的學統暨師承關係，其後並附以同調、家學、門人、學侶、講友、續傳、別傳等，於是宋元各家，凡所有傳承脈絡、歷史統緒等，皆釐然分明矣！故梁啓超亟稱美謝山續《宋元學案》所具備的「爲史學而治史學」精神，認爲「有宋各派學術，面目皆見焉！洵初期學史之模範矣！」〔註66〕

《宋元學案》全書共百卷，九十一案，謝山所增補者約居全書十之六七，所以錢穆說「我們今天說來，只說是『全祖望的《宋元學案》』，不能稱『黃梨洲、黃百家的《宋元學案》』，也不能稱『王梓材、馮雲濠的《宋元學案》』。」〔註67〕謝山所增補及修定之大概如下：

（一）經謝山修定者。梨洲原本所有，經謝山增損修定之學案共三十一案，三十一卷。計有：安定、泰山、百源、濂溪、明道、伊川、橫渠、上蔡、龜山、薦山、和靖、武夷、豫章、橫浦、艾軒、晦翁、南軒、東萊、梭山復齋、象山、勉齋、潛庵、木鍾、北溪、鶴山、西山眞氏、北山四先生、雙峰、介軒、魯齋、草廬等學案。

（二）由謝山新增者。梨洲原本所無，爲謝山所補立之學案有三十二案，

錢大昭有《後漢書補表》……等，其詳另參梁啓超：《中國近三百年學術史》，頁294～295。

〔註64〕全祖望：〈讀史通表序〉、〈跋宋史趙雄列傳〉，頁1003～1004、1055。

〔註65〕全祖望：〈移明史館帖子三〉，頁1297。

〔註66〕梁啓超：《中國近三百年學術史》，頁296。

〔註67〕錢穆：〈黃梨洲的《明儒學案》，全謝山的《宋元學案》〉，《文藝復興月刊》，三十期，1972年6月，頁17。

三十三卷，計有：高平、盧陵、古靈四先生、士劉諸儒、涑水、范呂諸儒、元城、華陽、景迂、兼山、震澤、陳鄒諸儒、漢上、默堂、趙張諸儒、范許諸儒、玉山、清江、說齋、徐陳諸儒、二江諸儒、張祝諸儒、丘劉諸儒、存齋晦靜息庵、巽齋、師山、蕭同諸儒等學案，另外還有元祐、慶元二黨案和荊公新學、蘇氏蜀學、屏山鳴道集說等三學略亦屬之。

（三）由謝山補立者。梨洲原本所有，但被打併歸一地附屬在其他學案中，例如周許諸儒、艮齋和止齋，梨洲編修時均歸爲永嘉學案，但謝山認爲彼其各具獨立的學術特色與成就，所以復區別爲上述學案。又如呂本中曾游於楊、游、尹之門，而在尹焞門下最久，故梨洲歸爲〈和靖學案〉；但謝山溯其學術源流，認爲他雖歷諸門，所篤守者實乃世傳家學重視文獻之傳也，故將呂本中別立爲〈紫微學案〉。全書類此分立、補定學案者共二十八案，三十卷，計有：滎陽、劉李諸儒、呂范諸儒、周許諸儒、王張諸儒、紫微、衡麓、五峰、劉胡諸儒、艮齋、止齋、水心、龍川、西山蔡氏、南湖、九峰、滄州諸儒、嶽麓諸儒、麗澤諸儒、慈湖、絜齋、廣平定川、槐堂諸儒、深寧、東發、靜清、靜修、靜明寶峰等學案。此類學案，人物雖屬梨洲舊稿所有，但從體例到內容均出自謝山之手，實際上也等於謝山之所增立。

（四）經謝山次定者。梨洲原有百源、濂溪、明道、伊川、橫渠、晦翁等六學案，各爲一卷，謝山依其內容將之別爲上、下卷，共計增立六卷。

（五）全書深具創獲性的〈學案傳授表〉和足補《宋史》不足、洞中竅綮之序錄及傳狀、附錄等，皆由謝山所獨任。

《宋元學案》一書規模龐大、材料翔實、體例嚴整，是謝山對史學所特具的史識——別具學術史視野的史學理想之具體實現；它不但全面綜合了宋元時期各學術派別的思想發展，也難能可貴地完整呈現了一代學術思想。

六、結　語

浙東之學，近承姚江性命之教，遠紹兩宋儒哲之傳。兩宋之間，浙東各地儒哲輩出，永嘉、金華等先哲，講學躬行，導揚先路，蔚爲文教之邦。風流所被，明清鼎移之際，故浙東義旅甘於湛族之禍，敢於逆天而弗顧，以延翁洲之祚，以求無愧於君臣大義，匡復之志炳耀日星！是氣浩然長存，歷百世而不泯。梨洲曾以孤臣之淚、言有餘痛的心情，獨任一代文獻之傳；謝山也對此南疆逸史、鄉先賢的耿耿昭昭，至再至三地寄以繾綣深情，因此他繼

梨洲之後，同樣死生以之地撰爲《鮚埼亭集》，復續修《宋元學案》，既力存南明史，也保存一代學術思想，在一片望風披靡的考據聲中，斐然有成，別傳文獻之學。

狷介的謝山，以得第後不赴時相之召，致得罪首輔張廷玉遭左遷外補，於是辭歸，並從此絕意仕進，有詩明志曰「埜人家住鄞江上，但見山清而水寒。一行作吏少佳趣，十年讀書多古歡。」「自分不求五鼎食，何妨平揖大將軍。」他自述「生平性地枯槁，泊然寡營。其穿穴顛倒而不厭者，不過故紙陳函而已。……篷窗驛肆，不能一日無此君。」故自後遂閉戶讀書，樂在其中——「鮚埼亭下對蒼茫，讀《易》忙時且下簾。」「鮚埼亭下戶長扃，未死心猶在《六經》。」「此中樂處眞不少，飢可忘食寒忘衣。」〔註68〕即使師友再三爲勸，他也堅不復出——「家居十載，故人誚讓蝟集。」「星齋速我出山，且盛夸我用世之才以相歆動，其意爲我貧也。」他也曾撰〈奉方望溪先生辭薦書〉。他一心唯用力在編纂著述、網羅遺編——「昨我搜羅遍里社，殘編叢說證榆枌。」「桑田軼事紛綸出，枌社遺文子細察。」〔註69〕雖貧病交迫，饔飧或至不給，他仍熱腸地想要濟助老友而未能——「孤負諸公緩急需，而今我亦嘆枯魚。」但他始終不爲貧窶而動心——「三旬九食古人事，此是儒生分所甘。」眞正讓他刻刻存心的，就只有「零落誰成未竟書」一事了。如此謝山，無怪乎曾經稱他爲「深寧東發以後一人也」的李紱（1673～1750），在病甚之際仍然時刻以他爲念——「客自江上來者，爲予言臨川先生心疾如故，健忘更甚，獨有昕夕不置者，予之近況也。」〔註70〕謝山四十四歲曾主蕺山

〔註68〕全祖望：〈鹿田太守問予不出之意何其決也？笑而答之〉、〈臨川先生病中猶古人出處之義，漫呈絕句五首，兼東胡撫軍復齋〉、〈春明行篋當書記〉、〈家居十載，故人誚讓蝟集，獨彭侍郎芝庭曰：吾觀同館諸公蕉萃已極！安得如謝山之舂容自便！不禁有感于其言〉、〈八赤舟中東薌林〉、〈健忘日甚東東潛〉，《鮚埼亭詩集》，頁 1567、1460、891、1529、1603。

〔註69〕全祖望：〈星齋速我出山，且盛夸我用世之才以相歆動，其意爲我貧也，率賦答之〉、〈芍庭爲予至青山求元人葉編修家乘，抄其遺文歸而乏舟，部帙甚巨，芍庭負之行東錢湖上四十里始至，亦韻事也。贈以七古〉、〈張二靚淵讀予所續甬上耆舊詩，而曰：諸公原集雖付之一炬，可矣！予惶恐未敢當也〉，《鮚埼亭詩集》，頁 1514、1509、1516。

〔註70〕全祖望：〈度歲困甚，而老友陳南皋之困更甚于予，欲挺之而不克，爲之一嘆〉、〈星齋速我出山，且盛夸我用世之才以相歆動，其意爲我貧也，率賦答之〉、〈客自江上來者，爲予言臨川先生心疾如故，健忘更甚，獨有昕夕不置者，予之近況也。因與藥齋共爲憮然〉，《鮚埼亭詩集》，頁 1509、1514、1515；董

講席,四十八歲復應聘度嶺,任廣東端溪書院山長。自言「辭謝不得,齒髮日衰,乃爲五千里之行,非予志也。」「此去特謀食,投荒作遠遊。」〔註71〕不過他對於浙學、嶺學的交融與粵省學風,倒是影響頗深。〔註72〕其爲學凡史學、經學、理學、文學等,幾無不該;其所著述除前述犖犖大端者外,餘如《公車徵士小錄》、《讀易別錄》、《困學紀聞三箋》、《句餘土音》、《續甬上耆舊詩集》、《漢書地理志稽疑》、《鮚埼亭外編》、《鮚埼亭詩集》、《七校水經注》、《經史問答》、《甬上族望表》、《孔子弟子姓名表》等,以及佚書《讀史通表》、《歷朝人物世表》、《詞科摭言》……等多種,〔註73〕並皆可見其淵博浩瀚於一斑。

謝山偏好浙東學術,尤其致力南明史,對於鄉賢義旅,嘗爲之銘曰「肝腦塗地,逆天堪痛五百人,……國殤毅魄,至今累唏!死者可生,生者可愧。死殉其軍,生埋其蛻。我作誄文,唾壺欲碎。」〔註74〕可見深藏他心中的浙東意識,就是激勵他奮力爲之的活水源頭。《史記・伯夷列傳》嘗曰「伯夷、叔齊雖賢,得夫子而名益彰;顏淵雖篤學,附驥尾而行益顯。……閭巷之人,欲砥行立名者,非附青雲之士,惡能施於後世哉!」然而青雲驥尾之附,豈爲易邪?豈皆有是幸?梨洲撰《南雷文定》,曾悲乎「天地之所以不毀,名教之所以僅存者,多在亡國人物。」嘆其血心流注,與朝露同晞,文獻脫落,後世泯然未有知之者;痛乎「江東草創,……一時同事之人,殊多賢者,其事亦多卓犖可書;二十年以來,風霜銷鑠,日就蕪沒。」斯真志士之痛也!因此化黍離之悲爲網羅遺軼,爲躍然紙上的發潛德之幽光,故曰「家國之恨,集於筆端,不覺失聲痛哭,棲鳥驚起,後之覽者,亦將有感於斯文!」〔註75〕後世讀者孰不爲之動容者?是故謝山緬懷前賢,接手梨洲文化偉業,亦曰「桑

秉純:《鮚埼亭集・年譜》,「十年壬子,先生二十八歲,舉北京鄉試」條,頁4。

〔註71〕 全祖望:〈東粵制撫以天章山長相邀,辭謝不得,齒髮日衰,乃爲五千里之行,非予志也〉,《鮚埼亭詩集》,頁1605。

〔註72〕 參梁啓超:《中國近三百年學術史》,頁90;另詳王萬福:〈全謝山端溪講學及其影響〉,《史學彙刊》第5期,1973,頁115～119。

〔註73〕 關於全祖望之著述,其詳可參蔣天樞:〈全謝山先生著述考〉,《國立北平圖書館館刊》,第七卷,第一號,1933,頁31。

〔註74〕 全祖望:〈明故張侍御哀辭〉,頁106。

〔註75〕 黃宗羲:〈萬履安先生詩序〉、〈明司馬澹若張公傳〉、〈次公董公墓誌銘〉,《南雷文定・前集》,卷1,頁11、卷10,頁156、卷6,頁101。

海諸公，其以用世之才，而槁項黃馘，齎志以死。庸耳淺目，誰爲收拾？其逸多矣！」「此非予表而出之，其誰更表而出之？」故寧偃蹇終身，矢志爲故國遺臣、鄉邦文獻收拾散佚，以慰先烈重泉之恨，「庶前輩一生肝血，不與塵草同歸澌沒。」終其一生，無懼乎鼎鑊之誅，極力於發明沉屈，「碧梧翠竹，以類相從，庶潛德不終湮。」〔註76〕而南明義士、浙東義旅與夫梨洲等，應並皆可堪告慰矣！

　　（該文係於 2005.10.28.代表台灣方面出席由浙東學派與中國實學研討會暨寧波市行政學院、社會科學院、鄞州區政協聯合舉行之「紀念全祖望誕辰300周年」紀念會發表之專題演講，文並收入《紀念全祖望誕辰300周年暨浙東學派與中國實學文化研討會論文集》，頁238～249。）

〔註76〕全祖望：〈明太常寺卿晉秩右副督御史藺菴林公逸事狀〉、〈奉九沙先生論刻南雷全集書〉、〈跋宋史史浩傳後〉，頁323、1336、1055。